ullstein

Das Buch

Wie riecht es im Wald? Wie fühlt sich ein Baumstamm an? Wie sieht ein Rotkehlchen aus? Statt Frösche zu fangen, Baumhäuser zu bauen oder mit beiden Händen im Matsch zu wühlen, sitzen Kinder vor dem Fernseher oder Computer. Ohne Nähe zu Pflanzen und Tieren aber verkümmert ihre emotionale Bindungsfähigkeit. Empathie, Phantasie, Kreativität und Lebensfreude verschwinden.

Andreas Weber, Philosoph, Biologe und Vater von zwei Kindern, hat ein beherztes Plädoyer für die Rettung der Kindheit geschrieben. Er ermuntert Eltern, mit ihren Kindern ein eigenes Gemüsebeet anzulegen, auch bei schlechtem Wetter nach draußen zu gehen und Brachen ausfindig zu machen, wo der Nachwuchs tun und lassen kann, was er will. Eine solche Schule der Sinne ist wichtiger als Faktenlernen. Spiel und Selbstbestimmung in einer von selbst gewordenen, nicht von Erwachsenen künstlich gefertigten Welt sind unabdingbar für die Entwicklung einer gesunden, humanen Persönlichkeit.

Der Autor

Andreas Weber, Jahrgang 1967, ist Philosoph und Biologe. Er lebt mit seinen beiden Kindern in Berlin. Seine Publikationen umfassen unter anderem *Alles fühlt. Mensch, Natur und die Revolution der Lebenswissenschaften* (2007), *Biokapital. Die Versöhnung von Ökonomie, Natur und Menschlichkeit* (2008), *Lebendigkeit: Eine erotische Ökologie* (2014) sowie *Enlivenment. Eine Kultur des Lebens* (2016). Für seinen Essay »Lasst sie raus!«, erschienen in GEO, erhielt Andreas Weber den Reporterpreis 2010.

Andreas Weber

Natur tut gut

Warum Kinder draußen glücklicher sind

Ullstein

Besuchen Sie uns im Internet:
www.ullstein-taschenbuch.de

Dieses Buch ist zuvor unter dem Titel *Mehr Matsch!* erschienen.

MIX
Papier aus verantwortungsvollen Quellen
FSC
www.fsc.org
FSC® C083411

Neuausgabe im Ullstein Taschenbuch
1. Auflage Mai 2016

Umschlaggestaltung: ZERO Werbeagentur, München
Titelabbildung: © FinePic®, München
Satz: Leingärtner, Nabburg
Gesetzt aus der Scala
Druck und Bindearbeiten: CPI books GmbH, Leck
Printed in Germany
ISBN 978-3-548-37648-6

»Für das Kind ist es nicht halb so bedeutsam
zu *wissen* als zu *fühlen*.«

Rachel Carson

»Man kann einen seligen, seligsten Tag haben,
ohne etwas anderes dazu zu gebrauchen als
blauen Himmel und grüne Erde.«

Jean Paul

»Es geht darum, jedem zu helfen, sein Leben
auf poetische Weise zu verwirklichen,
und der Inbegriff der Poesie ist die Liebe.«

Edgar Morin

Inhalt

Natur tut gut

Vorwort zur Neuausgabe

Als im Sommer 2010 in der Zeitschrift GEO mein Appell »Lasst sie raus!« als Titelgeschichte erschien, erhielt die Redaktion so viele Briefe und Mails, dass sie ein eigenes Forum dafür einrichten musste. Was war geschehen? Der Text artikulierte offenbar ein bislang nur vages Empfinden, das bei Eltern und vielen Pädagogen schon eine Weile geschlummert hatte, aber nicht wirklich über die Wahrnehmungsschwelle gestiegen war. Der Text, in dem ich das Verschwinden der Kinder aus der Umgebung draußen beschrieb und zugleich das Erlöschen des ungesteuerten Spiels und vor allem der Begegnung mit anderen Wesen, machte die Problematik »Kinder und Natur« schlagartig zu einem vieldiskutierten Thema.

Der GEO-Text beruhte auf den Recherchen zu *Mehr Matsch!*, meinem 2011 kurz nach dem GEO-Report bei Ullstein erschienenen Buch über das Schwinden der Lebendigkeit aus dem Alltag der Kinder. Dieses kommt hier nun mit neuem Titel und in veränderter Aufmachung auf den Markt. War der GEO-Essay ein erster Alarmruf, so steckte das Buch ein Feld ab, das bislang in der Landschaft der deutschen Pädagogik kaum richtig wahrgenommen worden war, oder wenn, dann nur unterschwellig.

Insofern war *Mehr Matsch!* ein bisschen wie der Ausruf des Kindes angesichts des Kaisers neuer Kleider, der Regent sei doch nackt. Vor lauter PISA und Lern-Effizienz-Steigerung hatten alle übersehen, dass dabei etwas erst recht ausstarb: die Möglichkeit, dass Kinder sich mit den Teilen der Wirklichkeit in Freiheit verbinden können, die nicht Erwachsene designed haben, mit dem gutgemeinten Plan im Hinterkopf, lauter effiziente Wettbewerber der Leistungsgesellschaft hervorzubringen, welche den Standort Deutschland sichern helfen. Das Leben selbst war nämlich vergessen worden.

In den fünf Jahren seit dem ersten Erscheinen dieses Buches hat sich die Situation grundlegend geändert. *Mehr Matsch!* selbst war ein zunächst noch ziemlich einsames Echo auf ein Werk, das die ganze Kind-und-Natur-Bewegung überhaupt global erst zum Laufen gebracht hatte: Das Buch *Last Child in the Woods* des US-Journalisten Richard Louv. Louvs Werk rüttelte, als es 2005 erschien, eine ganze Gesellschaft auf, in der bis dahin ungebremst Leistungs-, Effizienz- und Sicherheitsphantasmen bestimmt hatten, wie Kinder am besten zu behandeln seien.

Louvs Aufstand griff so sehr um sich, weil er – wie auch *Mehr Matsch!* später in Deutschland – etwas aussprach, was alle irgendwie ahnten, aber niemand zum Thema gemacht hatte. Und der amerikanische Kollege hatte die Empirie auf seiner Seite: Louv hatte seine Thesen mit einer Fülle an Material dokumentiert, mit Dutzenden, ja Hunderten von Statistiken und empirisch-psychologischen Untersuchungen, aus denen hervorgeht, was auch der Titel dieser Neuauflage aufgreift: Natur tut gut, unwidersprüchlich, ohne jede Nebenwirkung, ganz außer Konkurrenz. All das findet sich immer noch auf der hervorragenden Internetpräsenz von Louvs Children & Nature Network.

Inzwischen sind in Deutschland eine Reihe weiterer Bücher auf der Spur dieser ersten Bestandsaufnahmen gefolgt. Zunächst erschien, vom Hirnforscher Gerald Hüther mit organisiert, Louvs Werk übersetzt auf Deutsch, dann das von Hüther gemeinsam mit dem klugen Kinderarzt und humanistischen Pädagogen Herbert Renz-Polster verfasste Buch *Wie Kinder heute wachsen*. Das Problem »Kind und Natur« ist somit längst im Mainstream angekommen und zentral auf dem Radarschirm aufgeklärter Pädagogen verankert.

Das aber heißt nicht, dass es in irgendeiner Weise gelöst oder nur gemildert sei. Nein. Ganz im Gegenteil. Es wächst. Unsere Entfremdung von dem, was so ist, wie wir selbst, nämlich lebendig, und zugleich ganz anders, nämlich nicht designed, sondern unkontrolliert und unverfügbar, die anderen Wesen in Freiheit also, nimmt weiter zu. Das ist nicht nur eine gefühlte Einschätzung, das lässt sich in allen Statistiken belegen, so etwa in den regelmäßigen Umfragen des Marburger Natursoziologen Rainer Brämer: Das Interesse der Kinder an Natur nimmt ab.

Brämers jahrzehntelange sorgfältige Dokumentationsarbeit zeigt: Waren es in früheren Studien vor allem die Möglichkeiten der Naturbegegnung, die Kindern oft nicht mehr zur Verfügung standen, bei hoher Sehnsucht nach dem Spiel im Freien, waren also eher die Erwachsenen mit ihrer Organisation des Kinderalltages verantwortlich, sagen die Jugendlichen heute selber nein. Es hat sich gleichsam ein Schleier über das Bewusstsein gelegt, dass dort überhaupt noch etwas ist. »Draußen«

scheint nicht mehr wirklich zu existieren, das Bedürfnis danach wird diffus.

Parallel dazu ist »Naturbildung« freilich in Lehrpläne und Rahmenrichtlinien eingewandert, ja, als »BNE«, Bildung für nachhaltige Entwicklung, gehört es sozusagen zum verfassungskonformen Grundgerüst deutscher Pädagogik. BNE ist sogar richtiggehend »in«. Es gehört zum Mainstream der Reformpädagogik, die etwa parallel zu Louvs erstem Buch entdeckte, dass Kinder ein natürliches Bedürfnis haben, Zusammenhänge zu ergründen, mit Neugier sich der Welt zu öffnen.

In der Perspektive von BNE ergibt das die Gleichung: Kleine Forscher brauchen eine regelmäßige Dosis der Ressource Natur, um zu intelligenten Menschen heranzuwachsen. Louv selbst tutet heute in das gleiche Effizienz-Horn, wenn er Naturbegegnung als »Vitamin N« bezeichnet. Alle eint, dass sie die Verbindung zu anderem Leben damit in den Status eines Spurenelementes versetzen: Lebenswichtig, aber von seiner eigenen Bedeutung her egal. Werden Kinder aber mit etwas gefüttert, weil sie es essen müssen, dann, das verspüren wir noch aus unserer eigenen Schulzeit, kommt schnell der Brechreiz. Auch Naturbegegnung kann man im Bulimie-Stil organisieren.

Ich habe eine ganz andere Meinung. Und ich bin froh, dass ich dieses Buch, das sich weit von der Idee der Nützlichkeit entfernt, und diese Idee in neuer Frische noch einmal präsentieren kann. »Natur« ist nämlich nichts anderes, Fremdes, nicht etwas, das wir nicht haben und das wir deshalb begehren, weil es uns fehlt (die gängige, aber falsche Definition von Liebe und der dazugehörigen Gefühle, welche unsere Gesellschaft prägt).

Natur ist vielmehr *wir selbst*, das sich von allein herstellende, all unsere Erfahrungen tragende Leben. Wir können nur dann damit in Kontakt treten, wenn wir uns darin riskieren, wenn wir ihm gegenüber frei sind und wenn wir nicht rechnen, abstrahieren, planen und designen, sondern wenn wir *fühlen*. Und nur dann treten wir auch in Kontakt mit uns selbst.

Viel zu viele sehen in »Naturerfahrung« nichts anderes als eine weitere Dimension der Optimierung, eine weitere Ressource, die unsere Kinder auch noch brauchen – neben Fechten auf Chinesisch, Geige spielen und einem für die Sprösslinge noch sichereren SUV. Oder sie sehen gar nichts, weil es – wie für jene Gesellschaftsschichten, die gerne als »bildungsfern« beschrieben werden – nicht zu den kulturell relevanten Ressourcen gehört. Aber mit einer solchen Perspektive haben wir weder die Bedeutung unserer eigenen Lebendigkeit verstanden, noch werden wir in der Lage sein, unseren Kindern – und uns selbst – mehr davon zu ermöglichen. Natur – Lebendigkeit – sind wir selbst. Natur ist das, was existiert, ohne dass wir es kontrollieren, Natur ist fühlend mit der Wirklichkeit in Verbindung zu sein. Und darum dreht es sich, nicht um genug frische Luft, Kletterfähigkeit, Clan-Spiele.

»Es geht gar nicht um Natur. Es geht um Existenz«, so fasst der US-amerikanische Wildnismentor, Musiker und Fährtenleser Jon Young all das zusammen. Frei spielen, in der Gegenwart freien anderen Lebens in seiner eigenen Freiheit, die immer wieder durch Verbindungen neu eingeschränkt und neu herausgefordert wird, frei, also nicht bewertet, das zu fühlen, was ist, heißt existieren, heißt, selbst wirklich zu sein.

Das Buch, das Young mit ein paar Mitsteitern über eine Praxis seelischer Erfahrung von Natur geschrieben hat, ist darum vielleicht das Wichtigste bislang in diesem literarischen Kanon, um zu verstehen, worum es geht, und es auch immer wieder praktisch zu üben. Das Buch, der *Coyote-Guide,* ist inzwischen auch auf Deutsch übersetzt.

»Natur«, also die Vögel, Pflanzen und all die anderen wilden Viecher da draußen, sind schlicht jene, die das schon können, ganz sein in ihrem Fühlen, weil ihnen nichts anderes übrigbleibt. Tiere und Pflanzen vermögen nichts anderes, als wirklich zu sein. Sie können sich nicht verstecken. Wir Menschen aber laufen davor davon, und in der fliegenden Jagd dieser Flucht vor der Wirklichkeit versuchen wir, das zu töten, was uns allein orientiert, unser Fühlen. Wir töten es in denen, die es noch am reinsten haben, in den Kindern. Darum, als Rettung vor diesem Verhängnis, müssen Kinder weg von uns Erwachsenen, weg aus der Kontrolle, rein in die Wirklichkeit.

Das wäre also meine Antwort heute auf die Frage: Warum sollten Kinder raus? Sie sollten raus, weil ihnen erst die Freiheit einer nicht von Eltern und Lehrern kontrollierten Welt erlaubt, sich lebendig zu fühlen, ohne bewertet zu werden. Kinder können hier die Kolonialisierung ihrer Seele abwerfen, die sie zu Mitteln macht, die funktionieren müssen (ihre Eltern lieben, ihre Lehrer nicht stören, Geld verdienen, nachhaltig wirtschaften, keinen Ärger machen, Ruhe und Ordnung wahren).

Natur ist die Freiheit unserer eigenen Seele. Wer sie erfahren hat, ihre Milde unter den Blüten des Mai, und ihre Lakonie im Schneeregen des Februar, der weiß, dass sie gut ist, nicht weil sie Idyllen spendet oder Heilung, die es nie in Gänze gibt, sondern weil sie wirklich macht.

Weil die Nähe der anderen, der unkontrollierten Wesen jedem, der sich ihr, und damit sich selbst, nähert, erlaubt, das wieder zu finden, was die humanistische Psychologin Virginia Satir die »Fünf Freiheiten« nannte, die dazu gehören, eine Person zu sein. Es sind:

- Die Freiheit, zu sehen und zu hören, was im Moment wirklich da ist, anstatt was sein sollte, gewesen ist oder erst sein wird.
- Die Freiheit, das auszusprechen, was ich wirklich fühle und denke, und nicht das, was von mir erwartet wird.
- Die Freiheit, zu meinen Gefühlen zu stehen, und nicht etwas anderes vorzutäuschen.
- Die Freiheit, um das zu bitten, was ich brauche, anstatt immer erst auf Erlaubnis zu warten.
- Die Freiheit, in eigener Verantwortung, Risiken einzugehen, anstatt auf Nummer sicher zu gehen und nichts Neues zu wagen.

Wer sich an diese Freiheiten zu halten versucht, ist selbst unmittelbar Natur. Das zuzulassen heißt, unseren Kindern zu ermöglichen, sie selbst sein zu können. Um nichts anderes geht es. Darum tut Natur gut.

Andreas Weber
Berlin, 26. Februar 2016

So wichtig wie die Luft zum Atmen

> »Die nichtmenschliche Natur ist der sichtbare und äußerliche Ausdruck des Geheimnisses, das uns entgegenschlägt, wenn wir in die Tiefen unseres eigenen Wesens blicken.«
>
> D. H. LAWRENCE, Form and Spirit in Art[1]

Kürzlich schlenderte ich mit meiner siebenjährigen Tochter und ihrer Freundin zu unserem Dorfcafé. Es war an diesem Frühlingstag zum ersten Mal seit Monaten richtig warm. Die Ahornbüsche links und rechts des Wegs hatten sich mit hellen Blütenkugeln überzogen. Unser Pudel lief voraus, blieb zurück, raste wieder herbei, ein Stück Holz im Maul – auch er hochgradig angesteckt von Frühlingssäften, und hochgradig ansteckend. Und plötzlich waren auch die Mädchen auf allen vieren. Fiepend, winselnd, kläffend jagten sie vor und zurück, jede ein Stöckchen zwischen den Zähnen. Sie sprangen lachend an mir hoch, hielten mir lefzenfletschend das Holz hin, damit ich es fortwürfe – und balgten sich knurrend mit dem Hund darum, der das Astende mit elastischen Riesensätzen aus ihren Mündern zu schnappen versuchte. Vor mir spielten drei Welpen. Die Kinder waren Hunde geworden, der Hund ein übermütiges Kind. Schließlich musste ich sie abwechselnd an die Leine nehmen – eine jubelnde Meute Leben, auf ihrem mäandernden Weg durch eine Welt voll überbordender Lebendigkeit.

Wer Kinder beobachtet, sieht, dass zwischen ihnen und anderen Lebewesen ein intuitives Band gespannt ist. Kinder sind süchtig nach Tieren, so sehr, dass sie regelmäßig zu Tieren *werden*. In Kindergärten kann es morgens vorkommen, dass ganze Rudel von wilden Wesen die Flure bevölkern. Wölfe, Löwen, Bären wimmeln einem um die Beine, als hätte eine Fee die ganze Schar noch vor dem Frühstück verwandelt. Schon die Kleinsten werden magnetisch von anderen Kreaturen angezogen: Säuglinge greifen instinktiv nach Käfern und Spinnen, Krabbler auf der Parkwiese halten juchzend inne, wenn ein Hund vorüberläuft. »Wauwau« ist vielfach eines der ersten Worte, das wir in unserer Muttersprache artikulieren konnten. Am Beginn unserer Sprachfähigkeit und damit unseres Eintritts in die menschliche Kultur steht folglich der Name eines nichtmenschlichen Lebewesens. Der Zoo ist stets ein Ausflugsziel, das wir unseren Sprösslingen ohne Gähnen zu provozieren anbieten können. Und wer Kindern eine Kanutour mit Zeltübernachtung in der Wildnis vorschlägt, wird kaum gleichgültiges Schulterzucken ernten.

»Tiere sind nicht nur gut zum Essen, sondern auch zum Denken«, meinte der französische Philosoph und Anthropologe Claude Lévi-Strauss. Tiere, Lebewesen, jede Form von Natur ist gut für das Denken und Fühlen vor allem der Kinder. Denn das menschliche Verhalten wird in den ersten Lebensjahren von einem unterschwelligen Suchprogramm gesteuert, das Kinder dazu treibt, so viele Erfahrungen mit anderen Lebewesen zu machen wie nur möglich. Die Psychologie der Kinder ist eine Psychologie der Natur.

Und doch ist die Bedeutung der anderen Wesen ein blinder Fleck in unserer Vorstellung von der kindlichen Seele. Wir nehmen den kognitiven Hunger der Kinder nach Natur kaum wahr und akzeptieren beinahe selbstverständlich das Verschwinden von Natur aus unserem Leben. Unsere Sprösslinge kommen mit Tieren und Pflanzen, mit Wildnis, ja selbst mit der Restnatur verwahrlosten Brachlandes immer seltener in Kontakt. Die meisten Grundschüler haben weder eine Fledermaus noch ein lebendiges Huhn je gesehen, geschweige denn berührt. Und dort, wo sie leben, haben sie oft auch keine Möglichkeit mehr dazu. Die Natur ist immer weniger Bestandteil ihrer Lebenswirklichkeit. Mit diesem Verlust aber schließen sich Räume seelischer Wildnis und Gesundheit, Räume, in denen ein Kind nur vom Dach des Himmels begrenzt die Erfahrung von Wachstum und Freiheit machen konnte. Mit dem Exil der anderen Wesen schwindet eine Quelle kognitiver Erfahrungen, die für unsere Kinder so wichtig sein könnte wie die Luft zum Atmen.

Sag mir, wo die Kinder sind

Immer mehr Kinder – inzwischen mehr als die Hälfte weltweit – wachsen in städtischen Umgebungen auf.[2] Ihr Leben ist von Technik und Verkehr derart dominiert, dass viele von ihnen nicht mehr allein vor die Haustür gehen, geschweige denn in einer wilden Umgebung spielen können. Bereits von 1990 bis 2000 wurden 57 Prozent aller Kinder weltweit in urbanen Slums groß.[3] Mehr als die Hälfte der Stadtsprösslinge Deutschlands spielt fast ausschließlich in geschlossenen Räumen – daheim in der Wohnung oder im Kindergarten. Dieser ist oft stereotyp mit Fertigprodukten möbliert, die zwar die Motorik der Kinder anregen, aber viele Bedürfnisse nach Wildheit und Lebendigkeit enttäuschen.[4]

Selbst dort, wo urwüchsige Areale noch erreichbar sind, gehen unsere Sprösslinge nicht hin. Auch Landkinder streunen nicht mehr durch die Umgebung. Statt sich draußen in Phantasiewelten zu verlieren, versinken sie in künstlichen Szenarien, welche die elektronischen Medien ihnen vorgeben. In Deutschland starren Kinder zwischen drei und dreizehn Jahren im Schnitt fast anderthalb Stunden täglich in den Fernseher[5] und fast ebenso lange auf den Computerbildschirm[6]. In den USA löschen elektronische Medien sogar sechseinhalb Stunden der täglichen Lebenszeit aus.[7] Ein Neunjähriger, vom Umweltjournalisten, Buchautor und Gründer des US-amerikanischen »Children & Nature Network« (C&NN) Richard Louv befragt, ob er seine Freizeit lieber in der Wohnung oder in der Wildnis verbringe, antwortete: »Ich spiele lieber drinnen. Da sind die Steckdosen.«

Welches Kind macht sich heute noch mit dem Fahrrad oder zu Fuß auf, durch die Felder zu stromern, Baumhütten zu bauen, Fallen zu stellen, Forts zu errichten, in den (zugegeben, in schlechtem Zustand befindlichen) Tümpeln Frösche zu betrachten, sich auf einer verwilderten Wiese unter das Licht der Apfel- und Weißdornblüten zu legen, und einfach nur *da zu sein*?

Wir erleben derzeit einen beispiellosen Rückzug der Kinder aus der Welt. Im Exil in beheizten und verkabelten Räumen beginnt das Aussterben der Erfahrung. Wie die Kinder ist auch die Natur seit Jahrzehnten auf dem

Rückzug. Die wilden Ecken in der Nachbarschaft sind längst überbaut. Natur schwindet – nicht nur im großen Maßstab, als Regenwald und Grönlandeis, sondern auch im Kleinen: als Brachland und Distelhalde, als Wiesenrain und unverbauter Bach. Allein Singvögel sind in den letzten Jahren auf deutschen Wiesen um 40 Prozent zurückgegangen. Längst gibt es kaum noch Schmetterlinge. Wo ist der Froschtümpel in der Nachbarschaft, der Bachlauf, in dem man Fische fangen konnte? Und auch die bescheidene »Wildnis« ungenutzter Randbereiche der Kulturlandschaft hat heute einer weitgehend durchorganisierten und vom Leben bereinigten Welt Platz gemacht.

Parallel zu dieser Entfremdung der Kinder von der Landschaft hat unter ihnen die Zahl schwerer psychischer Leiden in den letzten zwei Jahrzehnten sprunghaft zugenommen. Dem Freiburger Psychologen Joachim Bauer zufolge weisen in Deutschland knapp über 50 Prozent der Jugendlichen chronische psychosomatische Störungen auf. Ein knappes Sechstel aller Kinder krankt an Depressionen, Angst- und Essstörungen; jedes fünfte quält sich mit dem Aufmerksamkeits-Defizit-Syndrom ADS durch die Schule.[8] Allein von 2005 und 2008 stieg die Zahl der Verschreibungen des ADS-Mittels Ritalin um ein Viertel.[9] In den USA wurden 2003 fast vier Mal mehr Medikamente gegen die Konzentrationsstörung verordnet als nur drei Jahre zuvor.

ADS müsste in Wahrheit eigentlich NDS, »Natur-Defizit-Störung« heißen, meint Richard Louv in seinem einflussreichen Buch *Last Child in the Woods*. Psychologische Befunde belegen seit Jahren, welche positive seelische Wirkung die Gegenwart von Natur auf Kinder hat – und wie verheerend ihr Mangel wirkt. Dass Natur gesund macht, ist heute eine genauso empirisch belegte Tatsache, wie die, dass Vitamine zum Leben essentiell sind. So vermag bereits die Betrachtung eines Aquariums den Blutdruck zu senken. Psychische Störungen lassen sich nachweislich durch intensive Naturerfahrungen therapieren. Brauchen somit all die Zehntausenden Jungen und Mädchen, die allein in Deutschland psychiatrisch behandelt werden, in Wahrheit vor allem ein Lebensumfeld, das nicht von Game-Konsolen und Verkehrsarterien, sondern von atmenden und freien Wesen, von Sonne und Sand, Bächen und Blättern geprägt wird? Sind die zunehmenden Depressionen und anderen psychischen Störungen bei Heranwachsenden vielleicht ein zentrales Symptom der Entfremdung von den emotionalen Wurzeln unserer animalischen Wesensart?

Naturliebe oder Unreife?

Weder Psychologie noch Pädagogik haben sich mit dem so offensichtlichen Umstand, dass Kinder Tiere und Wildnis suchen, wirklich näher beschäftigt. In keinem Theoriemodell des kindlichen Seelenlebens ist er zu finden. Populäre psychologische Schemata wie Piagets Muster der kognitiven Entwicklung verstehen Kinder eher als rationale Maschinen und weniger als fühlende Wesen, die in eine lebendige Welt eingebettet sind und Kontakt mit dieser suchen. Auch zeitgenössische Pädagogen, die kindliche Suche nach Natur ernst nehmen, erfassen kaum deren welt- und wesensstiftende Wirkung. Sie verstehen den Kontakt zu Bäumen, Wiesen, Tieren zumeist als nützliches Geistes- und Körpertraining, also als eine materielle Ressource aus dem Wissenspool und nicht als Bestandteil der eigenen humanen Identität.

Für den Vater der Tiefenpsychologie, Sigmund Freud, dessen Denken nach wie vor unsere Vorstellung des Seelischen beeinflusst, hatte die Faszination durch Natur etwas zutiefst Unreifes und gehörte zu einer primitiven Schicht der menschlichen Entwicklung. Demzufolge führen Psychologen seelische Störungen heute in der Regel allein auf gestörte Beziehungen zwischen Menschen zurück. Sie übersehen, dass das »Fehlen haltender Umweltelemente« möglicherweise ähnlich gravierende Folgen hat wie das »Fehlen haltender Bezugspersonen«.[10]

Wenn Schulpsychologie und -pädagogik schon eine zentrale Dimension der menschlichen Entwicklung übersehen, dann gilt das umso mehr für die Bildungspolitik. Keines der ehrgeizigen Schulprogramme nach PISA macht das kognitive Suchprogramm, das Kinder drängt, sich mit anderen Kreaturen zu umgeben, zu seiner Sache. Auch die Kindheitsforscherin Donata Elschenbroich, die in ihrem populär gewordenen *Weltwissen der Siebenjährigen* an die Bedeutung kindlicher Erfahrung im Rahmen einer erfolgreichen Bildung erinnert, spricht kaum über Natur. Sie stellt zwar fest, dass in den meisten Gesprächen zum Weltwissen die Naturferne der Kinder beklagt würde. Aber sie bezweifelt, dass »Natur« überhaupt eine eigenständige Realität hat. Wie viele zeitgenössische Forscher und Denker meint sie, dass Natur eine aus der Romantik übriggebliebene schwärmerische Idee ist, die allein in unserer Vorstellung existiert.[11] Auch bei Kindheitsforschern, die der traditionellen reinen Faktenpädagogik kritisch gegenüberstehen, bleibt die kindliche

Sehnsucht nach anderen Lebewesen somit weitgehend unverstanden.

Elschenbroich meint, »der Nesthocker Mensch könne bei seinem Aufwachsen keinem verlässlichen genetischen Programm folgen«[12]. Gegenüber dem biologischen Zwang, den sie stillschweigend in den Tieren vermutet, entwirft sie den Menschen als ein freies Kulturwesen, das sich in Selbstbestimmung erschafft. Diese Haltung ist symptomatisch: Natur gilt in unserer Bildungsdiskussion vielen immer noch als leblose Maschinerie. Dieser Irrtum vernebelt uns die Sicht darauf, welche Besessenheit, welche Begeisterung ganz ohne Hintergedanken Kinder für andere Lebwesen – und damit für das Leben als solches – hegen. Die Liebe der Kinder zum Leben zeigt, dass dieses nicht im Gegensatz zum Menschen steht, sondern vielmehr seine Bedingung ist. Sie offenbart, dass unser erweitertes Gehirn aus den anderen Wesen dieser Erde besteht.

Von der Natur isolierte Kinder erfahren nicht das Gefühl von Zugehörigkeit zur belebten Welt, das für die seelische Entwicklung unverzichtbar ist. Sie können einen ihre eigene Person übersteigenden Zusammenhang, der sie gleichwohl hält und ihnen einen Sinn zuweist, kaum noch kennenlernen. Wie sollen Kinder sich je für ein nachhaltiges Leben entscheiden können, wenn sie die Wirklichkeit von Nachhaltigkeit, nämlich ihre eigene ausbalancierte Vitalität, gar nicht mehr kennen? Wie sollen sie die Natur schützen, wenn sie ihre Identität allein aus von Menschen gemachten Dingen bilden? Könnte es gar eintreten, dass »differenzierte und ästhetisch anspruchsvolle Strukturen heute gar nicht mehr verstanden und genossen werden können, weil ihnen kein seelisches Leben entspricht«, wie die Stadtsoziologin Heide Berndt befürchtete?[13] Laufen unsere Kinder Gefahr, zu verlernen, was Leben heißt? Auf einem Planeten, auf dem das natürliche Leben insgesamt in höchster Gefahr schwebt, wäre das eine bittere Pointe.

Natur ist Freiheit

Homo sapiens ist in jedem seiner Lebensbelange selbst ein Stück Natur. Wir sind ein Tier, eine Primatenspezies. Menschen haben einen verletzlichen Körper wie alle anderen Kreaturen. Unsere gesellschaftlichen und moralischen Vorlieben sind tief mit den sozialen Gefühlen unserer nächsten Verwandten im Tierreich verbunden, aus dem wir uns in einer Jahrmillionen dauernden Geschichte langsam entfaltet haben. Indem wir zulassen, dass Kinder zunehmend ohne Natur aufwachsen, ignorieren wir ein Grundbedürfnis der heranwachsenden menschlichen Seele. Womöglich droht aus unserem Bild vom Menschen sogar das Verständnis zu schwinden, was Leben heißt.

Der Mensch ist in seiner seelischen Entwicklung auf den symbolischen Spiegel der anderen Wesen angewiesen, um sich selbst zu verstehen und ein gesundes Selbst zu entfalten. So wie ein Mensch von den Körpern der Tiere und Pflanzen als Nahrung abhängt, benötigt er ihre gelebte Gegenwart zu seiner emotionalen und kognitiven Entfaltung. Forscher können heute zeigen, wie sehr unsere geistigen Konzepte und die Bilder unserer Sprache auf die Erfahrungen unseres Körpers und die Erfahrungen in der Natur zurückgehen. Diese Verbindung erklärt auch die Zeiten überdauernde Kraft vieler kultureller Symbole. Etwa das des Baumes, den ein Kind erklettert, ohne von ängstlichen Hütern und hektischen Betreuern daran gehindert zu werden. Es erklimmt den Stamm des Lebens selbst, der ihm so einen direkten, sinnlichen Kontakt mit der Wirklichkeit seiner eigenen Existenz vermittelt.

Alte Obstgärten, ungemähte Wiesen und Brachland sind Freiräume. Sie wirken nicht nur als Begegnungsstätten mit anderen Wesen – sie bieten Kindern die Chance, spielerisch ihr Ich zu entfalten. Zwischen Bäumen und Steinen regiert sie kein Erwachsener, hier bestimmen sie selbst, hier sind sie eigenständige Partner der Schöpfung. Andere Lebewesen treten Kindern als selbständige Akteure gegenüber, die sich nach ihren eigenen Gesetzen verhalten und die dabei von den elterlichen, ja allen menschlichen Regeln unabhängig sind. Das unstrukturierte, imaginative, von Erwachsenen freie Erobern einer wilden Welt betrachten viele Kognitionsforscher inzwischen als essentiell für eine gesunde psychomotorische Entwicklung. Untersuchungen zeigen: In der Wildnis spielen Kinder anders. Während sie auf angelegten Spielplätzen eher sportliche Wettkämpfe inszenieren, ersinnen Kinder in unstrukturierten Räumen komplexe Abenteuer, die sich über Tage oder Wochen hinziehen können. Entwicklungspsychologen führen die Kreativität und Imaginationsfähigkeit, die ein Kind im späteren Leben entwickelt, auch auf das Maß an Wildnis zurück, in das ein Kind eintauchen durfte.

Natur repräsentiert somit – spielerisch, kreativ, symbolisch, phantasievoll – den belebten Kosmos mit seinen Chancen und Zwängen. In ihr vereinen sich die Gegensätze zum gelungenen Leben. Kreativität, Phantasie, Disziplin, Kooperation, Durchhaltevermögen, Wunder, Gemeinschaft, Teilhabe, Dominanz – all diese widersprüchlichen Eigenschaften können nur gemeinsam das Gewebe der Lebendigkeit knüpfen. So breitet die Natur auf symbolische und intuitiv fassbare Weise den Raum unserer eigenen Seele vor uns aus. Natur ist der zentrale Baustein einer gesunden kognitiven Entwicklung. Aber nicht nur, weil ihre Vielfalt und Komplexität genau die richtige Dosierung für die kognitive Entwicklung des Kindes enthält, sondern vielmehr, weil die Zusammenhänge anderer Lebendigkeit so etwas wie ein Ding gewordenes kognitives Feld darstellen. Natur ist ein psychischer Raum, der sich begehen, begreifen, schmecken, riechen, zärtlich umarmen und schmerzlich erfahren lässt. Gerade in dieser Lebendigkeit bietet er dem Kind einen Spiegel dessen, was es heißt, am Leben zu sein. Indem Kinder andere Lebewesen suchen, fahnden sie in Wahrheit nach ihrer eigenen Lebendigkeit. Indem sie ihnen begegnen, treffen sie auf das, was sie selbst zu sein vermögen, und bringen erst so ihre emotionale und kognitive Identität hervor.

Natur lernen heißt, Liebe lernen

Ich erinnere mich, wie mein Sohn zum ersten Mal den jungen Hund unseres Nachbarn sah. Wir lebten damals im Erdgeschoss eines reetgedeckten Bauernhauses an der Niederelbe. An vielen Tagen staute sich unter dem Holzfußboden der Küche das Wasser, weil das Flüsschen, das sich hinter dem Deich auf der anderen Straßenseite wand, bei Flut höher stand als das Fundament des Hauses. Es war an einem solchen nördlichen Frühjahrstag, an dem der Himmel in Bodennähe zu hängen schien, als Max zum ersten Mal dem Hund begegnete, einem aparten Tier mit sandfarbenem Fell. »Da!«, sagte Max, »da!«, taumelte los und verkrallte seine Hände so in den Haaren, dass der weiche Unterflaum des Hundes zwischen den kurzen Babyfingern hervorquoll und sich das Tier mit fragendem Blick zu seinem Herrchen umdrehte. Es sah so aus, als ob mein Sohn mit aller Kraft diese Gegenwart eines anderen Lebens in seinen Händen festhalten wollte.

Ich habe ihn etwas Ähnliches noch einmal tun sehen, am schlammigen Rand eines Teichufers, an dem dicke Klumpen frischen Froschlaichs aus dem flachen Wasser ragten, gallertige Kugelmassen mit kleinen schwarzen Punkten, wie unbestimmt in die Zukunft schauende Augen. Max beugte sich nach vorn und griff mit vollen Händen hinein, ließ den glitschigen Laich zwischen seinen Fingern hindurchquellen, als begriffe die Wonne seiner Haut, dass sich hier Lebenssubstrat mit Lebenssubstrat traf. Mir war bang um die kleinen Gallerten, in denen jeweils ungeformte künftige Existenzen auf ihre Wirklichwerdung warteten, doch ich ließ es geschehen.

Nach dem Sinnesexzess im Hundefell sagte Max zu allem, was sich weich anfühlte »Ei« – unserem »Du darfst ganz vorsichtig ›Ei machen‹« folgend. Er nannte den Besen so, weiche Tücher, seine eigenen Haare und auch meine. (Ein wenig später sagte er zu denen auf meiner Brust, immer noch hundebezogen, kurzerhand »Fell«.) Die Wurzel dieser Zärtlichkeit war der große gelbe Welpe mit dem dichten und daunig-weichen Haarkleid, der sich unter dem Griff in seine strotzende Wolle umgedreht hatte und dessen Augen dabei kurz über den Blick meines

Sohnes geglitten waren. Danach begrüßte das Tier Max immer wie einen, der seine versteckten Qualitäten zu würdigen wusste.

Seit frühester Kindheit nimmt Max die Gestalt anderer Wesen an. Ich erinnere mich, dass mein Sohn einmal darauf bestand, auf der Teerstraße des französischen Touristenörtchens Cap Ferret auf allen vieren zu laufen. Max war gerade vier und durfte mich auf einer Fahrt in die südwestfranzösische Atlantikregion begleiten. Auf dieser Straße wurde er plötzlich zu einem Hund. Ich sollte ihn an der Leine führen (seinem Gürtel). Er wollte auch dann nicht wieder zu einem Menschenkind werden, als es für mich und die uns auf den engen Gassen begegnenden Passanten unbequem wurde.

Daheim in unserer Küche stellte sich Max oftmals Fress- und Wasserschüsseln vor dem Spültisch auf, manchmal mit wirklichen Speisen gefüllt, manchmal mit bunter und unverderblicher Als-ob-Nahrung aus LEGO-Steinen. Max ahmte nicht nur die *Gestalt* eines Hundes nach, sondern er verwandelte sich in seinem ganzen Wesen in das fremde Tier. Darum die Weigerung, in Cap Ferret zwischen lauter korrekten und höflichen Franzosen auf zwei Beinen zu gehen. Wie hätte sich denn ein Hund so mir nichts, dir nichts in einen Menschen zurück verwandeln können?

Bis vor Kurzem konnte es Max jederzeit einfallen, irgendeine fremde Gestalt einzunehmen. Die eines Tigers. Die eines Flughundes. Oder er wurde zu einem Mischwesen mit magischen Kräften, das die Fähigkeiten verschiedener Kreaturen in sich vereinte. Als Max jünger war, mutierte er oft zu einem Greif, einem geflügelten Raubtier, das in seiner magischen Stärke die Kapitelle romanischer Kirchen schmückt, wie wir sie auch auf jener Frankreichreise besuchten. Kürzlich noch nahm er regelmäßig die Gestalt des erfundenen Fabelwesens »Batakita-Kita« an, einem Vogel, groß wie ein Strauß, mit den Flugkräften des Kondors begabt, auf dem Boden stark und schnell wie ein Gepard, im Wasser gewandt wie ein Delphin, und doch auch irgendwie eine zahme Heuschrecke.

All diese Wesen verleihen meinem Sohn – wie allen Kindern, die Tier spielen – Einsicht in die Möglichkeiten nicht nur einer anderen Existenz, sondern in das Sein überhaupt. Ein Tiger *ist* die Muskel und Statur gewordene Aristokratie des Organischen. Ein Delphin *ist* eine Form von Leichtigkeit und Harmonie, hinter der alle unsere Schöpfungen zurückbleiben müssen. Wie einsam ist ein Kind, das seine Kräfte allein in den Gestalten von Menschen imaginieren muss – etwa als allmächtiger General, als Kommandant ganzer Völker, als Ego-Schütze an einer unbezwingbaren Laserkanone?

Tiere, Zaubertiere, alle Tiere, in die man sich verwandeln kann, üben eine Form von weißer Magie aus. Wer ihre Gestalt annimmt, ist ganz im Sein zu Hause. Ein Kind taucht in einen fremden Körper ein und produziert aus diesem heraus eine neue Identität. Der eigene Leib wird zum Vehikel der Verwandlung: Lass dich auf die Knie hinab, und du besitzt alle Kräfte, die du in deiner eigenen Tiefe ahnst. Ich erinnere mich, wie sich mein dreijähriger Sohn nicht davon abbringen ließ, als zahmer Python in den Keller hinabzufließen, um eine Flasche mit Mineralwasser heraufzubringen. Es dauerte sehr lange, aber sie blieb heil.

Interesse und Verstehen setzen Teilhabe voraus, und diese Teilhabe ist Quell der Lebenslust. Kinder wissen das. In unserem Körper steht uns die Eleganz der Gazelle, die List des Luchses, die lautlose Überlegenheit der Eule zur Verfügung. Diese Kräfte lassen unser Herz hüpfen. Sie bringen das Glück, das nur uns allein gehört, *indem* wir mit dem großen Ganzen verbunden sind. Unsere Körper sprechen die gleiche Sprache. Die Verwandlung ist keine künstliche Idee, sie ist in unseren Leibern angelegt.

Kinder sind mit einer Intuition dafür begabt, was es heißt, lebendig zu sein. Sie wissen, dass am Leben sein heißt, voller Glück zu sein. Weil Kinder ein Tier *sein* können, vermögen sie auch seinen Schmerz zu erleben. »Lass uns die Fliege mal nicht tothauen«, erklärte mein Sohn, als er noch ziemlich klein war, einmal am Ende eines längeren Dialoges darüber, was wir mit einem lauten Brummer im Zimmer anstellen sollten, der uns im frühen Sommerlicht viel zu zeitig aufgeweckt hatte. Elektrisiert hatte Max sich beim ersten Summen aufgerichtet. Zunächst hatte er seinem Jagdinstinkt freien Lauf lassen wollen. Aber dann entschied er sich anders und plädierte dafür, das Insekt leben zu lassen. »Die Fliege freut sich doch so«, sagte er zur Begründung seiner Milde. Eine Kindheit ohne Tiere sei nicht wert, gelebt zu werden, notierte der Schriftsteller Elias Canetti.[14] Nur mit ihnen, an ihre Seite gedrängt, geklammert an die Pracht ihrer haarigen, gefiederten und schuppigen Körper, ist sie von der Kraft der Lebendigkeit erfüllt, deren Quell zurückgeht bis zum Paradies.

Du könntest dich verletzen!

»All meine Mittel sind vernünftig,
Motiv und Ziele aber irr.« (Kapitän Ahab)
HERMAN MELVILLE, Moby Dick

Vor zwei Jahren startete ich um die Osterzeit mit den Kindern unserer Straße ein Experiment. Es herrschte Ferienstimmung. Das Wetter war warm und trocken. Der Frühling hatte spürbar begonnen. Alle fühlten sich erleichtert, der Schule für eine Weile entronnen zu sein – und alle langweilten sich zu Tode. Wenn Max und Emma sich nicht zu Hause stritten, besuchten sie einen Kumpel in der Straße und stritten sich mit dem. Ich konnte nicht arbeiten. Allen ging es schlecht. Es fehlte eindeutig die Schule, und noch mehr fehlte die praktische Nachmittagsbetreuung im Hort, nach der man die Kinder kurz zum Abendbrot und dann direkt ins Bett schicken kann.

Max und Emma haben freilich Glück: Ihr Vater ist Schriftsteller, und wenn die Schmerzgrenze der Familienharmonie selbst in seinem Arbeitszimmer andauernd überschritten wird, so denkt er sich zur Ablenkung etwas aus, was für sein nächstes Buch nützlich sein könnte. Wie habe ich eigentlich als Kind meine Ferien verlebt?, fragte ich mich. Ich hatte mich auch gelangweilt, aber dann, so bildete ich mir zumindest ein, hatte ich – oder hatten wir – einen abenteuerlichen Einfall gehabt, und, schwupps, waren die Ferien um, wie immer viel zu schnell. Es half nichts: Ein abenteuerlicher Einfall musste her.

Im Prinzip liegen solche Einfälle quasi auf der Straße. Oder vielmehr im Wald – selbst in Berlin, wo wir mittlerweile wohnen. Unsere Wohnumgebung schreit danach, dass Kinder sie erobern und sich aneignen. Die Straße ist umrahmt von Naturschutzgebieten. Nebenan fließt die Havel, die sich vom Kinderzimmer aus in sieben Minuten zu Fuß erreichen lässt. In der Nähe befindet sich ein großes Forstgebiet, die Gatower Heide. Es gibt Felder zum Drachensteigen. Gräben zum Fröschefangen. Seen zum Angeln. Bäume zum Klettern. Verfallene Lauben. Weltkriegs-Bombentrichter im Wald, in denen Geheimnisse schlummern, kurz: eine Welt, die sich vor der Tom Sawyers kaum zu verstecken braucht.

Es ist in diesem Stadtteil von Berlin wie auf dem Dorf. Oder doch fast. Der einzige Unterschied liegt darin, dass die Menschen morgens in ihr Auto steigen und in Richtung Mitte rasen. Außer Schriftsteller. Die sitzen zu Hause in ihrem Arbeitszimmer und versuchen Worte aneinanderzureihen. Und wenn ihnen nichts mehr einfällt, nehmen sie den Hund (der auf das Ausbleiben der Inspiration schon wartet) und wandern draußen umher. Von einem meiner zahlreichen Spaziergänge wusste ich, dass es gleich hinter dem Bolzplatz auf der anderen Straßenseite ein Waldstück aus lichten Birken gab. Es war klassisches Berliner Brachland, einerseits verwunschen, andererseits ökologisch höchstens drittklassig. Anlieger entsorgten hier ihre Gartenabfälle. Das Grünflächenamt hatte Dutzende der schlanken weißen Stämme mit grünem Sprühlack zum Fällen vorgemerkt, ohne dass bis dahin etwas geschehen war. Im vorigen Sommer hatte dort eine Füchsin unter einem Sandhügel ihre Jungen zur Welt gebracht. Von weitem hatten wir die zutraulichen Welpen für verirrte junge Kätzchen gehalten.

»Wollt ihr nicht ein Baumhaus bauen?«, fragte ich meinen gelangweilten Sohn. »Ihr alle, du und deine Freunde? Ihr könnt sämtliches Holz im Schuppen haben, und ihr dürft alle Werkzeuge benutzen.« Eine Premiere. Wenn schon, denn schon, dachte ich. Stille. Dann: »Wirklich alle Werkzeuge? Auch die Säge?«

»Ja.« Ich atmete tief durch.

»Auch den Vorschlaghammer?«

»Ja. Alle.«

Es war, als hätte ich einen Zauberspruch getan. Es dauerte keine dreißig Sekunden, und die Schuppentür stand offen. Als ich das nächste Mal aus dem Fenster blickte, sah ich, wie ein halbes Dutzend Neun- und Zehnjähriger die Schubkarre belud und in Richtung Wald verschwand. Manchmal hörte ich entferntes Klopfen. In den nächsten Tagen sahen wir Max nur bei den Mahlzeiten, und das auch nicht immer. Morgens klingelte er oft schon vor dem Frühstück bei seinen Freunden. Alle brannten darauf, so schnell wie möglich zu ihrem Fort zu kommen. Im Handumdrehen hatten sie einen Platz dafür gefunden und die ersten tragenden Planken an die Bäume genagelt. Dann begann das Ausgestalten, Verbessern, Dachabdichten (jawohl, in diesem kleinen Brachstück fanden sich so viele weggeworfene Plastikfolien und -planen, dass man damit hervorragend eine Hütte decken konnte). Kaum hatten Max und seine Freunde ihr Lager aufgeschlagen, begann eine konkurrierende Gruppe kleiner Jungs ein Stück weiter entfernt mit einem ähnlichen Unternehmen. Nachts klauten sie einander Bretter. *Krieg der Knöpfe!* Wir sprachen bei Tisch über nichts anderes. Max war vollkommen absorbiert.

Im Laufe von ein paar Tagen hatte das Fort-Spiel praktisch alle Kinder der Straße in seinen Bann gezogen. Auch die Mädchen waren dabei und nagelten mit, verschönten und sägten, sammelten und scharrten, dekorierten, kochten für alle mit Blättern und Steinen. Es war eine Kinderhorde, wie sie im Buche steht, geschlechtsgemischt, altersheterogen, eingebettet in die aufblühende Vegetation. Neue Freundschaften, die dabei entstanden, haben sich als dauerhaft erwiesen.

Dann bekamen die Behörden von der Sache Wind. Vielleicht hatte ein Nachbar, dem das Gehämmer zu laut war, die Kleinen angezeigt? Der böse Nachbar, der das Lebendige hasst und den es immer irgendwo gibt? Jedenfalls klebte eines Morgens ein offiziell aussehender Zettel am Eingang des Brettergewirrs im Wald, vor dem die Kinder am Abend zuvor ordentlich gefegt hatten. Es sei »Anzeige erstattet worden«.

Die Kinder waren aufgeregt. Sie japsten, rannten und riefen durcheinander. Ich hielt es für einen Bluff, für etwas, das sich im Sande verlaufen würde. Doch dann, eines Mittags, kam mein Sohn aufgeregt nach Hause gelaufen. »Papa, die Polizei ist da!« Es war nicht die Polizei, es war das Ordnungsamt. Auf dem Waldweg parkte der blausilbern lackierte Kombi. Vor der Hütte die Kinder, zum Pulk zusammengeschart. Die Beamtinnen waren dabei, rotweißes Flatterband um das Fort zu spannen: Crime Scene. Betreten verboten. Sonst sofortige Strafverfolgung. Ich versuchte, den Damen die Sachlage zu erklären. Appellierte an ihre Herzen, selbst Mutter, vielleicht? Aber nein, der Tatbestand war klar. Ja, natürlich, schade, aber wir haben Regeln. Das Brachland mit den zum Fällen freigegebenen Bäumen und dem Plastikmüll gelte als Landschaftsschutzgebiet, belehrte man uns. Die Kinder hatten mit ihren angenagelten Brettern die von der Sprühdose der amtlichen Baumfäller gezeichneten schmächtigen Birken verletzt. Ich versuchte es bei der Leitung des Grünflächenamts. Hier gab man sich jovial. Sie hätten seit drei Tagen auf den Etagen der Behörde darüber diskutiert, wie angemessen zu reagieren sei. Ich ahne ja nicht, was bei ihnen los gewesen sei. Es hätten sich zwei Fraktionen gebildet, die eine für die Kinder und die andere fürs Prinzip. Das Prinzip hatte gewonnen.

Die Kinder trollten sich. Die Horde zerfiel, als hätte jemand mit einem Reagenz eine Fällungsreaktion eingeleitet. Jungs und Mädchen liefen auseinander wie Öl und Wasser. Max war den ganzen Nachmittag verschwunden. Abends, als er zurückkam, wirkte er gereizt und müde. Es stellte sich heraus, dass sie bei einem Freund den ganzen Nachmittag ferngesehen hatten, einen Haufen Folgen »Alarm für Cobra 11« mit ordentlich Geknalle und Gemetzel.

Vor ein paar Jahren, vor einer Generation vielleicht noch, hätten die Kinder sich vermutlich vom Eingreifen der Ordnungsmacht nicht entmutigen lassen. Sie hätten anderswo weitergemacht. Weder engherzige Nachbarn noch aggressive Kampfgegner im Wald und auch keine gesetzlichen Vorschriften hätten sie wirklich eingeschüchtert. Ihre Wildheit hätte gesiegt. Heute ist das anders. Der Unterschied beginnt schon damit, dass *ich* die Idee zum Fortbau hatte, nicht die Kinder selbst. Der Vorschlag zündete freilich wie der Funke in einem Pulverfass. Da war etwas in ihnen, das sich genau *so* erfahren wollte: als Bewohner ihrer eigenen kleinen Welt in der Wildnis. Aber einmal entmutigt, fanden sie nicht mehr zurück. Was sie im Wald begonnen hatten, bildete die *Ausnahme*. Früher hingegen waren Kinder, die ihre Freizeit mit abenteuerlichen Spielen verbrachten, die *Norm*.

Nicht anfassen!

Wir Erwachsenen haben unsere Hand tief im Spiel unserer Kinder. Wir sind die Hauptschuldigen an ihrem Rückzug aus der Welt. Dabei meinen wir es oft nur gut. Wir wollen unsere Sprösslinge vor Schaden bewahren – und wir wollen die zerbrechliche, empfindliche Natur vor der Zerstörung durch die Kinder schützen. Die Folge ist eine Situation, wie es sie nie zuvor im Abendland gab: Kinder sind aus der Natur quasi ausgesperrt. Wirkliche Wildnis wird zunehmend zum Museum und fällt unter die Rubrik des »Nicht-Anfassens«. So dürfen die Kleinen heute die letzten offiziellen Refugien der deutschen Wildnis, die Nationalparks, nur auf Wegen durchschreiten. Sie marschieren hinter ihren Eltern diszipliniert die tote Strecke ab wie in einer Ausstellung entlang leblosen Bildern. Zum Ersatz haben viele Nationalpark-Zentren sogenannte Erlebnisausstellungen eingerichtet. Hier dürfen die Kinder als Entschädigung für draußen nicht gemachte Erfahrungen durch Plastiktunnels mit künstlichen Baumwurzeln krabbeln, Baumrinde aus Pappmaché betasten und Vögel auf dauernd einfrierenden PC-Bildschirmen sortieren. Ich erinnere mich an eine aus Kunststoff und hydraulischer Technik gefertigte Wasser-Erfahrungs-Umgebung, in der Max und Emma *indoor* planschten, während draußen im Nationalpark Vorpommersche Boddenküste die kleinen Frühlingsbäche unerreichbar blieben. All diese *Displays, Hand-Ons* und mit Platinen vollgepfropften Simulakren des Lebens folgen den neuesten Erkenntnissen einer kindnahen Pädagogik. Aber in Wahrheit verstehen die Kinder die schon bald von den unruhigen Fingern ihresgleichen abgeriebenen Installationen als das, was sie sind: pädagogisch verkrampfte Geschwister des heimischen animierten Bildschirms.

Ans Haus gefesselt

Viele der vergessenen Ecken, in denen Kinder unbeaufsichtigt und unbeobachtet wild sein konnten, hat der ungebrochene Siegeszug der Effizienz in unserer Gesellschaft zum Verschwinden gebracht. Noch in meiner Kindheit begann der Wildwuchs auf der unbefestigten anderen Straßenseite. Sie war die Eintrittspforte in die Wildnis, die jenseits einer Hecke mit einem kleinen und einem großen Feld begann. In einem Winkel des kleinen Feldes direkt an der Straße sammelte sich im Winter das Wasser. Wenn es gefroren hatte, so war mein erster Weg dahin, um die jungfräuliche Eisschicht unter meinen Sohlen splittern zu lassen. Hier amüsierte ich mich darüber, wie mein Hund die Schnauze ins Wasser steckte und dabei Luftblasen aufblubbern ließ. Hier holte ich mir regelmäßig nasse Füße, weil das Wasser durch die Risse der nie wirklich heilen Gummistiefel trat. Hier fand ich einen Haufen geplatzter Frösche und begriff nicht, wie das geschehen sein konnte – bis mich mein Vater, der einer wilderen Spielgeneration angehört hatte, aufklärte, was manche boshaften Kinder mit Fröschen so alles anstellten. Hier gab es ungepflegte Apfelbäume mit sauren Früchten in der Krone, in die ich klettern konnte. Hier fand ich einmal beim Graben einen echten menschlichen Oberarmknochen. Hier standen wir im Spätsommer 1975 mit großen Augen, als dem Bauern das Feuer außer Kontrolle geriet, mit dem er sein Stoppelfeld abflammte. Wir sahen schaudernd und begeistert zu, wie die freiwillige Feuerwehr mit ihren Hanomag- und Magirus-Deutz-Löschfahrzeugen gegen die Walze aus fettigem Rauch und kleinen Flämmchen kämpfte. Und hier, in einem spitzen Winkel zwischen Straße und Feld, fand ich den kleinen Garten, den niemand wollte, und der mich, während alle meine Freunde ihre Geschlechterrollen entdeckten, zum Gemüsebauern werden ließ und mir das Glück schenkte. Heute ist all das fort. Heute haben Wohnblocks und winzige Reihenhäuschen die freien Flächen überrollt. Es gibt die Winkel nicht mehr, in denen ich mich verlieren konnte, wenn ich nur aus der Haustür trat. Und es gibt die Kinder nicht mehr, die nach ihnen suchen.

Es scheint, als habe eine schleichende Krankheit unsere Kinder befallen. Unsichtbar springt sie selbst auf solche über, denen Wildnis noch zur Verfügung steht. Es liegt irgendwie in der Luft, dass man dort nicht mehr spielt. Vielleicht ist einfach die kritische Masse der Kinder zu klein geworden, und der Funke der ungebundenen Begeisterung vermag nicht mehr zu zünden. Je weniger in ihrer Freizeit nach draußen gehen, desto weniger Hoffnung besteht, dort jemanden zum Spielen zu treffen. Eine seltsame Einsamkeit hat unsere Wohnsiedlungen infiziert, ein rätselhaftes Phlegma des Verlustes. Es gibt keine Schmetterlinge mehr an den Wegrainen, und es gibt keine spielenden Kinder mehr auf der Straße. Wo sind sie hin?

Das Verschwinden der Kinder aus der Landschaft ist statistisch belegbar. Seit hundert Jahren ist der Bewegungsspielraum der Kinder jeder Generation beständig gesunken. Stromerten die Kleinen zu Beginn des 19. Jahrhunderts noch durch die an ihre Siedlungen angrenzenden Felder und Wälder, so hatte sich schon in den 1930er Jahren ihre Reichweite auf bewohnte Areale begrenzt – um sich im Laufe der Wirtschaftswunderzeit nach dem Zweiten Weltkrieg noch einmal zu halbieren.

Der vernichtende Einbruch fand freilich erst in den letzten 15 Jahren statt. Die englische *Daily Mail* schilderte 2007 diese Entwicklung am Beispiel der Familie des achtjährigen Edward Thomas aus Sheffield. Dessen Urgroßvater marschierte 1926 mit ebenfalls acht Jahren sechs Meilen zu seiner Lieblings-Angelstelle. Zum Zeitpunkt der Reportage war er ein rüstiger Mann, der immer noch gerne weit zu Fuß durch die Natur wanderte. Sein Schwiegersohn durfte in den 1950er Jahren, gleichermaßen mit acht, eine Meile weit in den örtlichen Wald laufen. Zur Schule ging er ebenfalls allein. Der Tochter und heutigen Mutter von Edward stand es in den 1970er Jahren immerhin frei, mit ihrem Rad durch die Nachbarschaft zum Schwimmen zu fahren. Ihr eigener Sohn jedoch darf allein nur bis ans Ende der Straße – und wird mit dem Auto zur Schule kutschiert.[15]

Mit einem Münchner Freund sprach ich kürzlich über dieses Zusammenschmelzen des kindlichen Aktionsradius'. Wir versuchten zu verstehen, was eigentlich geschehen ist. Er selbst lebt idyllisch auf einem Bauernhof am Alpenrand, sein Sohn ist von Hoftieren und Wildnis umgeben – aber zum Kindergarten wird auch er im Auto gebracht. Der Freund erinnerte sich an seine eigene Kindheit mitten in München: Dort trafen sich er und seine Freunde nachmittags im Park. Aus der Dynamik dieses Kinderpulks heraus ergab sich dann, ob sie Fußball spielten, Räuber und Gendarm, oder irgendeinem anderen Einfall nachgingen. Heute, sagt der Freund, ist das Stück Grünfläche verlassen.

Für das Erleben unserer Kinder scheint eine Welt untergegangen, die weit mehr ist als eine bunte Wiese mit Schmetterlingen. Die Erfahrung selbst ist vom Aussterben bedroht. Unser Drang, auch das Kinderleben den Kriterien der Erwachsenen zu unterwerfen, hat die kindlichen Räume rationalisiert und vielfach zum Schweigen gebracht. Die Kindheitsforscherin Donata Elschenbroich beobachtet: »Erwachsene haben sich auf Kosten der Kinder mehr Raum angeeignet: Das Kellergeschoss ist zum Studio geworden; die Brachflächen wurden zu Joggingpfaden und Shopping-Malls.«[16]

Dass Kindheit schwindet, liegt auch daran, dass Erwachsene und Kinder einander immer mehr angleichen. Sie tragen die gleichen Kleidermarken, pflegen die gleichen Aktivitäten vor dem Bildschirm, streiten sich in einer *de facto* Gleichberechtigung um die richtige Erziehung und wetteifern darum, wer den neuesten Band von *Harry Potter, Eragon* oder *New Moon* lesen darf – jener Fortsetzungssagas, die mit kindlich ausgerichteten Plots in phantastischen Reichen spielen, aber ihre Weltflucht- und Märchenmotive in die Drastik und Brutalität von Splatter-Movies kleiden. Und so wie sich Groß und Klein mit den gleichen Produkten ablenken, so werden sie auch von den gleichen Nöten terrorisiert: durch einen übervollen Terminkalender, durch Rankings, Tests und den Wettlauf um die höchsten Zertifikate.

Zum Jagen getragen

Noch bis in die 1970er Jahre hieß spielen, draußen spielen. Die Wohnungen waren kleiner, die Geschwister zahlreicher als heute. Eltern schickten ihre Kinder vor die Tür, wenn sie Ruhe haben wollten. Um die letzte Jahrhundertwende kannten deutsche Kinder etwa hundert verschiedene Bewegungsspiele wie »Himmel und Erde« oder Reifenschlagen. Heute sind den Kleinen höchstens noch fünf geläufig – inklusive Fußball und Kriegen. Selbst die Namen sind verschwunden. Welches Kind kann sich unter Bezeichnungen wie »Blindekuh«, »Abklatschen« und »Schattenfangen« noch etwas vorstellen?

Früher verboten Eltern ihren Sprösslingen, drinnen herumzutoben. Heute untersagen sie ihnen, vor die Tür zu gehen. Fragt man Eltern, warum sie ihren Kindern das Leben bis zur Erfahrungstaubheit erleichtern, so lautet die Antwort meist: Angst. Angst, dass die Kleinen sich beim Toben im Freien verletzen. Angst, dass sie entführt werden. Und vor allem Angst, dass ihnen im Verkehr etwas zustoßen könnte. Draußen lauern lauter Gefahren: Unfälle im Straßenverkehr, Entführungen durch Fremde, Gewalt auf der Straße. Selbst *wenn* draußen genügend Spielmöglichkeiten zur Verfügung stehen, sehen Eltern ihre Kinder lieber zu Hause – oder im geschützten Fond eines schweren Wagens.[17] Ohne Widerstand nehmen Familien die Enteignung des Gemeinraums durch Autos und Lastwagen hin. Statt sich in die Verkehrspolitik der Kommune einzumischen, entfernen Eltern ihre Kinder von öffentlichen Wegen, die für alle da sein sollten. In Amerika gaben bei einer repräsentativen Befragung 71 Prozent aller Mütter mit Schulkindern an, dass sie selbst als Kind regelmäßig draußen gespielt haben. Aber nur 26 Prozent ihrer eigenen Kinder tun das noch. Eine holländische Studie kommt zu dem Ergebnis, dass sich Kinder heute erheblich seltener außerhalb der vier Wände aufhalten als noch vor einer Generation. Sie verlassen kaum die direkte Umgebung des elterlichen Hauses und treffen dabei auch weniger Spielkameraden als früher.[18]

Die US-amerikanischen Centers for Disease Control and Prevention, sonst mit tödlichen Viren beschäftigt, beobachten in einer Studie, dass der Anteil der Schüler, die zu Fuß oder mit dem Rad zur Schule kommen, in den letzten dreißig Jahren von 42 auf 16 Prozent gefallen ist. Zugleich, kommentieren die Autoren süffisant, hat sich das Wetter nicht signifikant verschlechtert. Die Raten der Gewaltverbrechen an Kindern und der im Verkehr verletzten Jugendlichen sind sogar gesunken.[19] Wie Reisende mit Flugphobie entwickeln Erwachsene oft auch dort Panik, wo in Wahrheit kaum Gefahr besteht. Die gefühlte Gefahr durch Sexualverbrecher, die uns bereits schaudern lässt, wenn wir eine Siebenjährige dreihundert Meter allein zum Einkaufen schicken wollen, ist um Zehnerpotenzen höher als das wirkliche Risiko. In Deutschland gab es 2009 nur vier tödlich verlaufene Kindesentführungen. Wenn so etwas geschieht, sind Grauen und Düsternis durch nichts zu beschönigen und durch nichts wettzumachen. Aber die Wahrscheinlichkeit, *dass* dieser Fall eintritt, ist um viele Größenordnungen geringer als etwa die einer tödlichen Verletzung in der Sporthalle oder beim Reiten. Statistisch betrachtet, müsste ein Kind, so ergab jüngst eine britische Hochrechnung, 600 000 Jahre an einer Ecke herumstehen, bis es von einem Verbrecher entführt wird.[20]

Den restriktiven Entscheidungen der Eltern liegen somit weder reale Bedrohungen zugrunde noch kindliche Befürchtungen. Sie beruhen vielmehr auf der subjektiven Wahrnehmung einer zunehmend gefährlichen Welt.[21] Wir alle, Eltern und Gesellschaft, sind in den seltsamen Wahn verfallen, alle Risiken kontrollieren zu wollen. Heute haben Kinder, sobald sie Bus fahren dürfen, quasi immer ein Handy dabei. Sie sind ortbar, sie können Hilfe herbeitelefonieren oder den elterlichen Fahrdienst bestellen. Umgekehrt vermögen die Eltern alle ihre Aktivitäten zu überwachen. Selbst das Modell einer GPS-gestützten »Fußfessel« in Form einer Armbanduhr ist für besorgte Eltern erhältlich. Das Gerät meldet Mama via SMS, wenn ihr Kind den voreingestellten Bereich verlässt und macht die »Fluchtroute« per Satellit nachvollziehbar.

Je weniger Kinder in einer Gesellschaft heranwachsen, umso größer scheint der Wunsch, sie zu behüten. Stärker noch als vor einer Generation hat sich heute die Mentalität durchgesetzt, die – guten wie schlechten – Wechselfälle des Lebens nicht als Schicksal zu betrachten, sondern als Erfolge oder Misserfolge, für die man verantwortlich ist. In der steten Beschleunigung, die uns alle erfasst, wächst die Gefahr, ein Kind als »Projekt« zu betrachten. Tätigkeiten, die der Effizienzsteigerung fernstehen wie das Draußenspielen, gelten als aufschiebbar, als nicht prioritär, so wie ebenfalls oft die elterliche Zeit und Zuwendung, nach dem Motto: »Sicher, gleich, Liebling.« In einer solchen Atmosphäre laufen Eltern Gefahr, im Unberechenbaren der Natur und des selbstbestimmten Kinderspiels pauschal unkalkulierbare Risiken zu wittern. Wir selbst sind es ja, die sich vor Zecken gruseln, vor dem Fuchsbandwurm, vor herabfallenden Ästen. In den USA werden auf Spielplätzen bereits Schaukeln und Rutschen entfernt – sie gelten vielen Müttern und Vätern als zu gefährlich.[22] Cellostunden hier, ein Judo-Kurs da, Fechten auf Englisch, Nachhilfe von Muttersprachlern – all diese *Enhancer* sollen dem Nachwuchs einen Platz im ersten Rang der Welt-Wettbewerbsgesellschaft garantieren. Zu viel Kontakt mit der Wirklichkeit, der auch Scheitern und Schmerz beinhalten kann, lässt diese durchorganisierte Matrix zusammenbrechen. Aber es ist gerade das Unvorhersehbare, das Kinder beim Spiel im Freien fasziniert. Es gewährt ihnen Freiheit – und somit die Reifung zur eigenständigen Persönlichkeit. Sein Fehlen engt die kindliche Existenz ein, trotz bester Vorsätze.

So sind die Kleinen heute zu Bewohnern der Rücksitze geworden, behütet, träge, und zu verwöhnt, um auch nur zu versuchen, sie selbst zu werden. Auch ihre Körper passen sich diesem Leben an: Seit Jahren werden unsere Kinder immer dicker. Derzeit sind sieben Prozent der Mädchen und 16 Prozent der deutschen Jungen übergewichtig.[23] Wie oft ist dieses Bild zu sehen: Der oder die Kleine thront hinter einer getönten Scheibe hoch über dem Geschehen (denn der Wagen rollt auf großen Geländereifen), der Blick ist nicht aus dem Fenster gerichtet, sondern starr nach vorn. Vor den Grundschulen herrscht morgens ein neapolitanisches Verkehrschaos, weil Eltern, deren Kinder weiter als 500 Meter entfernt wohnen, ihre Kleinen lieber mit dem Wagen kutschieren. Wir Erwachsenen sind zu Chauffeuren und Begleitdienstmitarbeitern unserer Kinder verkommen. Dabei erleichtern wir den Kleinen das Leben oft gegen ihren Willen. Kürzlich traf ich eine Freundin meiner Tochter, die durch den Schnee zur Bushaltestelle wanderte, um zum Töpferkurs zu fahren. »Meine Mutter hat mich dreimal gefragt, ob sie mich nicht doch lieber hinfahren soll, aber ich habe immer nein gesagt«, meinte die Kleine, sichtlich glücklich, endlich der totalen Beaufsichtigung entronnen zu sein.

Eine großangelegte Untersuchung von englischen und deutschen Schulkindern zeigte, dass sich deren Mobilität innerhalb von zwanzig Jahren so stark reduziert hat, als lauerten Heckenschützen hinter jedem Müllcontainer. So gingen 1971 achtzig Prozent der Sieben- bis Achtjährigen allein zur Schule, 1990 aber nur noch neun. Zu Beginn der 1970er wurde nur ein knappes Zehntel der Kinder mit dem Auto zur Schule gebracht – 1990 waren es schon dreißig Prozent. 1971 durften zwei Drittel der Sieben- bis Elfjährigen auf der Straße Rad fahren. Knapp zwanzig Jahre später gestatteten Eltern das nur noch einem Viertel dieser Altersgruppe. Was 1971 Siebenjährigen erlaubt wurde, durften Kinder 1990 erst mit Neuneinhalb. Fast alle Eltern begründeten ihre übermäßige Vorsicht mit der Angst, dass ihren Kindern im Straßenverkehr etwas zustoßen könnte. Zwar hat sich die Zahl der Kinderunfälle nicht erhöht. Zynischerweise muss man sich aber fragen, ob das nicht eine Folge der aus dem Stadtbild verschwundenen Kinder darstellt.[24]

In den späten 1990er Jahren erhielten nur drei Prozent aller Kinder keine Auflagen hinsichtlich der Orte, wo sie sich aufhalten durften. Eine Generation zuvor durften noch 33 Prozent ganz allein entscheiden, wo sie spielen wollten.[25] Wenn Eltern heute den Kleinen gestatten, draußen Rollschuh oder Rad zu fahren, dann sind diese mit Schutzkleidung gepanzert, als zögen sie in die Schlacht, und haben gleichwohl immer in der Nähe von Papa oder Mami zu bleiben. Eine britische Untersuchung aus dem Jahr 2006 stellte fest,[26] dass mehr als die Hälfte aller Sieben- bis Zwölfjährigen nicht ohne Anwesenheit eines Erwachsenen auf einen Baum klettern dürfen. Ebenfalls mehr als der Hälfte aller Kinder ist es verboten, ohne Aufsicht im Park um die Ecke zu spielen. Ein Drittel darf nicht einmal alleine mit dem Fahrrad zu einem Freund fahren. Der gleichen Zahl gestatten Eltern nicht, ohne Erwachsenenbegleitung auf der Straße vor dem Haus zu spielen. Aber drei Vierteln dieser Altersgruppe steht es frei, ohne Gegenwart eines Erwachsenen im Internet zu surfen.

Verplant wie Börsenmakler

Die Freizeit der Kinder organisieren heute vielfach Erwachsene,[27] den Nutzwert für die spätere Karriere immer fest im Auge. Früher kickten die Kleinen stundenlang auf einen Ball oder zur Not auch eine Dose im Park ein, nach Regeln, die sie selbst aushandelten, und von keinem »Großen« gestört. Heute findet Fußball als Vereinssport statt. Ein Kind, das auf die Frage »Na, und was treibst du für Sport?« mit »Gar keinen!« antwortet, wird angeschaut wie einer, der sagt: »Ich mache aus Prinzip keine Hausaufgaben.« Durch die Zunahme organisierter Aktivitäten ist jedoch nicht nur die räumliche Reichweite der Kinder zusammengeschnurrt. Auch ihre freie Zeit sinkt beständig wie die eines Projektmanagers auf steiler Karriereleiter. In den USA, so beobachtete der Umweltsoziologe Stephen Kellert, nahm zwischen 1981 und 1997 die sechs- bis achtjährigen Kindern pro Woche zur Verfügung stehende Spielzeit von 15 auf gut 11 Stunden ab.[28] Die selbstbestimmten Phasen im Leben der Kinder schmelzen gegenüber den Stunden dahin, die sie mit Schule, mit Hausaufgaben, mit Lernen, mit Klavierüben und mit Vereinssport verbringen. Zwischen 1981 und 2002 schmolz die Freizeit von US-Kindern aller Altersgruppen insgesamt um 15 Prozent zusammen. In dieser verkürzten Zeit schnellte aber der Anteil der am Computer verbrachten Stunden auf das Doppelte empor, die Zeit der planlosen Muße dagegen sank unverhältnismäßig stark. Pauken und Wiederholen wiederum fraß deutlich mehr Lebenszeit.[29]

Der US-Naturpädagoge und Lehrer David Sobel ist angesichts dieser Eskalationsspirale der Meinung, dass unter den Eltern längst die Gründung einer »Just say no to soccer«-Bewegung überfällig ist – »sag schlicht nein zu Fußball«, ein Wortspiel mit dem Slogan der US-Antidrogenbewegung der 1980er und 90er (»Just say no to drugs«). Vor allem auf den allwöchentlich auch in Deutschland exzessiv betriebenen »Reisefußball« hat Sobel es abgesehen. Weil die Kleinen ziemlich schnell um den Aufstieg in diversen lokalen Ligen kämpfen, verbringen sie und ihre Eltern die Wochenenden vornehmlich im Auto auf dem Weg zu irgendeinem Turnier. Der Samstag, sonst der Tag kindlicher Freiheit *par excellence*, zerläuft im *Sprawl* unserer Zivilisation. Er füllt sich mit Leistungsdruck (»Euer Verein darf nicht absteigen!«), Körperkult (»Guck mal, wie gut der Kleine schon flanken kann!«)

und ziemlich viel inhaltsloser Beschleunigung in einem geschlossenen und klimatisierten Vehikel, während eine mit Werbeplakaten zugeklebte Welt an den Fenstern vorbeizieht. Auch die lässt sich noch ausblenden, wenn die Kleinen während des elterlichen Shuttle-Services den iPod touch zum Spielen anschalten dürfen.

Ich selbst besaß in meiner Kindheit kein Talent für organisierte Sportarten. Zunächst hatte ich ohnehin keine Freude am Wettkampf: Ich war immer einer von den dreien, die bis ganz zum Schluss übrig blieben, wenn Mannschaften gewählt wurden. Dafür erinnere ich mich bis heute an das Gefühl der Befreiung, wenn wir im Sommer nach dem Sportunterricht die mit rotem Gummi belegte, süßlich duftende Laufbahn räumten. Die Klasse hatte sich draußen umgekleidet, im Schatten einer Haselnusshecke, und wenn es zum Stundenende klingelte, konnten wir schnell die verschwitzten T-Shirts in den Turnbeutel stopfen und nach Hause laufen. Ich war meist der Letzte. Dann gehörte die süßlich nach Gummi duftende Bahn mir allein. Die Sonne des Frühsommermorgens, die Bäume, die Felder dahinter, all das öffnete weit die Arme und schenkte mir Freiheit. Ich habe über das Gefühl damals nicht lange nachgedacht, aber ich spüre es heute noch in seiner ganzen Intensität. Es setzte sich aus jener »Sonne und grüner Erde« zusammen, von denen der Dichter Jean Paul spricht.

Die Tatsache, dass Natur, Wildnis und Selbstbestimmung aus dem hektischen Alltag der Kinder ausgeblendet werden, führt auch zu einer tiefgreifenden Realitätsverschiebung. Das praktische Wissen, das etwas mit Lebendigkeit und Körperlichkeit zu tun hat, sinkt. Das Verwertungswissen hingegen steigt. So kennen US-Schüler im Schnitt tausend Embleme und Warenzeichen großer Firmen – aber kaum eine Handvoll der Tiere und Pflanzen, denen sie in ihrer nächsten Umgebung begegnen könnten.[30] Die Kleinen verstehen mehr von ihren elektronischen Begleitern als von echten Lebewesen, wies eine Untersuchung am vor einigen Jahren boomenden elektronischen Trainings- und Versorgungsgimmick *Pokémon* nach.[31] Kinder in Industriegesellschaften kennen fast keine wilden Arten, fand das *BBC Wildlife Magazine* in einer Studie heraus. Gut zwei Drittel der getesteten Schüler konnten zwar die in städtischen Straßen häufigen Amseln und Elstern benennen, versagten aber bereits bei Grünfink und Buschwindröschen.[32] Die Zahl der Arten, denen Kinder auf ihren immer kleineren Radien durch immer cleanere Viertel begegnen, tendiert rapide gegen null. Auf dem Esstisch herrscht eine höhere Biodiversität als in der örtlichen Umgebung. Und die Ignoranz nimmt mit höherem Wohlstand zu. Es gibt eine statistische Entsprechung zwischen steigendem Bruttoinlandsprodukt und schwindender Kenntnis anderer Tiere und Pflanzen.[33]

Wie sich Freiheit in der Natur anfühlen kann, erfuhren meine eigenen Kinder kürzlich auf dem Bilstein, einem erloschenen Vulkan im hessischen Vogelsberg.

Einen langen Nachmittag kletterten sie die schwarzen Basaltzacken hinauf und hinunter. Sie ließen sich zwischen uralten Krüppelbuchen durch raschelndes Laub den Hang hinab gleiten. Sie erkundeten steile und schwere Aufstiege. Auch nach Stunden waren sie kaum zur Rückkehr zu bewegen. Zum Schluss suchte Max zusammen mit seinem Großvater eine versteckte Felshöhle. Dort hatte sich dieser in den späten 1940er Jahren, als er selbst im Alter meines Sohnes war, Schlachten mit seinen Freunden geliefert, nachdem die Knaben kilometerweit querfeldein zum Vulkankegel hinauf gewandert waren. An jenem Nachmittag, als wir dort oben waren, rieb sich der Wind zischend an den kalten Steinnadeln, die aus dem Bergkegel emporstrebten. Steil fiel der Fels ins Tal ab, dessen Wiesen man in der Ferne liegen sah. Auf den treppenartigen Basaltwülsten hatten sich die kleinen Buchen förmlich festgekrallt. Ich musste mich beherrschen, um die Kinder nicht beständig auf die Absturzgefahr hinzuweisen. Mein Vater hatte diese Welt einst ganz für sich gehabt, weit entfernt von jedem Erwachsenen. Er hatte seinem Körper genug Zeit geben können, die Lust, in raschelndem Laub bergab zu gleiten, auszukosten, bis sie in jede Zelle eingedrungen war und er sie wirklich aufgesogen hatte. Max und Emma hingegen waren Touristen, angereist im geheizten Wagen und schon wieder auf dem Sprung zur nächsten wichtigen Erfahrung.

Im Ernst: Würden Sie Ihrem zehnjährigen Sohn erlauben, unbeaufsichtigt acht Kilometer durch Wälder und Talauen zu wandern, um dann einen spitzen Vulkanfelsen zu erklettern, wo er und seine Freunde einander mit Pfeil und Bogen beschießen?

Selbst auf dem Land, wo solche Kindheit noch möglich wäre, gestatten Eltern derartige Streifzüge kaum noch. Aber mit der Bewegungsfreiheit wird den Kindern die freie Erfahrung entzogen – eine von niemandem vorgegebene Weise, sich selbst zu erleben. Eine ganze Zivilisation vergisst in den Kindern, welche Spielarten der Neugier überhaupt existieren, in welchen motorischen Äquivalenten der Begeisterung ein Mensch sich zu erfahren vermag. Meinem Vater ist heute noch gegenwärtig, wie er die höchsten Fichten erkletterte (und bei einem Sturz von einem ausladenden Nadelast zum nächsten bis zum Boden hinab fast ums Leben kam). Nie hat ihn die Erinnerung an das Staunen verlassen, endlich das gut versteckte Nest eines unbekannten Vogels erreicht und drei blaue Eier darin entdeckt zu haben, leuchtend wie der Himmel. Er weiß noch heute die Verstecke, in denen im Frühjahr die Märzbecher aus den Flussniederungen treiben – jedenfalls dort, wo sie nicht der Flurbereinigung zum Opfer fielen.

Heute ist erwiesen, dass die meisten Naturschützer durch eigene intensive Naturerfahrungen zu ihrem Engagement angeregt wurden. Die Existenz der anderen Wesen muss im Kindesalter ihre Spuren hinterlassen, damit sie ein fortwährendes Bedürfnis bleibt.[34] Die Psychologin und Literaturwissenschaftlerin Edith Cobb fand, dass schöpferisch tätige Menschen ihre kreativen Energien oft auf das zurückführen, was sie in früher Kindheit in der Natur erfahren haben.[35] Woher sollen produktive Kraft, Freundlichkeit und Zugewandtheit strömen, wenn die Natur in den Herzen unserer Kinder nicht mehr vorkommt? Können diese, dem Leben der Kreaturen fern, in diesen überhaupt noch eine Realität sehen, oder signalisieren die Tiere bereits eine ferne Vergangenheit, mit der die Kleinen nicht mehr wirklich in Berührung kommen? Werden kommende Generationen überhaupt noch verstehen, was es zu retten gilt?

Wenn wir das Wagnis der Humanität verweigern

Die Kleinen haben sich freilich die grassierende Lebensferne nicht ausgesucht. Wir sind es, die sie dazu zwingen. So antworten in Befragungen regelmäßig um die neunzig Prozent, sie würden viel lieber draußen spielen, als geschützt in der Stube hocken.[36] In jedem Interview, das danach fragt, beklagen sich Kinder, dass ihnen zu wenig freie Zeit bleibe, etwa durch lange Hortbetreuung oder endlos viele Hausaufgaben. Einer britischen Studie zufolge kam ein Fünftel der Kinder pro Woche höchstens eine Stunde oder weniger aus dem Haus.[37] Aber nachweislich hinterlassen Abenteuer, die draußen erlebt wurden, selbst wenn der Ansporn ein bisschen Widerstand überwinden musste, die tiefsten Erinnerungen. Wenn die späteren Erwachsenen darüber sprechen, sagen sie Sätze wie: »Das war eine der besten Erfahrungen meines Lebens.«[38]

Das Paradoxe ist: Den Kleinen fehlt gerade, was die Eltern verhindern wollen, nämlich die Gefahr. In einer weiteren Befragung aus Großbritannien erklärten neun Zehntel aller Kinder, dass Abenteuer ihnen beim Spielen besonders wichtig seien.[39] Doch fast 80 Prozent der Kleinen hatten zu wenig davon: Sie wünschten sich explizit *mehr* Nervenkitzel in der täglichen Freizeit. Grundschulkinder meinten, dass abenteuerliche Spiele – etwa mit dem Fahrrad einen steilen Hang hinunterrasen, auf hohe Bäume klettern – ihnen ein Gefühl der Unabhängigkeit und Freiheit schenkten. Dieses Glück, sich als eigenständige Person im vollen Sinn zu spüren, kommt anscheinend besonders dann auf, wenn das, was die Kleinen tun, tatsächlich *ein bisschen gefährlich ist*. Aber anders, als viele besorgte Eltern vermuten, können schon Grundschüler die Gefahr sich zu verletzen erstaunlich gut einschätzen. Es ist somit nicht brutaler Thrill, der den meisten Kindern fehlt, sondern Freiheit – die Freiheit, selbst entscheiden zu können, welchen Erfahrungen sie sich aussetzen, draußen, ohne Aufsicht durch Erwachsene.[40]

Viele Kinder vermissen heute letztlich das Erlebnis ihrer eigenen Humanität mit all ihren Risiken und den damit verbundenen Narben, aber auch den Triumphen des Wachstums. Was sie zunehmend weniger erfahren dürfen, ist die eigene Existenz als Mensch, der sich entfalten will und der dafür Neues ausprobieren muss, der probieren möchte und Irrtümer erträgt, um *Herr seiner selbst* zu werden. Der Doyen der deutschen Reformpädagogik, Hartmut von Hentig, notierte schon 1975: »Kindheit heute ist Stadtkindheit, eine Kauf- und Verbraucherkindheit ... Das Kind kann sich Bewährung und Risiko nur einbilden oder erlisten: durch Zerstörung und mutwilligen Verstoß gegen die Regeln, die Erwartungen, die Vernunft.«[41] Der US-amerikanische Schriftsteller Michael Chabon fragt sich, ob unser Hang zur Rundum-Planbarkeit nicht noch viel tiefere Konsequenzen habe und möglicherweise mit der Wirklichkeit der Erfahrung auch die der Kultur auszulöschen droht, des symbolischen, imaginativen Denkens und der künstlerischen Phantasie: »Kunst ist eine Weise der Exploration, ein Weg, allein ins Unbekannte davon zu segeln, auf der Reise zu den weißen Flecken auf der Karte. Wenn Kindern nicht gestattet – und nicht beigebracht – wird, in ihrer Kindheit selbst Eroberer und Abenteurer zu sein, was wird dann aus der Welt des Abenteuers, der Geschichten, der Literatur überhaupt?«[42]

In einer unter Regulativen von Eltern und Betreuern stehenden Welt, in der sich das Kind, wenn es allein ist, vor allem von Plagiaten des Lebens ernährt (etwa in Form von Videospielen oder TV-Sendungen), die Erwachsene mit Hilfe technischer Rationalität erzeugt haben, bleiben Eigenschaften auf der Strecke, wie wir sie gemeinhin mit gelungenem Menschsein verbinden. Zu diesen Eigenschaften, die als Ausdruck von Reife am Ende der elterlichen Erziehung stehen sollen, gehören Autonomie, Selbstbestimmung, Eigenverantwortung, das Meistern von Risiko, Phantasie und Kreativität, schöpferisches Denken und spontane Bezogenheit zu Menschen und anderen Wesen in der Welt.

Es ist bemerkenswert, dass Kinder genau diese Eigenschaften und Fähigkeiten suchen. Sie haben einen Instinkt für das Richtige, eine Intuition für die passende kognitive Nahrung. Es sollte uns zu denken geben, dass wir die genannten Qualitäten zwar fordern, dass wir aber die Felder, auf denen Kinder von allein zu ihnen finden, zunehmend blockieren: die von selbst auflebende Natur, das freiheitliche Spiel in der Wildnis, die ungeplante, ungesteuerte Zeit. Kinder drängen aus sich heraus zu dem hin, was die Erwachsenen ihnen in Form von Druck, Konformismus und Regeltreue mühsam antrainieren wollen. Dabei verwehren Eltern und Lehrer den Kleinen ironischer Weise gerade die Mittel, die sie besitzen, um das zu erlangen, was von ihnen gefordert ist. Kinder tragen die Ziele der Zivilisiertheit schon in sich. Unsere Zivilisation vermag sie nur nicht mehr zu erkennen. Was Kinder begeistert, ist schlicht das Einmaleins geglückter Humanität in ihrer ersten frühen Entfaltung. Das Glück, das sie dabei erleben, ist ein Zeichen dafür, dass ihr Wachstum auf diese Humanität hin gelingt. Die Kinderfreude *ist* gelingende Entwicklung, von der Innenseite der Persönlichkeit erlebt.

Was in der ständig beschleunigten Gegenwart verschwindet, ist somit nicht nur Natur, sondern der Raum, in dem Kinder *ganz von allein zu Menschen werden.* Was wir brauchen, ist mehr Vertrauen in diese Fähigkeit – und das Zutrauen, dass sie sich von allein einstellt. Wir sollten mehr Glauben an die Fähigkeiten des Kindes zeigen, aus sich selbst heraus zu wachsen und richtig zu erfühlen, was es dafür benötigt. Das trostlose Leben der Kinder, eingesperrt hinter Bildschirmen, zu Tode geschützt hinter Airbags und Schulhortmauern, sollte uns aufrütteln. Oder sind wir schon zu abgestumpft, um den Skandal zu bemerken, dass eine ganze Kultur sich verschworen hat, die Prinzipien der Lebendigkeit abzuschaffen?

Natur macht gesund

»Kindheit ist das, was uns
zu Menschen macht.«
ALISON GOPNIK, Kleine Philosophen

Es war noch kühl in den Bergen des südfranzösischen Zentralmassivs. Ostern kam spät in jenem Jahr, und noch immer hatten sich die Bäume nicht mit Laub bedeckt. Aber mit Blüten. Der alte Apfelbaum, der dort stand, wo der Garten in den Wald überging, den niemand mehr pflegte und dessen kleine verkrümmte Früchte keiner aß, war mit einem weißen Schleier überzogen. Beim Nähertreten löste er sich in ein Wolkenmeer aus weißen Kelchen auf, aus denen lange Staubfäden wuchsen wie geöffnete Wimpern. Der Baum schlug die Augen auf. Ich stapfte mit Gummistiefeln durch das tauschwere Gras. Auf meinem Arm trug ich meine Tochter Emma. Sie hatte ihre Augen vor weniger als einem Jahr aufgeschlagen. Nun schaute sie daraus mit langen fragenden Blicken auf eine Welt, die dabei war, zu beginnen, genau wie sie selbst.

Als wir unter dem Apfelbaum ankamen, begann ein Rotkehlchen irgendwo zwischen dem Blütenlicht mit seinem melancholischen Flöten. Emma blickte nach oben. Ein breites Kleinkindlächeln überzog ihr Gesicht. Wieder schlug das Rotkehlchen, und jauchzend deutete Emma mit dem Finger nach oben, in die Sternwolken der weißen Kelche. Sie ruckte in meinen Armen, als könne auch sie dorthin emporsteigen, woher der Gesang herabwehte. Nun war wirklich Frühling in der Welt.

Für mich selbst waren als Kind andere Wesen mit einem Glück verbunden, das ich weder verstehen noch einordnen konnte. Nur immer wieder aufsuchen. So erfüllte mich etwa eine fanatische Liebe für Reptilien. Ich verschlang alle Literatur über sie, die ich finden konnte oder die mir meine Eltern besorgten, ich pauste stundenlang Dinosaurier aus Büchern auf Butterbrotpapier durch und erschuf so meine eigenen prähistorischen Landschaften, in denen Natur in Fülle die Welt dominierte. Ich stand im Zoo wie gebannt vor den Vitrinen mit Echsen, entflammt in einer Liebe, die ich weder begriff noch begreifen wollte: Sie hatte etwas von der Unmittelbarkeit, mit der Kinder ihre Eltern lieben, aber sie enthielt auch den Reiz unauslotbarer Neuheit. Mich erfüllte die Art von Freude, die ich empfunden hatte, als ich das erste Mal durch frisch gefallenen Schnee lief, an einem Morgen, an dem die Schule ausgefallen war, weil zu viel Weiß die Straßen und Wege bedeckte. Die Welt enthüllte ihren innersten Kern als Glück.

Ich entsinne mich eines Frühlingstages, als ich auf dem Fußweg gegenüber die Blattspitzen des Gierschs entdeckte, die sich aus dem Boden zu rollen begannen. Die weißlichen Keime strebten so fraglos, wie sich eine Haut über einer Wunde bildet, aus dem wintermüden Boden. In diesem Augenblick entschloss ich mich, eine Pflanze »zu halten« – wenn mir meine Eltern schon kein Reptil gestatteten. Ich grub ein paar Wurzelstöcke aus und pflanzte sie in ein leeres Aquarium am Fenster. Zwar fehlten dort die Eidechsen, aber im Geist sah ich Miniatur-Dinosaurier zwischen urwaldartigem Grün hervorlugen. Das Aquarium selbst hatte bis kurz zuvor eine Wollhandkrabbe beherbergt, einen Pflegling von der Elbe, der aber nach wiederholten Ausbrüchen, bei denen er mich mit dem Geklapper seiner Chitinfüße auf dem PVC-Boden terrorisiert hatte, wieder ausgebürgert worden war.

Meine Giersch-Stecklinge verströmten ein säuerliches Aroma, während sie sich gut gegossen (es war ja ein Aquarium) an meinem Fenster empor schoben. Den Geruch habe ich bis heute in der Nase. Es ist der Duft des fraglosen Glücks, das an jeder Straßenecke aufzuheben ist, wenn man ihm ein bisschen Liebe entgegenbringt. Mit den wachsenden Trieben erschuf sich dieses Glück ganz allein und machte mich reich.

Als ich Emma dort unter dem Apfelbaum auf dem Arm hielt, im Aroma des feuchten Grases, unter den Blütenbällen, die ihre Sternwimpern über Nacht geöffnet hatten und den Winter mit diesem Augenaufschlag zum Schweigen brachten, erinnerte ich mich wieder an meine eigene Kindheit. Emma half mir, eine Perspektive wiederzufinden, die nur Kinder mühelos beherrschen. Als Erwachsener muss man sie beschwerlich wieder lernen.

Wir sind von *Biophilie* besessen

Wie sehr andere Lebewesen Denken und Fühlen der Kinder dominieren, hat die US-amerikanische Kognitionsforscherin Elizabeth Lawrence festgestellt. Sie beobachtet: »Phantasiebilder aus der natürlichen Welt sorgen für einen beispiellosen, unersetzlichen Kontext, aus dem sich die kindliche kognitive Entwicklung speist.«[43] Der Mensch insgesamt, so Lawrence, sei durch eine »kognitive Biophilie« ausgezeichnet: Sein mentales Leben ist besessen von Natur.

Die Zahl der empirischen Studien, die nachweisen, in welchem Maß Menschen eine natürliche Umgebung allen anderen vorziehen, ist kaum noch zu überblicken. Unsere »Biophilie« ist so gut belegt wie wenige Einsichten in menschliche Vorlieben und Abneigungen sonst. Der Harvard-Soziobiologe Edward O. Wilson, der dem in den 1970er Jahren vom Psychologen Erich Fromm geprägten Begriff zur Popularität verhalf, meint: »Uns ist eine tiefe emotionale Verbundenheit zu anderen Lebewesen angeboren.«[44] Diese sei genetisch festgelegt und bestimme, wie Menschen die Welt wahrnehmen und gestalten: »Unsere emotionale Reaktion auf die Natur hat die Symbole hervorgebracht, auf denen ein großer Teil der Kultur beruht«, sagt Wilson.[45] Das Bedürfnis nach Präsenz natürlicher Mitgeschöpfe habe demnach tiefe Wurzeln in unserem stammesgeschichtlichen Ursprung aus der Mitte der Natur. Wir seien »hard-wired for nature«. Uns ist kein anderes »Betriebssystem« möglich als ein Denken in Gefühlen und Begriffen, die sich auf andere Lebewesen beziehen.

Dass Natur dem werdenden Menschen nottut, ist heute empirisch belegt. Es ist ebenso erwiesen wie der Umstand, dass Alkohol krank macht oder ungesättigte Fettsäuren den Stoffwechsel stärken. Kinder brauchen andere Lebewesen, so wie sie Muttermilch brauchen: Diese ist zwar ersetzbar, aber in ihrer heilsamen Wirkung nicht zu übertreffen. Ein Säugling ist schlicht für Muttermilch gebaut, so wie auch ein Schiff nicht auf Sand fährt, sondern auf der See. Auf dieselbe Weise ist ein Säugling auf andere Wesen angewiesen, um in das richtige seelische Fahrwasser zu kommen. Sie sind seine mentale Heimat.

Wenn Probanden aus Bildern die für sie harmonischsten Landschaften auswählen, wenn man Immobilienpreise zwischen beliebten Landesteilen und weniger glücklichen Gegenden vergleicht, ist das Votum eindeutig. Auch der Mensch des Datenzeitalters sehnt sich nach Natur. Noch eindrucksvoller ist der Blick in die Medizinstatistiken: Die Gegenwart anderer Tiere und Pflanzen ist eine universelle Arznei. Natur macht gesund. Diese Tatsache hielten Ärzte und Medizinsoziologen allerdings lange für ein Hirngespinst. Jahrhundertelang taten sie Beobachtungen wie etwa die des römischen Historiographen Plinius, dass ein Schoßhund Krankheiten heile, als abergläubische Anekdoten ab.[46]

Heute aber steht fest: Plinius hatte recht. Patienten in Krankenhäusern werden deutlich schneller gesund, wenn sie aus ihrem Fenster auf Bäume blicken, als wenn dort eine Straße dröhnt. Schon die Anwesenheit eines Tiers im Raum – gleich um welche Art es sich handelt – senkt den Blutdruck, im Gegensatz zur Gegenwart von Menschen, selbst nahestehenden, die stets den Blutdruck erhöhen. Sogar ein Aquarium hat eine nachweislich kreislaufstabilisierende Wirkung. Die Chance, eine Herzattacke zu überstehen, ist für Menschen, die ein Haustier besitzen, messbar höher.

Aaron Katcher, Psychotherapeut und Vorreiter der »Tiergestützten Therapie«, bestätigt, dass das »Zusammenleben von Menschen und Tieren einen bedeutenden Einfluss auf Wohlbefinden und Gesundheit ausübt«[47]. Unsere Zivilisation hat indes noch keine Konsequenzen aus dieser Tatsache gezogen. Kaum ein Thema sei so wenig erforscht wie die Symbiose zwischen Mensch und Tier, klagt die Soziologin Sylvia Greiffenhagen: »Über das Verhalten von Rehen in freier Wildbahn, Stichlingen oder Schildkröten auf den Galapagosinseln wissen wir vermutlich mehr als über unsere Hauskatze.«[48]

Kinder zeigen ein unbewusstes Suchverhalten nach der natürlichen Medizin, die sie in der Gegenwart von Tieren finden. In den meisten Bereichen der Entwicklung wissen unsere Sprösslinge intuitiv, was ihnen guttut. So beginnen Vierjährige von selbst, Buchstaben auf Verkehrsschildern, Verpackungen und Zeitschriften zusammenzureimen, sobald sich ihr Entwicklungsfenster für Lesen öffnet. Kleinkinder richten sich instinktiv auf, um gehen zu lernen. Ähnlich drängt es die Kleinen nach Nähe zur Kreatur. Kinder suchen aktiv andere Wesen, so wie sie die Nähe ihrer Eltern suchen. Kreaturen faszinieren sie auf eine Weise, wie kein Spielzeug sie zu bannen vermag. Wenn Kleinkinder in einem Testraum die Wahl haben, ob sie sich mit einem lebenden Zwergkaninchen oder mit einer klappernden Holzschildkröte beschäftigen wollen, taumeln fast alle zum Häschen mit seiner zuckenden Nase, seinen blanken Augen und seinen verspielten Hoppelschritten.[49] Kinder im Alter von drei Monaten wenden sich bevorzugt Bewegungsreizen zu, die von lebenden Wesen, nicht von Automaten stammen.[50] Säuglinge kommen bereits mit einem Gehirn auf die Welt, das für die Faszination durch Bewegung gebaut ist, vermutet die Entwicklungspsychologin Gail Melson von der University of California in Davis.[51] Es scheint, dass ein Kind erkennt, welches huschende Ding ein selbständiger Akteur ist wie es selbst – und welches nicht.

Diese Faszination hält an und führt zu einem universellen Wunsch: Jedes Kind möchte ein Tier. Für viele erfüllt sich diese Sehnsucht, wenn auch nicht auf so ausgefallene Weise wie für die zweijährige Jane Goodall, die mit Regenwürmern unter dem Kopfkissen schlief.[52] So lebt in mehr als fünfzig Prozent der europäischen Haushalte mindestens eine nichtmenschliche Kreatur – freilich meist konventionellere Hausgefährten wie Kaninchen, Katze und Köter. 45 Prozent aller Kinder in Deutschland wachsen mit Tieren auf.[53] In den USA hatten Ende der 1990er Jahre fast vier Fünftel der Familien mit Kindern über sechs Jahre ein Haustier. Und 80 Prozent der Tierhalter – nicht nur die Kinder – identifizierten ihr Lebewesen als »sehr wichtiges Haushaltsmitglied«. Fragt man meine Tochter, in welchem Verhältnis sie zu ihrer Hündin stehe, so wird auch sie sofort sagen, Erbse sei ihre kleine Schwester. Natürlich weiß Emma, dass der Pudel nicht wirklich mit ihr verwandt ist. Aber in der Wahrheit des Empfindens, nicht jener der Taxonomie, fühlt sich der Hund wie ein Geschwisterkind an. Das gilt selbst für Tiere, die uns weit ferner stehen als ein Wolfsnachfahre: »Ich stelle meinen Hamster Igor auf die selbe Stufe wie meinen Bruder«, so ein amerikanischer Neunjähriger.[54]

Beobachtungen zeigen: Kontakt mit der Natur macht Kinder sicherer, klüger, großherziger und körperlich gesünder. Sie werden glücklicher, weil sie in den volleren Besitz ihrer Menschlichkeit gelangen. Wie beruhigend Tiere auf Kinder wirken, haben der US-Psychologe Aaron Katcher und seine Mitarbeiter in einem heute klassischen Versuch nachgewiesen. Dabei mussten Kinder öffentlich etwas vorlesen. Währenddessen wurde bei ihnen Blutdruck und Puls gemessen. Die Kinder waren aufgeregt und zeigten entsprechend erhöhte Werte – bis ein Hund in den Raum gelassen wurde. Sofort sanken Blutdruck und Herzfrequenz.[55]

Kinder, die mit ihrem Tierkumpan viel Zeit zubrachten, sind messbar weniger ängstlich und zurückgezogen als der Durchschnitt,[56] ihre Beliebtheit liegt häufig höher, und sie zeigen signifikant mehr Empathie.[57] Der französische Psycholinguist Hubert Montagner beobachtet, dass Kinder, sobald sie im Schulunterricht über Tiere sprechen, ein abwechslungsreicheres Vokabular verwenden, als wenn sie über Gegenstände reden.[58] Wenn Kinder sprechen lernen, so lallen sie – nach den Wörtern für Mama und Papa – am ehesten Tiernamen, etwa Hund, Katze, Ente, Pferd, Bär, Vogel, Kuh.[59] »Von frühester Kindheit an ist Tier eine ontologische Basiskategorie«, folgert daraus die Kognitionsforscherin Susan Carey.[60]

Domestikation aus Liebe

Dass Kinder von Tieren fasziniert sind, ist ein Erbe aus den Frühphasen der Menschwerdung. Urzeitliche Stammesvölker halten zahme Kreaturen in Hülle und Fülle. Sie züchten freilich keine Nutzrassen, sondern sie umgeben sich mit liebevoll aufgezogenen Wesen aus der Wildnis. Das erstaunte die ersten Kolonisatoren, die von Europa aufgebrochen waren. »Die roten Rassen haben ihre Haustiere sehr gern und behandeln sie freundlich«, notierte ein britischer Entdecker, der im 19. Jahrhundert Nordamerika bereiste.[61] Indianer hielten unter anderem Bisonkälber, Wölfe und Elche. Und sie pflegten die Genossen nicht mit zweckhaften Hintergedanken – sie hielten sie aus Freude. Europäische Abenteurer, die selbst ein erheblich gröberes Verhältnis zum Nutzvieh hatten, berichten mehrfach davon, wie sie vergeblich den Eingeborenen deren zahmes Hausgeflügel abkaufen wollten, um es zu verspeisen. Wenn die Europäer den Tierhaltern ihre Schützlinge schließlich mit Gewalt entrissen, schrien und jammerten diese wie beim Verlust eines Kindes.

Jäger- und Sammlerkulturen betrachten Tiere als dem Menschen gleichwertige beseelte und denkende Wesen.[62] Sie suchen ihre Gegenwart nicht nur rituell, in Verehrung und Achtung, sondern schlicht im Glück der unmittelbaren Nähe. Vermutlich ging daher auch das Vergnügen an gezähmten Wildtieren der Züchtung von Nutzrassen lange voraus. Am Beginn der menschlichen Gemeinschaft mit Tieren stand nicht die Verzweckung der anderen Kreatur, sondern die Liebe zu ihr. Der Münchner Zoologe Josef H. Reichholf hält die Tierhaltung demnach für »eine der menschlichsten Eigenschaften überhaupt«.[63]

Was westliche Beobachter bis heute am meisten erstaunt, ist die ökonomische Nutzlosigkeit solcher Gepflogenheiten bei Menschen, die doch, so glaubt man, für so etwas eigentlich keine Mittel übrig haben. »Eingeborene Völker scheinen bereit, genauso viele ihrer emotionalen und materiellen Ressourcen für wirtschaftlich nutzlose Haustiere einzusetzen wie der durchschnittliche Mittelklasse-Europäer oder Amerikaner«, beobachtet der britische Umwelthistoriker James Serpell.[64] Bis heute haben Kulturwissenschaftler versucht, die kostspielig und sinnlos scheinende Hingezogenheit des Menschen zu den Tieren zu begreifen. Nicht wenige bemühten sich, diese Liebe als krankhaft zu entlarven. Der US-Anthropologe Yi-Fu Tuan etwa hält Haustierhaltung für das Symptom eines verkappten Dominanztriebes – so wie man etwa Hundehaltern nachsagt, dass sie jemanden brauchen, den sie herumkommandieren können.[65] (Leise Zweifel an der These stellen sich freilich ein, wenn man regelmäßig Zeuge wird, wie ein Herrchen oder Frauchen verzweifelt seinem Hund im Wald hinterherpfeift und -ruft. Ich teile dieses Gefühl allabendlich.)

Die überflüssig erscheinende Liebe zu zahmen Kreaturen – wie auch die Sehnsucht nach schöner Natur – tun maßgebliche Denker als eine sentimentale Gegenbewegung zur Industriekultur ab. Ein weitverbreitetes Vorurteil besteht im Glauben, dass Menschen, die *wirklich* mit der Natur zu tun haben, diese weder schätzen noch lieben könnten, wie der Landwirt, der dem unberechenbaren Boden mühsam seine Früchte abringe. Wer aber die Menschen der verbliebenen Jäger- und Sammlerkulturen betrachtet, die in der Tiefe der Natur gemeinsam mit anderen Wesen existieren und nicht wie die Bauern des agrarischen Zeitalters *gegen* sie, der stößt auf die Quelle einer tiefen gegenseitigen Nähe, ja Identität. Fragte man einen australischen Ureinwohner etwa, ob er die Natur *schön* finde, so würde er lachen und antworten: Hier, schau dir diesen Felsen an. Dieser Fels *bin* ich.

Haustiere kamen zuerst als seine Verwandten in die Nähe des Menschen, nicht als seine Knechte. So sucht auch das Kind sie. Vor allem das Band zum Wolf – und zu seinem Nachfahren, dem Hund – war schon in der Vorzeit eng und ist es bis heute geblieben. Besonders für Kinder: Einen echten Hund zu haben ist für viele *der* große Traum vom Tier und eine geradezu universell verbreitete Sehnsucht. Instinktiv wünschen sich Kinder ein Wesen, das bei aller Fremdheit besonders viel mit ihnen gemein hat. Wölfe und Menschen entstammen zwar vergleichsweise entfernten Verwandtschaftslinien. Dennoch hat der Mensch mit kaum einer anderen Art mehr Gemeinsamkeiten hinsichtlich seiner Lebensweise und seiner sozialen Regeln. Wie der Wolf, aber kein anderer Primat, macht *Homo sapiens* regelmäßig in Gruppen Jagd auf große, lebende Beute. Auch Menschen ziehen ihre Kinder gemeinschaftlich in Familienverbänden auf, in denen sich alle Mitglieder um die Nachkommen kümmern. Ähnlich verhalten sich auch Wölfe. Bei Affen hingegen ist die jeweilige Mutter allein für ihr Kind verantwortlich, das aus Konkurrenzgründen leicht von anderen Gruppenmitgliedern umgebracht werden kann. Wölfe töten einander nicht, wie Affen es häufig tun. Sie teilen ihre Nahrung und, wie man heute weiß, sogar ihre Führungsrollen. Forscher konnten zudem feststellen, dass Wölfe und Hunde eine Reihe von menschlichen Gesten verstehen, die Menschenaffen fremd bleiben – etwa die, allein mit den Augen auf einen Gegenstand von Interesse zu weisen.

Bisher nahmen Forscher an, dass der Wolf dem Menschen vor allem bei der Jagd nützlich war und darum von diesem domestiziert wurde. Heute scheint es eher, dass unsere Vorfahren das Raubtier als ein verwandtes und zugleich unergründliches Wesen bei sich behielten. Der Wolf trug Jagdzauber in sich, aber nicht allein, weil er so gut Fährten aufspüren kann. Vielmehr liegt in seinen gelben Augen das Abgründige des Jägers, der seine Beute erkannt hat und ihr für immer folgen wird, niemals müde, unendlich ausdauernd, bis es um sie geschehen ist. Diese für uns Primaten unerreichbare Kraft und Selbstbeherrschung ließ die ersten Menschen den Wolf als Freund begehren. Indem dieses Wesen mit ihnen das Fleisch teilte und sie mit seinem Fell wärmte, erlaubte es ihnen den Kontakt zu den göttlichen Kräften der Schöpfung. Davon ist ein Rest erhalten, wenn sich ein Junge an die Seite eines großen Hundes träumt. In seinen Augen, die dem geschmeidigen Tier nachblicken, spiegelt sich ein Abglanz der Herrlichkeit des großen Jägers.

Der Irrweg der Psychologie

Bis heute kann die Schulpsychologie solche Beobachtungen nicht erklären. Sie macht wenig Versuche zu verstehen, warum Kinder von anderen Wesen angezogen sind. Darum haben wir auch kaum Vorstellungen davon, was zerstört wird, wenn Kinder ihr Bedürfnis nach Natur nicht erfüllen dürfen. Erst wenige Naturpädagogen und Hirnforscher beginnen zu begreifen, dass es sich dabei um etwas so Essentielles handeln könnte wie die Bindung eines Kindes an eine Bezugsperson.

Gleichwohl gilt in unserer Kultur der Umstand, dass Kinder und Tiere zusammengehören, als vulgärste Binsenweisheit. »Das ist für Kinder, da sind Teddybären drauf«, sagte mein Sohn einmal, als ihn irgendeine Packung interessierte, die ich in meinen Händen hielt. Er war vier, aber diesen Zusammenhang hatte er schon verinnerlicht. Kaum ein Babystrampler ohne Bärchen, Entchen oder Mäuschen, kaum eine Bilderbuchgeschichte ohne Tiere als Protagonisten, kein Zeichentrickfilm, in dem nicht sprechende Katzen oder Eisbären vorkämen, kein Kinderzimmer ohne Berge von Stoff- und Plüschtieren: Die Verkaufsindustrie hat sich die kindliche Lebensbesessenheit längst zu eigen gemacht. Unsere Kultur ist heute dadurch gekennzeichnet, dass Kinder mit Pandabären bedruckte Schlafanzüge tragen, während reale Pandabären fast nicht mehr anzutreffen sind. So steht im Zentrum unserer Humanität eine brennende Liebesaffäre, von der wir keine Ahnung haben. Wie bei jeder großen Liebe geht es in ihr um nichts anderes als um unser Leben.

Angesichts der magischen Bande zwischen dem heranwachsenden Menschen und den übrigen Wesen müsste alle Kinderpsychologie eigentlich mit den Tieren beginnen. Sie müsste von der emotionalen Nähe des Kindes zu den Wesen der Natur ausgehen. Doch bisher wird diese von keiner einschlägigen Theorie der seelischen Entwicklung berücksichtigt. Vielleicht können viele von ihnen gerade darum die Zivilisationskrankheiten der Kinder nicht heilen. Der US-amerikanische Psychiater Harold Searles, einer der Pioniere in der Behandlung von schizophrenen Patienten und Borderline-Störungen, bemerkte: »Die nichtmenschliche Umwelt ist weit davon entfernt, keine Rolle für die menschliche Persönlichkeitsentwicklung zu spielen. Sie stellt vielmehr eines der basalsten Bestandteile der psychischen Existenz dar.«[66] Dessen ungeachtet beobachtete er: »In der Psychologie geht es überwiegend darum, zwischenmenschliche Prozesse vor dem Hintergrund einer homogenen und leeren Matrix zu betrachten.«[67]

Searles gehört zu einer Minderheit. Die großen psychologischen Schulen des 20. Jahrhunderts – von Freud über Piaget bis zu Melanie Klein und Heinz Kohut – haben die Rolle von Natur in der Entwicklung der kindlichen Gefühle nicht nur ignoriert: Sie haben die Faszination durch anderes Lebendiges sogar unter den

Generalverdacht der Unreife und der Neurose gestellt. Sprichwörtlich ist bis heute Freuds Verachtung gegenüber dem »ozeanischen Gefühl«. Mit diesem spöttischen Begriff verhöhnte er das intensive Erlebnis der Einheit mit der übrigen Naturwelt und die intuitive Sicherheit, von einem beseelten Ganzen genährt und gehalten zu werden. Für Freud und die bis heute tonangebende psychoanalytische Schule signalisierte solches Empfinden einen neurotischen Rückfall in die infantile Illusion, mit der Mutterbrust verschmolzen zu sein. Ein solcher Zustand ist damit dringend behandlungsbedürftig.

Seit dem Siegeszug der Psychoanalyse untersagten sich Generationen von Intellektuellen, einer ihrer tiefsten Empfindungen zu vertrauen. Und sie verboten es, als Eltern, Väter, Therapeuten und Lehrer, auch den Kindern – mit weitreichenden Folgen. »Heute ist es allgemeine Auffassung, dass unsere Ideen über die Natur, über die Kindheit und alles andere nichts als gesellschaftliche und kulturelle Konstruktionen sind, die wir einer ansonsten bedeutungslosen Welt aufgeprägt haben«, beobachtet die US-amerikanische Pädagogin Louise Chawla und resümiert: »Eine Haltung des dauernden Verdachts bestimmt unseren Bezug zur Wirklichkeit.«[68] Logik, Linguistik und die Rationalität von Ursache-Wirkung-Beziehungen prägen unser Bild von der menschlichen Psyche. Unsere Existenz als fleischliche, fühlende Wesen spielt keine Rolle. »Mainstream-Kognitionspsychologen haben lange geglaubt, dass Natur nur in unserem Kopf stattfindet und nicht vor unseren Augen«, kritisieren die Primatologen und Philosophen Frans de Waal und Peter Verbeek.[69]

Dass die Seelenforschung den Körper vor allem als Quelle von Symptomen betrachtet und nicht als Bindeglied zu einer Wirklichkeit, der er doch als Produkt der Naturgeschichte entstammt, hat tiefe Wurzeln in der Kultur des Abendlandes. Louise Chawla sieht die Trennung schon beim griechischen Philosophen Platon vollzogen: Galt die Welt bis dahin als »beseelter Organismus von göttlicher Schönheit, dessen Formen durch poetische Teilhabe intuitiv erfasst werden konnten«, so begannen die Denker nun, die veränderliche natürliche Welt zurückzuweisen – zugunsten der »reineren Schönheit von gereifter Vernunft und geistiger Schöpfung«[70]. Das Kind, das ja eben noch wie ein Tier zwischen Blut und Schleim aus dem Mutterleib geglitten ist, erinnerte in seiner naiven Besessenheit durch die anderen nicht rationalen Lebewesen an diese nun als niedrig geltende Welt. Es wurde daher während langer Kulturepochen zum Inbegriff dessen, was man umerziehen, zurechtprügeln, rationalisieren musste, damit daraus ein Mensch, also ein souverän selbstbeherrschtes Geisteswesen würde.

Das böse Kind

Allein die Romantik entdeckte die sich entfaltende kindliche Wahrnehmung in ihrem eigenen Genius wieder. Zugleich bestand sie darauf, dass der wichtigste Zugang zu diesem schöpferischen Reservoir die Liebe sei. Dass wir immer noch nicht begriffen haben, warum Kinder von Leben fasziniert sind, zeigt, dass das Projekt der Romantik längst nicht am Ende ist. Die Frage, wie das Geistige, das Seelische und das Körperliche in dieser Welt auseinander hervorgehen, ist heute mehr denn je ein schmerzhaft ungelöstes Rätsel.

Doch die gegenwärtig bestimmende Meinung setzt stärker auf das rationalistische Erbe, für das die spontane Lebendigkeit des Kindes etwas Unheimliches hat. Schon für den Kirchenvater Augustinus war das kleine Kind in seiner vorgeblichen Bösartigkeit, Gier und Unbelehrbarkeit der empirische Beweis für das dem Menschen innewohnende Schlechte – und damit für die Wahrheit der kirchlichen Doktrin der Erbsünde.[71] Der englische Philosoph und Pädagoge John Locke wies im 17. Jahrhundert in einem Erziehungsratgeber Eltern an, einem Kind jede poetische Neigung sofort auszutreiben: »Selten entdeckt man Gold- und Silberminen auf dem Parnass«, begründete der Denker seinen rigiden Ratschlag.

Das Bild, das Freud vom Kind zeichnete, stand in dieser Tradition und war nicht minder düster. Der Seelenarzt betrachtete den jungen Menschen prinzipiell als asozial, exhibitionistisch, voyeuristisch, eifersüchtig, destruktiv, egoistisch und inzestuös.[72] Das Kind ist in einem solchen Seelenbild einer niedrigen Humanitätsstufe verhaftet. Konsequenterweise kommen das Kindliche, seine Weltsicht und seine Erfahrungen auch in der Philosophie, der Königswissenschaft humaner Selbstreflexion, so gut wie nicht vor. Die US-Entwicklungspsychologin Alison Gopnik beobachtet: »Sie können sich durch 2500 Jahre Philosophie lesen und werden kaum etwas über Kinder finden.«[73]

An der Wurzel der Seelenkunde und ihres Bildes der kindlichen Entwicklung steht das abendländische Vorurteil von der Natur als ein Ungeheuer, als monströser Leviathan, der durch einen Kraftakt des Willens und der männlichen Selbstherrschaft gebändigt werden muss. Allein Klarheit und Rationalität einer hochentwickelten

Kultur können vor den verschlingenden Symbolen und Symptomen der Psyche schützen. Für Freud entstand Kultur als »Sublimation«: Eine Umleitung niederer Neigungen unserer Natur in die dünne Kruste einer streng geregelten Gesellschaft. Darunter drängeln sich mitleidlose Triebe, in denen es um Sex und Überleben geht, um Fleisch und Blut. Emotionen waren Freud bedrohlich.

Von diesem klassischen Modell der Menschenentwicklung aus hat sich die Kognitionspsychologie bis heute nicht erholt. Das Tier, das Kind, der »Wilde« finden ihre Menschlichkeit erst im Lichte der aufgeklärten Rationalität. Auch heute noch beeinflusst diese selbstgerechte Sichtweise unser Denken. So etwa in der verbreiteten Auffassung vom »Urmenschen«, der immer hungrig, immer gierig, immer lüstern nach Sex war, und der weder Liebe noch Moral kannte.

Für Freud hatte die Kraft der Psyche, sich Imaginationen hinzugeben, Symbole zu finden für etwas, was ansonsten unaussprechlich blieb, stets den Hauch des Krankhaften. Er ging so weit, auch in positiven Impulsen nichts als Sublimationen niedriger Neigungen zu sehen. Träume und ihre verworrene, aber intensive Bedeutungserfahrung folgten dem Zweck, die Dynamik der Seele zu verschleiern und zu verhüllen – nicht etwa, Anhaltspunkte für eine ganzheitliche Erfahrung der Person in ihrem Leib zu gewähren. Zwar gab es immer wieder auch andere Stimmen. Der Psychologe Alfred Lorenzer meinte etwa: Nicht der Zwang, sich Symbolen und Phantasien hinzugeben, sei Ausdruck einer Neurose, sondern das Versagen solcher Imaginationsfähigkeit.[74] Lorenzer folgend, könnte man sagen: Nicht die Hingabe an das »ozeanische Gefühl« ist ein Problem, sondern der Umstand, dass dieses gar nicht mehr auftaucht. Dennoch ist bis heute dominierende Meinung, dass unsere Beziehung zur Außenwelt nicht etwas Wirkliches erfasst, sondern eine durch Begierden und Frustrationen geprägte Chimäre ist. Von einer »menschlichen Natur« könne man daher so wenig sprechen wie von einer außerhalb unserer Vorstellung existierenden Lebenssphäre.

Das Kind als Kognitionsmaschine

Das Vorurteil, dass ein Mensch erst im rationalen Kognitionsvermögen zu sich komme, sitzt bis heute tief an den Wurzeln der Entwicklungspsychologie. Geprägt hat diese der einflussreiche Genfer Kognitionsforscher und Philosoph Jean Piaget. Piaget revolutionierte unser Verständnis davon, wie Kinder sich die Welt erschließen, in die sie hineingeboren werden. Er begriff: Erfahren und Wahrnehmen heißt nicht, vorgefundene Zusammenhänge im Geiste abzubilden, sondern vielmehr eine innere Welt als kreatives Produkt schöpferischer Seelentätigkeit zu erschaffen. Ein Kind *konstruiert* demnach seine Realität anhand seiner jeweiligen Fähigkeiten und Wahrnehmungen.

Mit dieser Auffassung rückt Piaget zwar von der Idee vorgefundener Fakten ab, die man einem werdenden Menschen eintrichtern müsse. Doch zugleich errichtet er eine undurchdringliche Mauer zwischen den Kindern und der belebten Wirklichkeit. Die Welten, die Kinder konstruieren, haben keine Realität. Entsprechend ist für Piaget die kindliche Auffassung des Lebendigen ein reines Phantasieprodukt – der sogenannte kindliche »Animismus«. Bis zu einem Alter von sieben Jahren imaginieren Kinder Piaget zufolge alles als irgendwie belebt. Sie sind also aufgrund ihrer kognitiven Unreife von Tieren fasziniert, nicht weil sie in ihnen etwas Wirkliches begreifen. Wird ein Mensch älter, so begreift er dann, dass in Wahrheit kein Lebewesen etwas anderes ist als ein Objekt, eine Maschine.

So viel Piaget also dafür getan hat, das Bild des Kindes als ein leeres Blatt Papier zu korrigieren, so sehr hat er der kybernetischen Krankheit Vorschub geleistet – jener Annahme, dass Natur nichts als kulturelle Konvention sei. Piagets Konstruktivismus macht den Graben zwischen Kindern und der übrigen Welt unendlich tief. Mit erschreckenden Konsequenzen: »Wenn Natur nicht länger natürlich ist, dann gibt es auch keinen Grund mehr, sie zu erhalten«, beobachten die Primatenforscher Peter Verbeek und Frans de Waal.[75]

Ziel der Bildung zum Erwachsenen bleibt auch in der Entwicklungspsychologie Piagets, dass Kinder ihre ungehörigen Impulse kontrollieren lernen.[76] Die Nähe zu anderen Lebewesen wird als Irrtum abgetan, der eine bloße Sache mit etwas Geistigem verwechselt. Die Natur, der Kosmos anderer Subjekte, hat in einem solchen Bild keinen Platz. In ihm gibt es keinen Raum für das Fühlen. Was ein Kind wahrnimmt, wird immer noch als Schwundstufe des erwachsenen Geistes betrachtet – nicht aber als eine möglicherweise von diesem verschiedene eigenständige Erfahrungsart, die bestimmte Dimensionen der Wirklichkeit in einer Klarheit erlebt, die uns Erwachsenen längst verschlossen ist.

Durch den Hang der Psychologen, vor allem das Kulturelle und Geistige als Wirklichkeit anzuerkennen, verschwand der Mensch als leibliches Wesen aus dem Blickpunkt. Es wurde kaum darüber diskutiert, was unsere natürlichen Bedürfnisse sind, denn jedes Sprechen über Bedürfnisse trug bereits das Stigma einer nicht gelungenen Sublimation. Diese Auffassung ist erst in den letzten Jahren weniger rigide geworden. Vor allem die Seelenforscher Donald Winicott, John Bowlby und Daniel Stern haben heute klargemacht, dass die menschliche Persönlichkeit bestimmte klar umrissene Bedürfnisse hat, deren Nichterfüllung Schmerz bereitet oder die Entwicklung behindert.[77]

Wir sterben ohne Bindung

Der amerikanische Psychologe John Bowlby konnte seit den 1960er Jahren zeigen, dass ein angeborenes humanes Bedürfnis darin besteht, soziale Beziehungen einzugehen und dass ein Mensch ohne die Verbundenheit zu anderen keine stabile Ich-Identität ausbilden kann. Das Bedürfnis nach Bindungen ist also keine Schwäche, sondern tragender Teil unserer Natur. Für den Psychologen William R. D. Fairbairn ist die grundlegende Triebregung des Menschen nicht das Lustprinzip, sondern die Notwendigkeit, Verbindungen einzugehen.[78] Aber weder vor vierzig Jahren noch heute gelang der Transfer dieser Erkenntnis auf die Beziehung von Mensch und Natur. Denn auch die Suche nach Natur stellt keine Sentimentalität dar, sondern ist ebenso ein Grundbedürfnis, dessen Nichterfüllung ein Kind – und überhaupt jeden Menschen – krank macht.

Wenn wir Bedürfnisse anerkennen, dann legen wir uns freilich fest. Wir verlieren die absolute Souveränität, uns als derjenige zu entwerfen, der wir gerne sein wollen. Die Illusion solcher absoluten Freiheit kann indes tödlich sein. John Bowlby, der Pionier der Bindungsforschung, stellte fest, dass junge Affen sterben, wenn man sie von ihren Müttern trennt. Neugeborene Primaten kommen bereits dann um, wenn man sie keine Berührung spüren lässt.[79] Bowlby entdeckte die lebenserhaltende Wichtigkeit von Bindungen kurz nach der Zeit, in der Ärzte Neugeborene ohne Narkose operierten, weil man glaubte, dass die Säuglinge in ihrem quasi tierischen Zustand keinen bewussten Schmerz empfänden.

Heute haben wir weitgehend akzeptiert, dass die Sehnsucht nach Verbundenheit mit anderen Menschen eine Notwendigkeit ist, die aus unserer körperlich-seelischen Beschaffenheit folgt. Es ist die Art und Weise, wie wir unsere soziale Identität herstellen, die andernfalls zerstört würde. Die Bedeutung der Bindung an nichtmenschliches Leben, die ebenso wichtig sein könnte, gilt es erst noch zu entdecken. Vermutlich ist ein Kind darum so fasziniert von Natur, weil es nicht nur auf »haltende Sozialelemente«, sondern ebenso auf »haltende Naturelemente« angewiesen ist. Dafür müssen wir eine Idee der menschlichen Psyche entwickeln, die über die Notwendigkeit sozialer Bindungen hinausgeht und versteht, wie der Mensch in seinem Körper zu einem fühlenden Subjekt wird. Wir brauchen also eine neue ökologische Psychologie. Wir können erst eine Idee unserer Naturbeziehung aufstellen, wenn wir eine Vorstellung von menschlicher biologischer Subjektivität haben.

Die Kognitionsforscherin und Kinderpsychologin Alison Gopnik beobachtet: »In den letzten dreißig Jahren hat sich in unserem Verständnis von Babys und

Kleinkindern eine Revolution vollzogen. Einst hatte man angenommen, Kinder in diesem Alter wären irrational, egozentrisch und amoralisch, in Denken und Erfahrungen konkret, unmittelbar und begrenzt ... In mancher Hinsicht sind Kinder eigentlich klüger, phantasievoller, fürsorglicher und sogar bewusster als Erwachsene.«[80]

Dass Kinder Tiere und die wilde Natur lieben, ist demnach kein Kennzeichen eines früheren und beschränkteren Entwicklungszustandes, den es zu überwinden gilt. Es ist vielmehr Teil einer kognitiven und emotionalen Frische, die verlorengeht, wenn wir nicht auf sie aufpassen und sie rechtzeitig in andere Quellen der Freude und der Poesie verwandeln. Diese Frische ist das Gegenteil des Konstruktivismus' Piagets: Sie besteht in der Fähigkeit, Lebendigkeit direkt und unvermittelt wahrzunehmen und darin bedingungslos aufzugehen.

Kognition sucht Lebendigkeit

Auch in unserer hypertechnischen Zivilisation, in der viele Kinder noch nie einen Schmetterling gesehen haben und noch weniger einen echten Fuchs, eine echte Fledermaus, eine echte Schlange, verfolgen animalische Charaktere die Kleinsten bis in ihre Träume. Die Phantasien der Nacht bevölkern vor allem zahme und freundliche Wesen, wie sie einst auf Bauernhöfen zu finden waren. Aber auch Alpträume kreisen zumeist um andere Kreaturen: Plötzlich wimmelt das Zimmer von Heuschrecken oder großen, gefährlichen Fischen. Oder giftige, behaarte Raupen kriechen den ganzen Körper entlang. Mein Sohn wechselte kürzlich wegen eines genau solchen Alpdrucks erst die Bettdecke, dann den Schlafanzug, dann das Bett (seine im selben Zimmer schlafende Schwester war nicht da, ihre Laken lagen verwaist). Als all das nichts half, kam er in mein Bett. Zum Glück musste ich mich nicht auch am ganzen Körper jucken.

In 85 Prozent aller Geschichten, die Fünfjährige erzählen, kommen Tiergestalten vor, ähnlich hoch ist der Anteil bereits bei Dreijährigen.[81] In Rohrschach-Tests sehen Kinder signifikant häufiger als Erwachsene die Umrisse von Tiergestalten aus dem Farbklecks hervortreten. »Animalische Charaktere sind das Rohmaterial, aus dem Kinder ein Gefühl für ihr Selbst konstruieren«, meint Gail Melson.[82] Und das in allen Kulturen zu allen Zeiten: Das älteste erhaltene Spielzeug ist eine bronzezeitliche Tonrassel, besetzt mit Fuchsköpfen, Vögeln, Hunden und hölzernen Krokodilen, tausend Jahre vor Christus in Ägypten gefertigt.[83] Der Trost jener frühen Kleinsten, er lag in der Hand der Tiere, damals wie heute. Kinder wissen instinktiv, an wen sie sich wenden müssen, um Beruhigung zu erfahren. Gerade in Situationen der Trauer und seelischen Belastung suchen sie die Nähe ihrer Haustiere. 79 Prozent der befragten deutschen Viertklässler geben an, dass sie sich Tieren zuwenden, wenn sie sich traurig fühlen.[84] Aber nicht nur die ins heimische Kulturumfeld gehörenden Streichelwesen spenden Heranwachsenden Trost. Auch die sich noch einigermaßen selbst überlassene Natur *draußen* vermag Kinder in sorgenvollen Momenten aufzufangen. Eine amerikanische Studie zeigte 2003, dass Kinder in traurigen oder konfliktreichen Situationen in der Wildnis Trost suchen – und dass diejenigen, die sich regelmäßig dort erholten, besser mit Stress klarkamen als ihre Altersgenossen.[85]

Die Literaturwissenschaftlerin Edith Cobb untersuchte in den 1970er Jahren, welche Rolle die Natur im Leben besonders produktiver und künstlerischer Menschen gespielt hatte. Sie stellte fest: Eine überwältigende Mehrheit führte ihre schöpferischen Energien auf Kindheitserlebnisse zwischen Tieren und Pflanzen zurück.[86] Edith Cobb folgerte daraus, dass Kindheit durch eine sinnliche und spielerische Weise der Weltwahrnehmung geprägt ist, welche in der Natur einzigartige Nahrung erhält: »Das Empfinden des Kindes für die Natur ist zutiefst ästhetisch und von Freude darüber erfüllt, zu *wissen* und zu *sein*. Diese Erfahrungen entsprechen der Kraft, etwas zu *erschaffen*. Das kindliche Staunen, das sich als Überraschung und Freude zeigt, ist eine Antwort auf die Angebote der Natur, die verspricht, dass immer noch ›mehr davon komme‹, oder besser, ›noch mehr zu tun sei‹. Es ist die Kraft, mittels der Wahrnehmung an den bekannten und an den unbekannten Dimensionen der Wirklichkeit teilzuhaben.«[87]

Oft ist weder Kindern noch Erwachsenen klar, was geschieht, wenn sie sich auf diese Weise der Natur hingeben. Meist haben ja die Erfahrungen, die ein junges Geschöpf macht, nicht »die Natur« zum Gegenstand, sondern zeigen sich als ein diffuses Gefühl von Glück. Wenn Menschen sich später erinnern, dann verbinden sie mit diesem Glück ihre kleinen Rückzüge in den Schoß des Lebens – in eine winzige Ecke von Wildnis etwa, die durchaus in einem Garten liegen kann, versteckt an einer Hauswand, in einem bescheidenen Brachstück. Diese Ausflüge ermöglichen der Seele den Kontakt zu allem, was sie sucht.

Meine Tochter und ihre Freundin bauten sich im Sommer einen Unterschlupf auf dem kahlen Boden hinter ein paar unscheinbaren Thuja-Büschen. Sie schleppten Steine als Abgrenzung herbei, funktionierten alte Blumenkübel zu Türen um, und verwandelten einen Eimer zum Tresor für geheime Dokumente. Es war nur ein winziges Reich, aber es barg ihre Lebendigkeit. Emmas Bruder hatte hingegen den abgesägten Stumpf der alten Weide vor unserem Haus entdeckt. Der nach einem Sturm abgebrochene Hauptstamm ist von neuen Zweigen umwachsen, so dass sich dort im Sommer in ein grünes Meer eintauchen lässt. Ich habe Max nie gefragt, was er dort tut. »Nichts«, hätte er wahrscheinlich gesagt – der einsilbige Beweis dafür, dass etwas in ihm lebendig und wach ist. Wann tun wir noch »nichts«? Außer dann, wenn wir im Herzen einer hohen Weide von Wind und von Schauern grünen Lichts umspielt werden und dabei mit der Spitze des Taschenmessers eine Höhlung in den Stamm ritzen, um dort eine Kostbarkeit zu verstecken. »Nichts«, antworten Kinder Erwachsenen auf die Frage nach ihrem Spiel, als wüssten sie, dass all diese Kleinigkeiten, die so nah am Puls des Lebens liegen, den »Großen« nichts (oder nichts mehr) bedeuten, weil sie verlernt haben, diesen Puls zu erspüren. Dabei ist das Nichts das Kostbare. Es ist die Gegenwart, das Dasein in der Mitte der Wirklichkeit. Es ist dieses Nichts, das uns Erwachsenen am meisten fehlt.

Natur heilt ADHS

Als für Kinder besonders heilsam hat sich die Wirkung der biophilen Lernumgebung bei dem heute massenhaft verbreiteten Phänomen der Aufmerksamkeits- und Hyperaktivitäts-Störung (ADS und ADHS) erwiesen. Allein in Deutschland leiden mindestens hunderttausend Kinder darunter, dass sie sich auf nichts länger als ein paar Sekunden konzentrieren können, dass ein unwiderstehlicher Drang sie zwingt, aufzustehen und umherzulaufen, wenn Stillsitzen und Selbstherrschaft gefordert ist – also etwa im Schulunterricht. Verzweifelte Eltern, erschöpfte Lehrer und Ärzte ohne Zeitressourcen greifen dann schnell zur Psychodroge Ritalin, welche diese Kinder einigermaßen ruhigstellt. Dabei nehmen die Beteiligten in Kauf, dass der Wirkstoff die Seelenregungen insgesamt dämpft und alle Erlebnisse wie in Watte gehüllt erscheinen lässt. Die Welt zeigt sich durch eine Milchglasscheibe – statt unter der Sehschärfe und in der Strahlkraft der frühen Jahre zu glänzen.

Einmal für längere Zeit der Natur ausgesetzt zu sein erweist sich für viele dieser Kinder als zweite Geburt. Schon der legendäre amerikanische Landschaftsfotograf Ansel Adams war – lange vor der heutigen Epidemie der Zappelphilippe – ein schwer zu handhabendes Kind. Er aber hatte Glück: Seine Eltern fuhren mit ihm regelmäßig an die See. Deren in die Unendlichkeit offene Gestade und der anrollende Donner des ozeanischen Atems nahmen die Rastlosigkeit des kleinen Ansel in sich auf – und machten ihn zu einem der eloquentesten Porträtisten natürlicher Erhabenheit, die seine Generation hervorbrachte.[88] Tiere und Pflanzen könnten, wie der Schriftsteller

Richard Louv meint, eine Art »natürliches Ritalin« bereitstellen.[89] Auch dieser Effekt ist heute empirisch nachweisbar: So können sich Kinder mit ADHS nach einem Spaziergang im Park besser konzentrieren.[90]

Neuerdings befördern eine Reihe von Erziehungsprogrammen schwierige Kinder in die Wildnis. So verbringen in einem vom Göttinger Hirnforscher Gerald Hüther angestoßenen Pilotprojekt alljährlich im Sommer mehrere kleine ADHS-Patienten einige Wochen auf einer Berghütte in den Schweizer Alpen – umgeben von Weite und Geröll, von winzigen Pflanzen, die während der kurzen Vegetationszeit aus dem Boden kriechen, vom Geschrei der Dohlen und dem Duft nach Mineral und Eis. Gewiss gehört zum Erlebnis hier nicht nur die ehrfurchtgebietende Elementarnatur, in der man sich verirren und verlieren kann, sondern auch das Gruppenleben, in dem alle ihre Pflichten haben. Auf einmal gehört jeder, ob er es will oder nicht, zu einer Gemeinschaft. »Manche Kinder blühen sofort auf, andere sind so weit in sich zurückgezogen, dass sie eine Weile brauchen«, schildert ein Betreuer. Aber fast alle stoßen den Panzer ihres Leidens ab.[91] Am Ende scheint es, als wäre allen Kleinen ein Schleier vom Gesicht gezogen; ihre Augen strahlen mit einem Licht aus der Tiefe, das vorher nicht vorhanden war.

Glück ist Gesundheit

Schenken wir also der Intuition der Kinder Glauben, dass sie die adäquate Sehnsucht zur richtigen Zeit empfinden. Wir sehen dann: Kindern geht es um Sein, nicht um Haben. Kinder suchen die Intensität des Mitseins, das zugleich ihr Selbstsein ist. Sie suchen keine Details. Sie erfassen in vieler Hinsicht nicht einmal bewusst, was geschieht. Das erkennt eher ein Beobachter: Etwa wenn er – wie ich an manchen Frühsommerabenden – die ganze Wiese vor dem Haus voller Kinder sitzen sieht. Manche sind hinter den Blättern versteckt, einige hängen in der Schwebe am äußersten Ende der Äste, andere hocken bequem auf den dicken Astgabeln. Wer so eine Szene betrachtet, dem wird klar: Das richtige Entwicklungsfenster ist stets durch Freude gekennzeichnet. Die Erfüllung des Wunsches, zu wachsen und sich im Wachsen in die Welt einzuschreiben, bedeutet Glück.

»Es gibt eine Zeit zwischen fünf und zwölf Jahren«, sagte der amerikanische Schriftsteller und Pulitzer-Preisträger Wallace Stegner, »wenn ein Eindruck, der nur ein paar Sekunden dauert, für das ganze Leben eingebrannt werden kann. Wenn man ein Kind in dieser sensiblen Phase einer bestimmten Umgebung aussetzt, wird es sie bis zu seinem Tod im Herzen behalten«. Dies ist das Geheimnis von Heimat. Unsere Kinder suchen sie alle. Sie suchen sie, weiser als ihre Eltern, dort, wo sie ist. Der größte Fehler, den wir machen können, besteht darin, unseren Kindern diesen Ort zu verwehren – im Namen der Wissenschaft, im Namen der Zeitnot, im Namen unserer eigenen Zerstreuung, die nichts ist als eine flagrante Heimatlosigkeit.

Wer seine Heimat bei den anderen Wesen findet, ist auch für Zeiten des Schreckens in ihr zu Hause. Er kann den Stürmen der Existenz seine Wurzeln entgegensetzen. Sie bestehen in nichts anderem als der Fähigkeit, die Lebendigkeit der Biosphäre als eigenes Lebensglück zu empfinden. Das war auch die feste Überzeugung von

Rachel Carson, der Autorin des Öko-Bestsellers *Der stumme Frühling*, der in den 1960er Jahren eine ganze Zivilisation vor den Folgen des ungebremsten Pestizid-Einsatzes warnte. Carson notierte: »Alle, welche die Schönheit der Erde wahrzunehmen vermögen, finden in ihr Kraftreserven, die so lange reichen, wie das Leben währt ... Es liegt etwas unendlich Heilsames in den immer aufs Neue wiederholten Refrains der Natur.«[92]

Eine solche Empfindung ist nicht bloß »irgendwas Schöngeistiges«, das bei näherer Betrachtung den »harten Fakten« einer empirischen Biologie weichen müsste. Im Gegenteil: Diese Art der lebensspendenden Biophilie teilen wir mit den Tieren. So beobachtet der Anthropologe Stephen Kellert, dass die Gefühle nichtmenschlicher Primaten mit den Erfahrungen in ihrer natürlichen Umgebung verwoben sind.[93] Sogar Ansätze von Ehrfurcht und Staunen glauben Forscher bei ihnen beobachten zu können. Der Primatologe und Philosoph Frans de Waal berichtet von einer Gruppe Mandrills, die andächtig eine auf den Waldboden gekauerte Kröte inspizierten – nicht um sie zu fressen oder Schindluder mit ihr zu treiben, sondern voll Begeisterung und Neugier. »Wir wissen heute, dass viele Aspekte der Begegnung zwischen Tier und Umwelt von Emotionen begleitet oder von ihnen gesteuert werden«, meint de Waal.[94]

Wie Angst oder Schmerz sind Freude und Begeisterung auch bei Tieren kein inhaltsloser Reflex, sondern reale Erfahrungen. So raste die in Gefangenschaft gehaltene Schimpansin Washoe jedes Frühjahr, wenn sie endlich wieder ins Freie durfte, wie toll draußen durch die Landschaft. Nach der ersten wilden Lust setzte sie vorsichtig, als könne sie nicht glauben, das alles sei wahr, einen Zeh auf den Boden. Wenn Affen eine reichhaltige Futterquelle finden, so geraten sie in ekstatische Begeisterung. In einer lautstarken »Feier« bekräftigen sie dabei ihre Zusammengehörigkeit. Jane Goodall, die große Aristokratin der Verhaltensforschung, die das persönliche Prinzip in die Tierbeobachtung einführte, erinnert sich, dass sie einmal still und leise ihren Schimpansen bis zu einem glitzernden Wasserfall im Urwald folgte, der sich im grünen Halbdunkel plötzlich öffnete. Die Affen saßen sprachlos da und berührten mit ihren Händen vorsichtig die glatte Kaskade. Sie offenbarten, so meint Goodall, alle Zeichen von Ehrfurcht und Staunen, wie wir sie auch von uns kennen.

»Die Natur geht eben niemals (wie die zielstrebige Menschenwelt) auf Erhaltung und Fortpflanzung aus, sondern auf die Lust im Augenblick«, schreibt in einer lange von seiner Zunft als Spinnerei abgetanen Einsichtstiefe der Philosoph Theodor Lessing. »Kein Vogel sucht die Gegenden auf, wo er ›genug Futter‹ finden kann, sondern es zieht ihn triebmäßig dorthin, wo er Völlerei treiben kann.«[95] Vielleicht spüren die Kinder, dass Begeisterung die Lebenswelt regiert? Begeisterung – nicht Funktionieren – ist der Kern der Gesundheit.

Kinder sind Tiere

> »Alles leiblich Schöne erlebt man erst
> an Tieren. Wenn es keine Tiere mehr gäbe,
> wäre niemand mehr schön.«
>
> Elias Canetti, Über Tiere

Max schließt zögernd die Augen, als das glatte Nackengefieder des Hahnes seinen Hals berührt und sich kühl und weich an die Kinderhaut schmiegt. Es ist weit unter Null. Die Kälte wird von den eisigen Steinwänden des Unterstandes, in dem wir uns aufhalten, noch einmal verstärkt. Zwischen unseren Füßen treten andere Zuschauer der Szene, neben ein paar Kaninchen die Hühner Bella und Shakira, von einem krallenbewehrten Fuß auf den anderen. Otto, der hellbraune Pinscher-Schäferhund-Mischling, behält das Geschehen wohlwollend im Auge. Ein Ziegenbock, zwei Schafe und zwei Esel stecken ihre großen Köpfe, aus deren Mäulern der Atem dampft, über das Gatter im Raum. Als ich mich, ohne zurückzuschauen, an die Wand der Stallbox lehne, packt ein Esel meine Daunenjacke und zerrt mich nach hinten. Auch er will mitmachen, so scheint es. Alle sind hochaufmerksam, als Cornelia Drees den Hals des Hahns an dem meines Sohnes reibt. »Auch der Hahn weiß: Wenn ich ihn da kraule und nicht beiße, dann bin ich freundlich«, sagt die Expertin der »Tiergestützten Therapie«.

Der Hals ist das universelle Einfallstor für Zärtlichkeit, Güte und sinnliche Anziehung. Ein anderes Wesen dort zu liebkosen, wo es am verletzlichsten ist, wo das Lebensblut sichtbar unter der Haut pocht, ist ein himmlisches Versprechen. Der Hahn scheint es zu verstehen. Max versteht es ebenfalls. Er begreift, wie er den kräftigen Vogel aufnehmen muss, und trägt ihn dann mit leuchtenden Augen umher. »Papa, können wir nicht Hühner halten?«, fragt er mich, gleich mehrmals, nachdem er auch noch Bella, die alte Henne, und Shakira, das schwarzweiß-zerbrechliche Zierhuhn »ausprobiert« hat, das bei der normalen Arbeit mit Kindern immer auf einem roten Samtkissen hingebettet liegt. Um das Geflügel zu überzeugen, dass all das keine Bedrohung für sie ist, sagt Cornelia Drees, müsse man es mit der Magie des Wohlwollens für sich gewinnen: Wenn die Hühner begriffen hätten, dass sie dort, wo sie am verletzlichsten sind, mit Zärtlichkeit beschenkt würden, seien sie zahm.

Ich erinnere mich plötzlich des weißen Kakadus Coco, den meine Eltern ein paar Jahre in einem überdimensionierten Käfig im Wohnzimmer hielten (freigelassen, schredderte Coco in einer Nacht Grünpflanzen und Einrichtungsgegenstände zu Kleinholz). Bevor der Papagei irgendwann an einen Priester weitergegeben wurde, um dort seinen langen Lebensabend zu fristen, kam er regelmäßig zu mir an die Gitterstäbe, lüftete seine Flügel und hielt mir den Nacken hin, damit ich die Federn mit ihrer feinen Mehlschicht krauste und die zarte, warme graue Haut darunter kratzte. Dabei gurrte der Papagei wohlig wie ein Huhn.

Ein bisschen ist es auf dem Hof von Cornelia Drees wie im Garten Eden, wenn dieser Garten am Tag unseres Besuches auch tief verschneit und eisig überfroren liegt. Auf der mit alten Bäumen bestandenen Fläche hinter dem großen Haus am Waldrand von Worpswede leben die Tiere miteinander wie auf Bildern vom Paradies oder auf alten Darstellungen von Bauernhöfen. Fast scheint es, als lächle den Kreaturen der Schalk aus den Augen, als sie die Kinder kommen sehen. Der Spaß beginnt sofort, als Max und Emma jeweils aus einer großen Flasche mit Gummisauger die beiden Lämmer tränken, die so sehr an ihren Nuckeln zerren, dass sich die Kinder mit den Füßen in den Boden stemmen müssen, um nicht quer durch den Stall gezogen zu werden.

Cornelia Drees ist Tiertherapeutin. Sie besucht mit ihrer Menagerie Altersheime, in denen die Menschen stumm auf Stühlen in den Gängen sitzen. Sie arbeitet mit Schulklassen in der Großstadt und wird zu Jugendlichen gerufen, deren Therapeuten den Kontakt zu ihren Schützlingen verloren haben. Dann tritt Frau Drees auf und tut – nichts. Wer annahm, die »Tiergestützte Therapie« würde aus einem komplizierten Repertoire krankengymnastischer Übungen bestehen, hat sich getäuscht. Die Tiere sind vor allem *anwesend*. Frau Drees vermittelt zwischen ihnen und den Patienten in einer gemeinsamen Sprache – der des schutzlosen Halses, der gestreichelt wird. Es ist die Sprache des Spiels, der Zärtlichkeit und der Lebensfreude. Fröhlichkeit und Freundlichkeit wird über alle Artgrenzen hinweg verstanden. Der therapeutische Effekt der Kreaturen ist denkbar simpel – und zugleich tiefgreifend: Tiere beweisen einem Menschen, dass er auf eine fundamentale Weise immer gesund ist, solange er lebt.

»Manche Gehirnverletzte erkennen ihre Ehefrau nicht

wieder, aber sie reagieren auf Tiere«, berichtet Cornelia Drees. Schwer Depressive, die wochenlang mit dem Kopf zur Wand im Bett liegen, zeigen zum ersten Mal wieder eine Regung, wenn ein Tier den Raum betritt – und sei es ein so kleiner geflügelter Diamant wie Shakira, das Hühnchen auf seinem roten Samtkissen. Manche verstockten Jugendlichen nehmen erst wieder Kontakt mit der Außenwelt auf, wenn Frau Drees mit Gertrud auftaucht, der hakeligen Stabheuschrecke, die den ganzen Winter von den Brombeerblättern frisst, zwischen denen sie haust. Insassen von Pflegeheimen, die einander nicht mehr guten Tag sagen, beginnen zu plaudern, wenn auf dem Flur ein Stationshund eingezogen ist. Mit Tieren in Kontakt zu treten vermag noch einem Schwerstdepressiven zu beweisen, dass er am basalen Glück des Lebendigseins nach wie vor teilhaben kann, so wie ein Hühnchen es kann, eine Maus, ein Marienkäfer. Und es ist ein Beweisen ohne Worte, eines, das über die Haut und unter die Haut geht. Das rettet.

Die tiergestützte Therapie hat in den letzten drei Jahrzehnten weltweit Karriere gemacht. 2007 besuchten rund 100 Schulhunde[96] in Deutschland den Unterricht, um allein durch ihre Anwesenheit einen Quell von Lebensfreude und Gesundheit zu bieten. Ziegen. Lämmer. »Manche Patienten liegen den ganzen Tag nur mit den Schafen auf der Decke und kuscheln«, sagt Frau Drees über die Wirkung der Therapie. Der lebensfördernde Effekt hat sich herumgesprochen. Kindergärten halten Kaninchen und Ponys, Schulen beherbergen Meerschweinchen und Enten, Hospitäler lassen Hunde sogar in die Betten von Schwerstkranken springen.

Begonnen hat der Siegeszug der Tiertherapie, als ein

kleiner Patient, der mit niemandem mehr sprach, im Behandlungsraum des Psychiaters Boris Levinson zufällig auf dessen Hund Jingles stieß, der dort unter dem Schreibtisch schlief. Jingles brach das Eis: Das Kind fragte, ob es ihn streicheln dürfe. Schon bald lagen die beiden miteinander auf dem Boden. Nach ein paar solcher Sitzungen, in denen Levinson nichts tat, als den Kontakt zwischen seinem gutmütigen Retriever und dem Jungen zu gestatten, vermochte er mit dem kleinen Patienten das Gespräch aufzunehmen.

Menschen und Tiere teilen die sozialen Gefühle

Tiere haben kein Interesse, einen Menschen zu bewerten. Darin sind sie so, wie man sich einst die Gnade Gottes vorstellte. Der Schulversager, der von Schwermut gepeinigt wird, hat für seinen Hund denselben Wert als Kumpan und Bezugsperson, als wäre er ein Überflieger. Die beißenden Regeln menschlicher Sozialbeziehungen sind teilweise außer Kraft gesetzt. Wer ein Tier hält (es sei denn, einen Schimpansen), weilt nicht mehr allein unter Affen.

Die Nähe eines Tiers zeigt immer: Leben ist nicht zu kaufen. Es ist geschenkt. Das Glück in der Natur ist eine kostenlose Gabe, so wie die Sonne sich den Pflanzen schenkt, die aus ihrer Energie die ganze Biosphäre aufbauen. Vielleicht beruht eine der tiefsten Wirkungen anderer Wesen auf die Seele der Kinder darin, dass sie unter ihrer Berührung das Schenken, das Immer-schon-Geschenktsein als Prinzip des Lebens wiedererkennen. In unserer Effizienzwelt, die schon ihre Kleinsten nach dem Prinzip »Es gibt nichts gratis« empfängt, könnten Kinder gerade eine solche Erfahrung nötig haben, um ihre Psyche zu bewahren.

Das Tier fällt nur ein Urteil von Lebewesen zu Lebewesen – oder von Säugetier zu Säugetier. Es ist durchaus kein niemand, sondern ein Wesen von unserem Schlag. Für den Wiener Verhaltensbiologen und Leiter der Konrad-Lorenz-Forschungsstation Grünau in der Steiermark, Kurt Kotrschal sind demnach alle Warnungen, wir dürften unser Bild der Tiere nicht vermenschlichen, oder wie es auch heißt, »anthromorphisieren«, sinnlos: Schließlich *sind* Menschen Tiere. Die wichtigen »Grundemotionssysteme« haben sich über die Artgrenzen hinaus evolutionär stabil gehalten. Neue Funktionen – wie die der menschlichen Großhirnrinde – haben sich den ursprünglichen aufgelagert, ohne diese auszulöschen oder abzuschalten. Der Kern des Säugerhirns ist mehrere Hundert Millionen Jahre alt, seine Funktionsweise ebenso. Weil bei Säugetieren Partnerwahl und Pflege der Nachkommen im Zentrum stehen, ist Bindung für alle von ihnen entscheidend. Das gilt auch für andere soziale Tiere – etwa Vögel.

Ich lernte Kotrschal kennen, als ich in Österreich über die Wiedereinbürgerung des fast ausgestorbenen Waldrapps recherchierte – des schwarzen europäischen Ibis', der bis ins Mittelalter auch in Deutschland heimisch war und sogar als Haustier gehalten wurde, um in den Gärten Schnecken zu vertilgen. Die alte Forschungsstation liegt an der Alm, einem breiten Gletscherfluss, der flach über dicke Gebirgskiesel braust. Dort halten die Biologen einen Schwarm Waldrappe, die den Zug nach Süden verlernt haben. Es ist ein kopfstarker Trupp – wild hingegen leben weltweit nur noch zwei oder drei Brutpaare. Mit einem

Schauer sah ich an einem Spätnachmittag die schillernd schwarzen Vögel auf das alte Schindeldach einkurven, als hätte es die letzten fünfhundert Jahre nie gegeben.

Max, der sich nicht am Spiel des wilden grünen Wassers sattsehen konnte, hatte freilich mit einer anderen Vogelart Freundschaft geschlossen, die hier – neben Graugänsen und einigen Raben – auch beherbergt wurde. Sein neuer Kumpan war Peter, die zahme Dohle. Halb schüchtern, halb forsch folgte sie ihm, versuchte, ihm sein Vesperbrot aus der Hand zu reißen, und gab sich auch sonst alle Mühe, Anschluss zu finden. Max beschloss, ihr zu helfen. Er war damals sieben. Für ihn war klar, dass dieser Vogel ein Nest brauchte, um daheim zu sein, wenn wir, seine neuen Freunde, wieder davon führen. So begann er aus Labkraut und anderen Pflanzen eine Mulde zu formen, die er in der Wand eines wackligen Schuppens verankerte. Tiefen Ernstes war er in dieses Spiel versunken. Die Sonne schien schräg und gelb über die Steinkämme der Berge, die das Almtal umgaben, und Max konstruierte, verwarf und verbesserte das Heim, das Peter, die menschenliebende Dohle, nie beziehen würde. Beide speisten Millionen Jahre Bindungsgeschichte und beide erfüllte Fühlen.

Grundsätzliche soziale Kompetenzen treten bei den meisten Arten auf. Sie sind überlebenswichtig. Biologische Fähigkeiten werden aber von Lebewesen als Emotionen erfahren. Das heißt: Auch andere Arten fühlen ein Bedürfnis nach Bindung. Diese Meinung vertritt besonders vehement der estnisch-amerikanische Neurowissenschaftler Jaak Panksepp. Panksepp fragte sich: Wenn die körperlichen Bedingungen der Emotionen bei uns und anderen Tieren identisch sind, warum sollen diese dann unbewusste Roboter sein, wenn wir es nicht sind? Ähnlich hatte schon der Philosoph Voltaire auf die damals bahnbrechende Argumentation seines Kollegen Descartes reagiert, der meinte, dass nur Menschen Subjekte, die Tiere hingegen bewusstlose Automaten seien. Voltaire hielt dem entgegen: »Hat die Natur all diese Mittel des Fühlens in den Tieren angelegt, nur damit es nicht fühle? Hat es Nerven, nur damit diese keine Reize durchließen? Glauben Sie bloß nicht an diesen impertinenten Widerspruch in der Natur.«[97]

Panksepp konnte nachweisen, dass Ratten fröhliche Zirplaute ausstoßen, wenn man sie dort kitzelt, wo auch ein Kind besonders empfindlich ist. Bisher hatte das noch kein Forscher gehört, weil das Gekicher der Nager im Ultraschallbereich stattfindet. Panksepp bewies: Gekitzelte Ratten zeigen die gleichen Nervenimpulse wie auch wir bei Wohlbefinden. Wird umgekehrt bei menschlichen Probanden ein bestimmtes Hirnareal elektrisch erregt, brechen diese in haltloses Gelächter aus – und ebenfalls junge Ratten, werden sie so stimuliert. Die stammesgeschichtlich älteren Hirnregionen sind bei allen Wirbeltieren gleich aufgebaut, benutzen gleiche Regelkreise und senden die gleichen Botenstoffe aus – etwa Oxytocin, das Hormon, das wir bei der partnerschaftlichen Zärtlichkeit, beim Stillen, aber auch beim Streicheln von Haustieren freisetzen. Es fließt bei jeder freundlichen Berührung – so wie sie mein Sohn Max und der stattliche Hahn der Cornelia Drees erfuhren, als sich ihre glatten, verletzlichen Hälse aneinanderrieben. Warum sollten allein Menschen im Oxytocinrausch ins »ozeanische Gefühl« eintauchen, andere Säuger mit diesem Hormon hingegen gefühllose Roboter bleiben? »Wenn wir wirklich begreifen wollen, welche Motive das Verhalten von Tieren und Menschen bestimmen, dann müssen wir ihre Gefühle verstehen«, sagt Panksepp. Er nennt die Forschungsrichtung, die wir in seinen Augen dringend brauchen, um unsere Bindung an andere Wesen und damit unsere eigene Emotionalität zu verstehen, »affektive Neurowissenschaft« und meint: »Der verbreitete Glaube, dass allein die Aktivität des menschlichen Großhirns Kernaffekte hervorzubringen vermag, könnte sich als so naiv erweisen wie das seit langem verworfene Geozentrische Weltbild.«[98]

Die Welterfahrung des Kindes

An einem strahlenden Samstag Anfang Mai marschierten Emma und Max zum Bäcker, um Brötchen zu holen. Die Kinder brachten von ihrem Morgengang Tiere mit. Max hatte draußen bei den alten, papierartig zerfallenen Holzstämmen ein großes Insekt gefunden. Es handelte sich um eine ungewöhnliche Biene oder Wespe. Die Flugmuskeln des Tiers waren sauber aus dem Rücken herausgefressen. Die Beine bewegten sich noch, ebenso der Hinterleib. Er zuckte in der wellenförmigen Peristaltik, die bei Insekten das Äquivalent unseres nach Atemringens ist. Neben der Mundöffnung flimmerte ein winziger schwarzer Taster. Das Tier war fast so groß wie eine Hornisse. Sein Körper leuchtete in einem schönen Schwarzbraun, von dem sich die transparenten Flügel mit ihren dunklen Einfassungen abhoben. Ein Hauch von Orange und ein gelber Fleck zierten den Rücken.

Trauer erfasste uns alle drei, Trauer und gleichwohl Glück über den Fund. Wir schlugen das Tier in *Pareys*

Buch der Insekten nach. Eine große Birkenblattwespe. Sie war selten und schön, eine der Pretiosen aus dem Setzkasten der Natur, die nur Eingeweihte manchmal zu Gesicht bekamen. Ihre Beine griffen auf dem lackierten Esstisch schwach ins Nichts.

Emma hatte einen lebendigen, so gut wie unversehrten Maikäfer aufgegriffen. Er saß in einer Brötchentüte, welche die beiden kurzerhand leergegessen und zur Kasematte für das große Insekt umfunktioniert hatten. Die Augen meiner Tochter glänzten: Es war ein echter Maikäfer, sozusagen Herr Sumsemann persönlich. Sogar ein Beinchen fehlte ihm. Die Kinder rupften für ihn Blätter zum Fressen, Haselnuss, Heckenkirsche, Walnuss, Eiche – frisches, zartes Grün, von dem man sofort verstand, dass es dem Käfer schmecken musste. So etwas Frisches, Zartes, Duftendes, Junges, Lebendiges! Der Schock über die untote Birkenblattwespe war noch frisch und musste unter einem Erntedankfest begraben werden. Ein paar Stunden, bis zu seiner offiziellen Freilassung, saß der Kerf in einem durchlöcherten Pappkarton. Seine Flanken pochten leise unter dem Schutz eines Nussbaumblattes.

Was geschieht in den Herzen unserer Kinder, wenn sie durch diese Frühlingswelt mit all ihrem Glanz und all ihrer Pein wandern, sie als Fühlen zwischen anderem Fühlen durchqueren, als Seelen in einem Biotop der Seele? Welche Erkenntnis- und Erfahrungsprozesse werden hier angestoßen, und warum? Zu ergründen, welcher Sinn darin liegt, dass die Kleinsten wie besessen Natur suchen, heißt, sich zu fragen, was es heißt, lebendig zu sein. Es heißt, danach zu forschen, was es bedeutet, ein Lebewesen in einem belebten Kosmos zu sein, der dieses Wesen hervorgebracht hat. Solche Fragen hat unsere Kultur weitgehend ausgeklammert. Es sind vielleicht schwierige Fragen – aber sie liegen in den einfachsten Lebensregungen beschlossen, die wir alle spüren. Es sind die Fragen, die ein Kind stellt und damit die Erwachsenen in Ratlosigkeit versetzt. Wo war ich, bevor ich geboren wurde? Muss ich eines Tages sterben? Warum? Wieso werde ich wieder zu Erde? Warum gibt es mehr Arten von Blumen als eine einzige? Es sind diese kinderleichten Fragen, auf die Eltern und Lehrer keine Antwort wissen. Wir haben sie aus unserem offiziellen Gespräch verbannt. Stattdessen haben wir beschlossen, die Welt kurzerhand als *nicht belebt* zu behandeln. Wir glauben, dass sie aus stummen und toten Materieteilchen zusammengesetzt ist. Das ist der tiefere Grund, warum heute die meisten den Wert der Natur für Kinder damit begründen, dass unsere Sprösslinge durch das Erlebnis anderer Tiere und Pflanzen klüger, geistreicher oder gesünder würden. In einer solchen Sichtweise betrachten wir Natur als Material. Doch darum geht es nicht. Es geht darum, wie *lebendig* wir sind.

Die Nachbarschaft zu anderem Leben ist unerlässlich, damit ein werdender Mensch sich selbst verstehen kann. Damit meine ich nicht das analytische Verständnis eines Mediziners oder forensischen Psychologen, sondern so etwas wie das, was man von seinem Körper versteht, wenn man von der Spannkraft der eignen Muskeln getrieben einen Abhang hinabläuft. Kinder müssen sich inmitten von Leben erfahren, um Mensch werden zu können. Denn human zu sein heißt in erster Linie, lebendig zu sein. So meint die US-Literaturwissenschaftlerin Louise Chawla, die sich mit der Naturwahrnehmung von Kindern beschäftigt hat: »Kinder sehen an Tieren, was sie selbst sind: autonome, kohärente Akteure mit Intentionen und Emotionen.«[99] Und nur, *indem sie das an Tieren sehen*, so muss man hinzufügen, *indem sie sehen, was freies, fühlendes Handeln heißt, können sie es selbst lernen.*

Kürzlich hatte meine Tochter die undankbare Aufgabe, unseren wuscheligen schwarzen Pudelmischling zu bürsten. Weder der Hund noch die Tochter lieben es, wenn das schnell verfilzende Fell gekämmt werden muss. An einer besonders schwer zu lösenden Klette unter dem Kinnansatz angekommen, zuckte Emma resignierend mit den Schultern, schaute mich an, zeigte auf *ihren* Hals an die entsprechende Stelle, und sagte: »Papa, Erbse ist hier zu verfilzt zum Kämmen!« Auch der Pudel hob seinen Kopf und sah mich fragend an, nicht anders als sein menschliches Welpengeschwister. Wo war hier die Grenze zwischen Kind und Hund, zwischen Leben und Leben?

Die US-Pädagogin Gail Melson berichtet von einer Schulstunde, bei der die Kinder Singvögel am Beispiel des Rotkehlchens durchnahmen. Am Ende der Lektion hüpften und flatterten alle durch die Klasse.[100] Auch das war eine Form von körperlicher Weisheit, welche Erwachsene oft längst vergessen haben. Kinder zeigen: Die Wesen der Natur sind so wie ich, aber sie sind es in anderer Gestalt. Die Natur *ist* ich, weil auch mich Lebendigkeit erfüllt. Wenn sich ein Kind niemals in ein Tier verwandeln darf, bleibt diese Fülle unausgeschöpft. Kürzlich kam meine Tochter von einem Schulausflug zurück. Sie war empört. Die Klasse hatte den Zoo besucht. »Wie war die Fahrt?«, fragte ich.

»Gut«, sagte sie, machte dann eine Pause, und fügte zögernd hinzu: »Aber Papa ...«

»Ja?«

»Wir haben Lama gespielt, aber wir durften uns nicht gegenseitig anspucken.«

Nachdem Forscher Kinder lange Zeit als beschränkte Instinktmaschinen begriffen hatten oder – das gegenteilige Extrem – als leere weiße Seiten, die man beliebig mit Regeln und Pflichten beschreiben könne, beginnt sich das Bild heute zu wandeln. Kognitionspsychologen erkennen, dass Kinder als vollständige Lebewesen auf die Welt kommen, mit einer Ausstattung an Verhaltensweisen, die sich nicht ignorieren lassen, will man ihnen eine gesunde Entwicklung ermöglichen. Dabei zeigt sich, dass Kinder für die Heranbildung ihrer Eigenschaften auf Gegenseitigkeit angewiesen sind. Um ihr Ich zu erschaffen, brauchen sie ein Du. Kein Es, kein Etwas, sondern ein *Du*.

Ein Säugling ist der Prototyp der Subjektivität

Der Austausch mit einem lebenden Gegenüber ist tief in die biologische Entstehung des Selbst eingeschrieben. Schon die Zelle ist mehr als die Materie, die sich durch sie hindurchzieht. Sie ist für ihr Überleben auf die Kommunikation mit der Außenwelt angewiesen, darauf, zu fressen, sich zu bewegen, Erfahrungen zu machen. Die Dialektik der Natur entfaltet sich immer wieder in diesem Tauziehen zwischen Ich und Du – zwischen der Autonomie einer eigenen Identität und dem Angewiesensein auf ein Gegenüber, an dem sich diese Identität bildet und bestätigt.

Kommt ein Kind auf die Welt, so erfährt es sich zwar als ein abgegrenztes Etwas. Wie aber genau dessen Identität beschaffen sein wird, ist noch unbestimmt. Es ist der liebende Blick aus den Augen des Gegenübers, der das Kind zu einem Mensch werden lässt – so wie jenes umgekehrt der erwiderte Blick des Kindes neu erschafft. Diese Befunde lassen sich heute experimentell belegen. Sie zeigen, dass am Grunde unserer kognitiven Entwicklung einerseits die Erfahrung steht, ein eigenständiges Subjekt zu sein, dass aber andererseits das tiefste Grundbedürfnis dieses Subjekts eine gelungene Bezogenheit auf andere ist. Solche Erkenntnisse haben das lange Zeit vorherrschende Bild des hemmungslos symbiotischen Babys zerstört – und mit ihm die ganze Theorie der »symbiotischen Störungen« in der Psychologie.

Auch diese Position war ein Relikt der Besessenheit in den Wissenschaften, jeden Menschen als in sich abgekapselt zu begreifen, zurückgeworfen allein auf das, was ihm das mechanische Räderwerk einer selbstbezüglichen biophysikalischen Monade von der Welt vorgaukelte. Ein Jahrhundert lang glaubten Psychologen und Entwicklungsforscher, dass Kleinkinder sich bis zum Alter von drei Jahren – bis sie dauerhaft »Ich« sagen – als einen Teil der Mutter erlebten. Wer diese Phase nicht überwand, glaubte man, beharrte auf einer dauernden Verschmelzung mit der Welt in neurotischer, »infantiler Grandiosität«. Heute steht fest, dass Säuglinge schlauer sind, als die Gelehrten ihnen noch bis vor kurzem nachsagten. Sie *sind* belebte Körper. Darum wissen sie von innen heraus darüber Bescheid, was es heißt, ein eigenständiges Subjekt zu sein: »Säuglingsbeobachtungen zeigen, dass Kinder von Anfang an auf die Objekte der Welt ausgerichtet sind, ohne jemals vollständig mit ihnen verschmolzen gewesen zu sein«, meint etwa der Hamburger Pädagoge

Ulrich Gebhard.[101] Den Mythos des symbiotischen Beginns unseres Lebens aufzugeben bedeutet, auch der Idee von jenem ersten katastrophalen Bruch eine Absage zu erteilen, in dem das Kind aus seiner fundamentalen Symbiose gerissen wird.

Bis heute beginnt für viele Psychologen das menschliche Leben notwendig mit einer Verletzung. Dieser Bruch mit der Symbiose galt als kaum heilbar. Er machte unsere ganze Existenz zu etwas Pathologischem, Traumatischem, das gewissermaßen aus einer ersten Bluttat folgte. Nun zeigt sich jedoch: Ein Säugling ist dann gesund, wenn er sich als eigenständig erlebt, aber zugleich in Beziehungen eingebettet ist. Frühe Traumata müssen darum immer Folgen von versagenden Bindungen zwischen Subjekten sein. Das heißt freilich, viele Grundannahmen der Forschung neu zu bewerten – nicht nur in der Psychologie, auch in den Geisteswissenschaften. So lässt sich etwa mit dem einflussreichen psychologischen System des Pariser Denkers Jacques Lacan und seiner Fixierung auf das »Spiegelstadium«, in dem die primäre Symbiose neu inszeniert wird, kaum noch etwas anfangen – wenig mehr als mit Descartes' Phantasie, der »Geist« sitze in der Zirbeldrüse und steuere von dort an langen Fäden den Körper fern.

Bereits im Uterus ist das Kind ein eigenständiges, von seiner Mutter getrenntes Selbst, und empfindet sich auch als solches. Die Gebärmutter ist dabei nicht das erweiterte Ich, sondern die Heimat des Ich in der primären Geborgenheit. Das Kind ist bei sich selbst, aber zugleich aufgehoben im Schoße eines anderen. Dessen Gegenwart wird freilich nicht als grandioses Ego erfahren, sondern als Inbegriff der gelungenen Bindung – soweit die

Schwangerschaft gut verläuft und das Kind im Mutterleib keiner Gefahr ausgesetzt ist. Weil die biologische Bindung über die Nabelschnur im Mutterleib die allererste Form von Beziehung ist, erfährt ein Fötus jede Anspannung, jede Unsicherheit der Mutter und reagiert darauf. Existenzbedrohliche Erlebnisse wie eine nur knapp verhinderte Fehlgeburt können ein Leben lang die Vorstellungen, die sich ein Mensch über die mögliche Sicherheit von Bindung machen kann, beeinflussen. Ebenso dauerhafter Stress und ständige Verunsicherung der Mutter: Mittlerweile gibt es Kinder, die bereits im Uterus hyperaktiv sind.

Obwohl ein eigenständiges Subjekt, ist der Säugling gleichwohl Teil eines gemeinsamen leiblichen Wahrnehmungsfeldes. Er ist mit seinen Betreuern auch nach der Geburt auf eine neurobiologisch profunde Weise verschaltet. Die amerikanischen Säuglingsforscher Andrew Meltzoff und Kenneth Moore fanden heraus, dass Babys von Geburt an auf ein Gegenüber bezogen sind, das selbst fühlt und diese Gefühle als Ausdruck in Mimik und Gestik zeigt. Ohne diese Bindung würde ein Kind nicht verstehen, was es selbst für ein Wesen ist. Ihm fehlt der Spiegel: Es kann sich nur von innen erfahren und nicht von außen sehen. Ohne das lebende Antlitz seines Vaters oder seiner Mutter würde es verkümmern. »Babys werden mit dem Wissen geboren, dass bestimmte Gesichtsausdrücke bestimmte kinästhetische Regungen reflektieren. Bestimmte Gesichtsausdrücke spiegeln jedoch auch bestimmte Gefühle wider«, sagt die Berkeley-Kognitionsforscherin Alison Gopnik[102]. Körperliche Gestik ist demzufolge dieses kinästhetische Gefühl von seiner Außenseite. Das hat erstaunliche Konsequenzen, weil nicht nur der Körper das macht, was die Gedanken von ihm wollen, sondern weil umgekehrt auch die Körperhaltung die Gedanken und Gefühle zu steuern vermag: »Lächeln erzeugt ein Glücksgefühl … Ich sehe jemanden lächeln, also lächle ich selbst. Dann fühle ich mich glücklich.«, meint Gopnik.[103]

Das werdende Ich kennt sich vor allem von innen, als Welt des Gefühls. Es kann aber seine Emotionen nur dann einordnen und ausleben – und so eine geschlossene, reife Ich-Identität entwickeln –, wenn es die Emotionen, gleichsam objektiviert, vor sich sieht. Das freilich ist nur möglich an einem anderen Körper, der ja ein wirkliches, also objektives Ding im Raum ist. Damit das Kind an diesem Körper *seine* Gefühle wahrnehmen kann, muss dieser jedoch einem Lebewesen gehören: Keine anderen Körper sonst erleben und zeigen Gefühle.

Die Art dieser Verbundenheit und die aus ihr resultierende Begabung, aufgrund des eigenen Körpers das Innere des Gegenübers lesen zu können, macht an der Schranke zwischen Mensch und anderen Kreaturen nicht halt. Biologen und Kognitionsforscher haben inzwischen eine Reihe Mechanismen gefunden, die zeigen, dass Lebewesen über Art- und Gattungsgrenzen hinweg verstehen können, was einem anderen widerfährt. Ein Meilenstein war die Entdeckung der sogenannten Spiegelneuronen. 1992[104] beschrieben die Italiener Rizzolatti und Gallese zum ersten Mal diese besonderen Zellen, die sich bei Affen und Menschen in der Großhirnrinde befinden und die sich bei jeder körperlichen Geste eines Gegenübers regen. Ihre magische Wirkung beruht darin, dass ein Beobachter den Körper des anderen wie seinen eigenen fühlt. Dessen Zustand wird in seinen »gespiegelt«. Die

Neuronen bewirken, dass der Beobachter die gleichen Empfindungen hat wie der Beobachtete – ob er es will oder nicht. Er spürt dessen hohen Puls, und verzieht schmerzvoll sein Gesicht, wenn er etwa Zeuge einer Verletzung wird. Inzwischen ließen sich bei Walen und Delphinen ähnlich funktionierende Synapsen nachweisen. Der Primatenforscher Frans de Waal nimmt daher einen allgemein verbreiteten »Wahrnehmungs-Handlungs-Mechanismus« an, der die verkörperten Gefühle zwischen allen Tieren übersetzt wie ein universelles emotionales Lexikon. Dieser Reflex des Mitfühlens »erlaube einen Zugang zum Erleben eines Gegenübers, indem er im Beobachter neuralkörperlich repräsentiert, was der andere verspürt«[105]. Jaak Panksepp fand zudem, dass soziale Zuwendung körpereigene Opiate produziert. Eine Mindestdosis verstehender Resonanz ist somit zum einen ein biologisches Bedürfnis, ohne das wir gar nicht auskommen können – und zugleich eine organische Zwangsläufigkeit, der wir uns gar nicht zu entziehen vermögen.

»Das Gehirn ist ein Sozialorgan«, meint auch der Göttinger Neurobiologe und Philosoph Gerald Hüther.[106] Das Gehirn wächst und stellt neue Verbindungen her, wenn ein Kind Erfahrungen macht. Je komplexer die Umgebung, je vielfältiger die Beziehungen, die es in ihr eingehen kann, desto intensiver das kognitive Wachstum. Und bei jeder neu gebahnten Nervenverbindung schüttet das Gehirn beglückende Botenstoffe aus. »Leben ist ein erkenntnisgewinnender Prozess«, zitiert Hüther den Verhaltensforscher Konrad Lorenz. »Und je verschiedener ein Gegenüber ist, in dem sich ein Kind bei diesem Prozess spiegeln kann, umso vollständiger wird das Bild von sich selbst, umso tiefer geht die Selbsterkenntnis.«

Ein Großteil dessen, was einen Menschen beschäftigt, hat damit zu tun, wie der Zustand seiner Bindung zu den anderen beschaffen ist – zu den Menschen, mit denen er lebt, aber eben auch zu den anderen Wesen, deren Gegenwart ihm etwas bedeutet. Das Gehirn vergegenwärtigt sich diese anderen nicht dadurch, dass es an sie denkt, sondern indem es sich über neurosymbolische Spiegelprozesse in das Denkorgan des Gegenübers *verwandelt*. Es findet geradezu ein körperlicher Rollentausch statt. Der eine *wird der andere*. Imagination verbindet nicht nur geistig – sondern physisch und real. Somit können wir von einer »Physik der Empathie« sprechen, die Mitfühlen nicht bloße Option sein lässt, sondern zu einem unausweichlichen Zwang macht. Der Körper des anderen Wesens wird zu meinem, weil ich ihn als meinen *fühle*. Ein fremder Körper ist somit immer schon Symbol meines eigenen: Wie ein Kunstwerk, wie ein Musikstück drückt er die seiner Gestalt zugrunde liegende Befindlichkeit aus. Dieser kann sich kein Lebewesen entziehen. Es nimmt die Welt im Ausdruck von Gesten wahr, nicht als Sammlung von Informationen. Das ist die Art der Kommunikation, die in der Kunst stattfindet, im Märchen und im Traum.

Die Einsichten eines solchen universellen Fühlens erschließen sich dem Kind auf intuitive Weise, wenn es den Tieren nahe ist. Der gemeinsame Hintergrund ist dabei die von allen geteilte Lebendigkeit. Diese folgt in allen Wesen ähnlichen Gesetzen, weil die Biologie, die ihr zugrunde liegt, sich in einer langsam voranschreitenden Stammesgeschichte entfaltet hat. Kinder erkennen die

Grundzusammenhänge der Lebendigkeit in anderen Wesen. Das macht diese so attraktiv. Der Umstand, dass jeder Körper verletzlich ist und auf subjektive Bedeutungen reagiert, nicht auf »objektive Informationen«, macht es möglich, dass sich alle Körper verstehen. Die Sprache der Existenz ist analog – im Ausdruck des Körpers zu *sehen*, und nicht digital – auf einen willkürlichen Code festgelegt. Wir alle sprechen dieses »Analogisch«, denn wir alle sind Körper. Wir alle verstehen die Sonnenwärme und dementsprechend die dichterische Metapher, dass ein Gesicht lächle wie die Sonne. Wir alle spüren, wie unser Körper sich im Glück dehnt. Wir alle wissen, das Gute ist symbolisch »oben« (darum will man »hoch hinaus«). Wir alle schaudern vor der Kälte eines Blicks, weil wir sie in unseren Knochen spüren, wir alle sind berührt von der Stärke, Geduld und Lebenskraft eines Baums, die wir erkennen, weil etwas in unserer Psyche nach jedem Leid wieder ausschlägt wie eine geduldige Pflanze am Ende des Winters.

Wer Lebendiges erfährt, erlebt Fühlen als Form. Dabei fühlt er auch immer sich selbst. Die analogische Sprache ist an den Körpern der anderen Wesen ablesbar. Es sind ihre Körper, mit denen sie erfahren, es sind die Zellen, materielle Prozesse, die diese Innenwelt hervorbringen, von der wir gesprochen haben. Aus dieser Warte lässt sich sogar sagen: Wir können die anderen Lebewesen darum verstehen, weil wir in ihrer Außenseite ihre Innenseite erkennen. Wir nehmen sie gar nicht vordringlich als Außenseiten wahr, sondern wir erblicken in ihnen die Bedeutungen, die existentiellen Erfahrungen, das, was das Leben mit ihnen und sie mit dem Leben gemacht haben, ein jedes nach seiner (biologischen) Art. Wenn man ganz konsequent ist, muss man also sagen: Die Welt der Lebewesen, die wir Natur nennen, ist eine einzige große *Innenseite*. Sie ist Seele, vor uns hingebreitet. Sie zeigt, indem sie die äußere Form und Daseinsweise des Lebens darstellt, wie Leben von der Innenseite ist. Wir sind alle *innen*: Körper, die analogisch, über Symbole und Zeichen, ihre Befindlichkeit mitteilen und die Befindlichkeit anderer aus dem eigenen Körper heraus verstehen. Die Welt ist also nicht nur *nicht tot, sondern zutiefst belebt*. Sie ist nicht nur *Materie*, sondern zugleich *Psyche*, Bedeutung und Gefühl.

Der amerikanische Kognitionspsychologe Gregory Bateson vergleicht das Gewebe der Natur mit dem Beziehungsgeflecht im Hirn: Hier wie dort gibt es eine unendliche Zahl von Verbindungen, die eine unermessliche Vielfalt hervorbringen. Indem Kinder die ökologische Vielfalt mit allen Sinnen erleben, vermehren sie die Verflechtungen in *ihrem* Teil dieser Beziehungsökologie – nämlich im eigenen Hirn. Sie erfahren die Natur quasi als Außenseite des eigenen Denkens und Fühlens, als einen geistigen Beziehungskosmos, der sich ihnen als berührbar und veränderbar offenbart.

Einem solchen Gegenüber begegnet das Kind nicht in künstlichen Objekten. Es findet es nur in der Natur, die geworden ist, nicht gemacht, die aus Wesen besteht, welche zu leben begehren und sterben können wie es selbst, die ein dichtes Netz von sinnvollen Verbindungen aufgebaut haben, nach denen auch das Kind fahndet. Die Natur – und sei sie so klein wie das Brachland einer Baulücke – ist eine lebendige Landschaft, in der sich zeigt, »dass das Große neben dem Kleinen wächst, das Morsche neben dem Vitalen«, wie Hüther es ausdrückt. Das sind die Urkonstellationen der Lebendigkeit.

Leben ist somit nicht zu begreifen, wenn man den Maßstab der prinzipiell wertfreien Wissenschaft anlegt. Misst man damit, so erhält man nur Totes, bis der Beobachter selbst zu etwas Totem wird. Der Maßstab der gängigen Wissenschaft macht den Forscher zu einem König Midas der Leichen: Zwar kann er alles analysieren, doch was er auch behandelt, es stirbt dabei und wird zu einem toten Objekt. In Wahrheit aber gibt es kein Wissen, das nicht an Gefühle gebunden ist – so wenig wie es ein »Objekt« gibt, das nicht von einem »Subjekt« hervorgebracht worden wäre. Heute hat sich auf vielen Feldern der Biologie herausgestellt, dass der Versuch, Wesen als tote, mechanische Maschinen zu erklären, voreilig war. Überall zeigt sich, wie Organismen ihr Schicksal selbst in die Hand nehmen. Selbst die Rolle der Gene ist heute relativiert. Lebewesen müssen ihnen nicht bedingungslos gehorchen. Sie können etwa in Krisenzeiten selbst für Mutationen sorgen. Anders, als man jahrzehntelang dachte, vererben Lebewesen auch neuerworbene Eigenschaften. Embryonen haben während ihrer Entwicklung so viel Autonomie, dass sie den Anweisungen der Erbanlagen nur dann folgen, wenn sie in der richtigen Stimmung sind. Heute verstehen Biologen, dass die Ursache-Wirkungs-Mechanik für ein Lebewesen teilweise aufgehoben ist. Sie stellen fest, dass ein Organismus die Reize seiner Gene nicht *exekutiert* wie ein Automat Befehle, sondern eher *interpretiert* wie ein Musiker die Notenschrift oder wie eine Sonnenblume den Standort des Himmelsgestirns, indem sie, zum Licht wachsend, ihren Kelch immer weiter wendet.

Das wichtigste Kriterium einer neuen »schöpferischen Ökologie« der Wesen besteht daher in der Anerkennung ihrer Freiheit. An einem Lebewesen prallt der lange als alleinige Wahrheit gelehrte Determinismus ab. Die Weise, wie es sich als Ordnung aus dem Chaos herstellt, ist nicht der Ursache-Wirkungs-Kausalität geschuldet, sondern seinem Drang zu Komplexität und tieferer Lebendigkeit. Indem eine Zelle sich beständig selbst erneuert, sich selbst erschafft, während die Materie an ihr zieht und sie in die Leblosigkeit zurückruft, erschafft sie einen eigenen Standpunkt. Schon die Zelle entsteht als ein minimales Selbst und gewinnt so eine Perspektive, aus der heraus die Welt plötzlich Bedeutung erlangt. Nichts mehr ist »neutrale Information«. Alles ist Wert, weil es entweder gut ist zum Leben und Wachsen, oder schlecht. Alle Lebewesen sind verletzlich und können sterben. Alle wollen aufleben und sich entfalten. Für alle ist Nahrung gut und ein zerstörerischer Hieb schlecht. Organismus sein heißt, den grundsätzlichen Gesetzen der Lebendigkeit ausgeliefert zu sein. Darum können sich alle Organismen verstehen. Der Hals, diese zarteste Region, bleibt die gleiche, bei welcher Art auch immer. Deshalb konnte Emma, als sie unseren Pudelmischling kämmte, auf sich deuten und das Tier meinen. Die anderen Wesen als unseren Körper zu verstehen heißt darum, sowohl einen Zugang zum anderen zu finden, als auch zugleich uns selbst besser zu verstehen. Das hat mit Lernen nur indirekt etwas zu tun, obwohl auf diesem Weg gelernt wird, wie im Schlaf, spielerisch, mühelos. Es ist der Weg, das Leben zu begreifen.

Die Erfahrung, eine fremde Kreatur als sein eigenes Selbst zu fühlen, hat noch eine weitere Konsequenz. Auf diese Weise lassen sich nämlich auch Eigenschaften verstehen, die der Beobachter allein niemals zu erlangen vermag. Vielleicht liegt gerade hier einer der besonders für Kinder lebensspendenden Effekte fremder Animalität. Kinder werden durch Tiere in die Lage versetzt, in Analogien zu träumen. Die atemberaubenden körperlichen Fähigkeiten, die schier unerhörten Gesten anderer Kreaturen erlauben mittels der körperlichen Imagination Reisen in Gefilde der Existenz, in die man als Mensch nie eingelassen würde. Es ist so, wie man durch ein gutes Buch an Zeiten und Orte gelangt, die allein unmöglich zu erreichen wären; so, wie sich in Musik eigene Gefühle entdecken lassen, die man selbst nie zu empfinden vermochte. Tiere sind magische Agenten der Verwandlung. Sie können den, der sie liebt, mit den Kräften der Lebendigkeit ausstatten. Sie schenken uns über die Unausweichlichkeit, uns als ihre Körper empfinden zu müssen, eine unerhörte Seinsfülle. Und wonach suchten Kinder, wenn nicht nach der Fülle des Lebens, nach dem vollen, intensiven Leben? Tiere, die anderen, spenden ihnen das, was uns als Menschen fehlt und immer fehlen wird.

Der englische Schriftsteller Aldous Huxley sagt, unser Leben sei eine Suche nach Grazie. Nach »grace«, wie es im Englischen heißt, was zugleich Anmut, Adel und Gnade bedeutet. Hier, an der Brust der Tiere, ist sie, die Grazie möglicher Lebendigkeit. Nur indem wir uns von innen als der andere fühlen können, ist sie auch uns gegeben. Nichts Menschliches kann etwa den Sprung der Delphine je ersetzen, die aus der rollenden Dünung eines südlichen Meeres fliegen mit einer Leichtigkeit, die uns nie angehören wird, und die wir doch beim Anblick der Tiere als unsere eigene empfinden. An den Bug eines kleinen Bootes geklammert, müssen alle Zuschauer eines solchen Bildes unwillkürlich lachen. Ihre Gesichter sind mit Freude übergossen. Diese Freude ist nichts anderes als die Innenwahrnehmung des Delphins beim Sprung. Diese Identität mit der Lebendigkeit ist es, die unsere Kinder suchen.

Das kindliche »Leuchten-Bewusstsein«

Ein Kind ist ein Genie der körperlichen Subjektivität. Es ist außerordentlich begabt zu erfassen, was *Existieren in Lebendigkeit* bedeutet, und es ist davon besessen, diese Erfahrung immer weiter zu vertiefen. Es ist dafür geradezu gemacht. Alison Gopnik, langjährige Kollegin von Andrew Meltzoff und Kenneth Moore, zeichnet ein Bild der Kleinsten, das endgültig das unserer Kultur eingeschriebene Vorurteil gerade rückt, Kinder seien irgendwie gehirndepravierte, unreife Wesen, die Eltern und Lehrer entsprechend zur Perfektion *erziehen* müssten wie einen Spalierobstbusch, der möglichst viel Ernte abwerfen soll.

Gopnik meint, dass das Gehirn von Kindern die Welt in vieler Hinsicht vollkommen anders wahrnimmt als das von Erwachsenen – weit transparenter und weit durchdringender. Kinder, so ist Gopnik überzeugt, erfassen ihre alltägliche Umgebung mit der Schärfe eines durch jahrelanges Training geübten Meditierenden. »Das Gehirn von Babys weist eine höhere Konnektivität als ein erwachsenes Gehirn auf, ihm stehen mehr neuronale Bahnen zur Verfügung.«[107] Mit jeder Erfahrung verstärken sich die von dieser angesprochenen Synapsen – dafür aber schwinden andere. Je mehr Nervenverbindungen, also je mehr Optionen im kognitiven Netzwerk ein Wesen hat, desto höher sind seine Möglichkeiten der Phantasie und Erfindungskraft. Gopnik zieht daraus den Schluss, dass Kinder schon rein physiologisch die Imaginationsfähigkeit von Erwachsenen weit überträfen. Die Kleinen lebten ständig in einem exaltierten Wahrnehmungsstatus. Wer sich an diesen nicht mehr erinnert, stelle sich seine aufgekratzte Stimmung während einer spannenden Reise vor, auf der alles neu erscheint. So könnte es sein, als Kind durch die Welt zu gehen.[108]

Gopnik bezeichnet die Aufmerksamkeitsfähigkeit der Kinder als »Leuchten-Bewusstsein« – ein Zustand, der Erwachsenen nur während einer intensiven religiösen oder ästhetischen Erfahrung noch zugänglich sei –, »hier verlieren wir uns, indem wir Teil der Welt werden«.[109] Kinder vermögen sich in äußerster Aufmerksamkeit vollkommen entspannt treiben zu lassen. In der Beschreibung der Kognitionsforscherin sind Kinder Mystiker der Wahrnehmung, für die jede Erfahrung so ist wie ein ekstatischer Gang auf frisch gefallenem Schnee, der noch keine Abdrücke aufgenommen hat. Ihnen gelingt es, *das Leben selbst zu erfassen in allen Facetten seiner Lebendigkeit.* Kind sein hieße somit, leuchtend lebendig zu sein. Und sind sie es nicht? Geben wir ruhig zu, dass es dieses Leuchten ist, das die magische Anziehung von Kindern auf uns bewirkt. Kinder sind der Inbegriff für jene unwiderstehliche Magie, die alles Lebensvolle ausübt.

In der Sehnsucht der Kinder nach Natur zeigt sich dementsprechend eine tiefe Einsicht in unser Dasein. Kinder wissen, ohne es bewusst benennen zu können, dass wir nicht vereinzelt sind, sondern alle miteinander verbunden, und dass wir andere Wesen brauchen, um uns selbst zu entwerfen. Bereits der Körper ist ja ein symbiotisches Ökosystem aus vielen Milliarden Zellen. Wir sind schon als Einzelmensch viel weniger »Ich«, als wir gemeinhin denken: Von all den Genen in unserem Körper machen die menschlichen gerade einmal zehn Prozent aus. Die überwältigende Mehrzahl gehört zumeist Bakterien, die in unseren Organen in einer lebenswichtigen Symbiose mit uns leben. Wer sich in Freundlichkeit einem Haustier zuwendet oder sich mit Neugier in die Wildnis begibt, überträgt eine fundamentale Situation, die unser Leben überhaupt erst ermöglicht, in eine symbolische Realität und *zelebriert sie*. Das Sein-mit-anderen ist der Archetyp des Am-Leben-Seins. Wer sich so erfährt, ist lebendig und gesund.

Ein Kind nimmt sich tiefer in seiner Lebendigkeit wahr, wenn es sich in der Gemeinsamkeit, in der Bindung und im Spiegel mit anderen Wesen erlebt. Die existentielle Qualität dieser Erfahrung hat eine äußere Dimension (mehr Freunde, größere Selbstsicherheit, feinere Wahrnehmung, bessere Gesundheit, größere Überlebenschancen). Sie hat eine biochemische Dimension (Beruhigung durch Oxytocinausschüttung, Erregung durch Spiegelneuronen, Vorlieben und Verhalten durch Duft- und Botenstoffe). Aber sie hat auch eine innere Dimension – die im gemeinsamen Sein wach werdende Subjektivität, die sich in jedem lebenden Wesen wiedererkennt, und die sich erst dann selbst erfasst, indem sie sich durch andere lebende Wesen sieht. Einem Kind ist viel stärker als einem Erwachsenen klar, was diese Lebendigkeit bedeutet – auch wenn es das nicht durch philosophische Analyse erfährt, sondern aus der Lust am Spiel. Einem Kind ist in leuchtender Transparenz gegenwärtig, was es heißt, lebendig zu sein – ohne dass es diese Empfindung erklären könnte. Vielleicht ist es hierin eins mit den Tieren?

Natur sind wir, indem wir lebendig sind. Lebendigkeit ist die Selbstherstellung schöpferischer Dynamik, die in ihrem Ausgreifen die Gegensätze aufhebt. Lebendig ist alles, was zugleich mehr Tiefe und mehr Breite beinhaltet. Alles, was mehr Intensität *und* eine größere Vielfalt der Erfahrungen ermöglicht. Stärkere persönliche Entfaltung *durch* größere Aufmerksamkeit für den anderen. Tiefere Trauer *im Angesicht von* grenzenloser Komik. Ein innigeres Gefühl für den Geliebten, das seine längere Abwesenheit *möglich macht*. Vielleicht überhaupt Liebe: diese Mischung aus achtender Bewunderung und inniger Identität.

Lebendigkeit heißt, dass das Einzelne *durch die Steigerung des Ganzen* zu größerer Fülle gebracht wird: die raffinierte Pflanze, die in einem alten und hochkomplexen Ökosystem lebt; die komplizierte Symbiose zwischen Fisch und Wirbellosem in einem Korallenriff; die gewachsene Nachbarschaft in einem Altstadtviertel, die einen Neuankömmling zu sich selbst kommen lässt. Lebendig sind ein Regenwald, eine Allmendeweide, ein Platz in der Altstadt, ein Klassenraum, in dem nicht gepaukt, sondern erfunden wird, ein Wäldchen, aus dessen Angeboten Kinder ihren Lebensraum gemacht haben, ein Abend mit dem Versteckspiel »Knall die Dose«, an dem alle versunken und hochkonzentriert teilnehmen. Lebendig ist ein kluger Mensch, der die anderen zu Wort kommen lässt und sich nicht zum Alleinunterhalter aufschwingt, ein Elternteil, das mit seinen Kindern lacht *und* ihnen ihre Pflicht zu tun ermöglicht, eine Gruppe, deren Regeln für alle gelten und gleichwohl ständig im Fluss sind. Lebendigkeit ist die aus eigener Kraft bewältigte Gefahr, der überstandene und überstehbare Schmerz, die Brücke über die Widersprüche, die nicht bricht. Lebendigkeit ist die Aufhebung der unversöhnlichen Gegensätze durch den gelebten Moment. Inbegriff dieser Lebendigkeit ist das Lachen, weil es in sich selbst einen Gegensatz aufhebt: Es ist ein ungestalter Ton aus der Tiefe, der sich in heiterster Bewegung seinen Weg bahnt.

Kinder sind Detektoren für Lebendigkeit. Sie wittern einen lebensvollen Menschen aus der Masse heraus und hängen an seinen Lippen, an seinen Armen und Beinen. Der Lehrer etwa, an den wir uns erinnern, war der *lebendigste* von allen. Der Mensch, der die anderen in seinen Bann schlägt, ist der, welcher selbst von der schöpferischen Intensität der Existenz angezogen ist. Es ist die Angezogenheit vom Leben, die schön macht. Darum lässt sich nicht sagen: Kindern, denen Natur fehlt, geht etwas Lebenswichtiges ab. Wie ließe sich das behaupten, angesichts der Generationen von Menschen, die in den Straßen-Abenteuerspielplätzen Brooklyns und des alten Berlins aufgewachsen sind? Was Kindern fehlt, ist *Sein*, ist schöpferische Intensität. Natur ist nicht deren letzter Grund. Sie ist nur ihre reinste Verwirklichung.

Wir werden nicht begreifen können, warum Kinder der Natur bedürfen, solange wir nicht aufhören, unsere Sprösslinge als funktionale Maschinen zu betrachten. Nur wenn wir uns bewusst werden, dass in der Sehnsucht mehr als ein Mangel an kognitivem Treibstoff zur Sprache kommt, nämlich ein Gefühl für die Beschaffenheit der Welt, werden wir unsere Kinder verstehen. Insofern besteht die Lektion, die uns das Entwicklungsfenster unserer Sprösslinge lehrt, in der Einsicht, dass wir unseren

Kindern *so viel Lebendigkeit wie möglich* zugänglich machen müssen. Wir müssen ihnen die Freude und die Begeisterung und die Zärtlichkeit gestatten, die sich in der magischen Anziehungskraft wilder Wesen und wilder Plätze äußert, in dem Bedürfnis, ganz unter ihnen zu sein. Freude und Begeisterung und Zärtlichkeit sind selbst das Ziel des unbewussten seelischen Suchprogramms, das unsere Kinder starten, sobald sie das Licht der Welt erblicken. Diese Gefühle sind nicht sekundäre Indikatoren dafür, dass Lernen gerade besonders gut klappt. Sie *sind* die Gegenwart dieser Lebendigkeit.

Auf Leben und Tod

Das große braune Rind mit den gebogenen Hörnern, die drohend nach vorn standen, »musste weg«, hatte der Bauer gesagt. Erst vorgestern hatte die Kuh eine Tür des Geländewagens, mit dem der Landwirt die Hunderte Hektar weiten Fluchten seiner Wildweide abpatrouillierte, in ein Stück faltiges Blech verwandelt. Kurz zuvor war das Tier einer Reiterin hinterhergeprescht, hatte sie aber knapp verfehlt. Die meisten der urtümlichen Rinder, die ganzjährig hier draußen standen und die weitläufige Talaue begrasten wie ein Stück urzeitliche Prärie, waren eindrucksvoll, aber nicht aggressiv. Wenn doch einmal eines sein Wesen veränderte, dann musste es eben sein: Es kam in die Verwertungskette einer Öko-Landschlachterei.

Ich war mit dem Jäger in seinen kleinen Jeep gestiegen, um das Tier zu töten. Mein Sohn war nicht mitgekommen. Er wollte nicht sehen, wie das Rind geschossen wurde. Er war ohnehin dagegen – obwohl er am Abend gebannt über die Schultern der beiden großen Jungs geschaut hatte, die am PC bei *Doom 3* dutzendweise Terroristen durchlöcherten. Aber die Kuh war etwas anderes. Max spielte Ball mit den Hunden im Hof, während wir im Schritttempo über die welligen Wiesen fuhren, vorbei an einzelnen Baumgruppen, zwischen Bachläufen hindurch, in der Weite einer arkadischen Landschaft.

Als wir das Tier ausgespäht hatten, ging alles ganz schnell. Der Jäger stoppte den Wagen mit laufendem Motor fünfzig Meter entfernt von der Stelle, wo das Rind stand und in unsere Richtung blickte. Er stützte seinen Ellenbogen auf den Rahmen des Fensters, visierte und schoss. Die Kuh fiel augenblicklich um. Vielleicht hatte ich etwas anderes erwartet. Etwas, das das Sterben mühseliger zeigte, das den Schritt, mit dem ein lebendes Wesen diese Schwelle übertrat, verzweifelter erscheinen ließ, die Hürde höher. Aber es war so leicht. Ein perfekter Schuss zwischen die Augen, und in Lichtgeschwindigkeit war der Zusammenhalt dieser großen Seele zerrissen. Ich atmete schneller. Schweiß lief mir über den Rücken. In meinen Ohren klingelte es, wie in Momenten, wenn man gerade noch einmal Glück gehabt hat. Die Worte, die ich mit dem Jäger wechselte, klangen exaltiert. Auch seine. Wir hatten eine Linie überschritten, und wir hatten beide das Bedürfnis, darüber zu sprechen.

Das große Tier war tot – und schien es doch nicht zu sein. Der Leichnam zuckte und trampelte, als wollte er aufstehen. Die Beine schlugen in die Luft, während zugleich die Augen leer über die Wiese starrten und die Zunge schlaff aus dem Maul hing. Ein Radlader karrte den Fleischberg in die kleine Schlachthalle hinter dem Hof, wo man sofort begann, das locker sitzende Fell abzuziehen und den Bauch zu öffnen, aus dem grünliche dicke Därme quollen. Als die Hunde kamen und begannen, den Pansen und seinen breiigen Inhalt zu verschlingen, holte ich Max. Ich war mir nicht sicher, ob ich das Richtige tat.

Max kam nur sehr zögernd. Aber nun, als er die echte, dampfende, tote Kuh vor sich liegen sah und beobachtete, wie der Schlachter mit einem großen elektrischen Messer den Körper systematisch und sachlich zerteilte, wurden seine Augen groß vor Staunen. Und ich erkannte: Es war fassungslose Begeisterung. Max wollte mitschlachten. Er war am richtigen Ort. Es war nicht Mordlust, die in seinem Gesicht stand. Nicht Fleischgier. Nicht Lust an der Zerstörung. Sondern so etwas wie eine unendliche Neugierde, unter die auch Trauer gemischt war, Trauer, die von Interesse vertieft und gemildert wurde. Ein Horn hatte es ihm besonders angetan. Nachdem der Metzger den Kopf vom Rumpf getrennt hatte, versuchte Max selbst, den gebogenen Stirnvorsprung zu lösen. Er rüttelte am Kuhschädel, dessen geöffnete Augen mich noch vor einer Viertelstunde lebendig angeschaut hatten. Mein Sohn benahm sich ganz so, als hätte er selbst das Tier gejagt.

Danach, als wir wieder heimfuhren, hatten wir beide Appetit auf Rindersteak. »Es war gut, dass ich die tote Kuh gesehen habe«, sagte Max.

Sterben: nicht verstanden, doch versöhnt

Die zentrale Beschäftigung jedes Menschen während seiner Kindheit liegt darin, unbewusst das Leben zu verstehen, von dem er ein Teil ist. Ohne dieses tiefe Verständnis kann niemand im vollen Sinne lebendig und auch nicht im vollen Sinne human sein. Das scheinbar Paradoxe ist somit: Ohne die Natur fehlt uns auch die Fähigkeit zur Zivilisation.

Einen Aspekt der Lebendigkeit verbannt unsere Zivilisation besonders konsequent in eine Tabuzone. Das ist der Tod. Einerseits zerlegt unsere Kultur alles in die toten Bausteine der Materie, um die Welt zu beherrschen und zu verbessern. Zugleich klammert sie den Tod so weit wie möglich aus. Apparatemedizin und Sicherheitsstandards sollen das Sterben verschwinden lassen. Zugleich werden Kinder durch die populären Medien von Toten und Sterbenden überschwemmt – aber es sind virtuelle Sterbefälle, die weniger Ehrfurcht vor der eigenen verletzlichen Lebendigkeit lehren, als vielmehr das Gefühl der Allmacht über alle Eventualitäten verstärken. Reales Sterben ist im Leben der heutigen Kinder nicht anwesend. Es ist fast schon ein Glücksfall für sie, wenn beim Begräbnis eines greisen Verwandten der Sarg geöffnet bleibt, sie einen Blick auf die Kehrseite des seltsamen Wunders der Lebendigkeit tun dürfen und feststellen können, dass ein Leichnam nicht mehr die Person ist, die er war, sondern nur noch deren unbeseelte Kehrseite.

In der Natur hingegen ist der Tod in Fülle präsent, und hier ist er nicht tabu. Im Welken und Dahinsterben der Vegetation ist die zentrale Lektion des Lebens, dass nämlich in seiner Mitte der Tod steht, ohne Einschränkung offenbar. Auch der Umstand, sterben zu müssen und dieses Sterben bereits in sich zu tragen, ist somit ein Teil tief erfahrener Fülle des Lebens. Natur zeigt diese Tiefe gerade darin, dass in ihr Sterben und Leben untrennbar voneinander zur gleichen Zeit und am gleichen Ort vorkommen. Die Birkenblattwespe in ihrer singulären Schönheit ist für ein anderes Wesen zur lebensspendenden Nahrung geworden. Die Birnen, die unter dem Baum verfaulen, nachdem sie von zarten Fraßminen durchlöchert schon im Juli vom Stamm gefallen sind, werden unübersehbar wieder zu Erde. Am Meeresstrand ist dieses Phänomen besonders intensiv erfahrbar. Es duftet nach Jod und Verwesung, nach der Frische der See und nach ihrem vertrockneten Nährschleim, der jeden Tropfen süßt. Die Fülle des Lebens, die den Spülsaum bedeckt (schauen Sie jetzt nicht auf das Plastik!), war eben noch Proliferation und ist nun bereits Leichnam.

In der Erfahrung einer in die Natur eingebetteten kindlichen Subjektivität bedeutet das: Das Kind ist dem Gedeihen und Verderben des Körpers, aus dem es selbst besteht, nicht vollständig ausgeliefert. Selbst der Tod wird es nicht vollständig verschlingen, weil in der Biosphäre immer das Leben gewinnt. Diese Erfahrung, nicht die Verfügungsmacht über den Drücker der virtuellen Waffen, gibt wahre Souveränität. Ungeachtet seiner Endgültigkeit ist der Tod der Humus, den das Neue benötigt. Diese Form von Todeserfahrung gehört zum tieferen Sinn jeder Bindung: Ich erlebe die Geschicke des Bindungspartners als die meinen und meine an die seinen gebunden, über die ich keine Macht habe. Das eigene Leben und Sterben ist in das Gelingen oder Scheitern eines größeren Zusammenhangs eingefügt. Sterben bleibt die unauflösbare Ungereimtheit, an die man sich nie gewöhnen kann – und zugleich zeigt es sich im Rahmen des weiteren Lebenszusammenhanges als eine Notwendigkeit, die anderen Leben spendet.

Als Erwachsener hat diese Erfahrung, im Ganzen getröstet zu sein, der amerikanische Öko-Pionier und Erfinder des Yosemite-Nationalparks John Muir unübertrefflich so ausgedrückt: »Wie interessant wäre es, ein ganzes Leben lang an der Seite einer Wasseramsel zu bleiben bis zu ihrer Sterbestunde! Gewiss wäre da keine Düsternis, kein Schmerz. Ich stelle mir vor, sie würde vergehen wie eine Blume, oder wie eine Gischtglocke am Fuße eines Wasserfalls.«[110]

An etwas Ähnliches dachte vielleicht meine Tochter Emma, als sie mir Vorwürfe machte, nachdem ich unseren Buchfink hatte einschläfern lassen. Ein Freund hatte uns das angefahrene Tier gebracht. »Ihr habt ein Pflegekind«, hatte er gesagt, abends im Dunkeln vor unserer Tür. Ich dachte, der kleine Vogel, den er aufgelesen hatte, würde noch in der Nacht sterben. Der Freund hatte dem todgeweihten Tier noch einen Namen gegeben, Kornelius, was mich traurig machte. Ich setzte den Vogel in einen Pappkarton. Am nächsten Morgen war er jedoch nicht tot, sondern begrüßte mich mit leisem Tschilpen. Er saß sogar auf dem Stock, den ich ihm in die Schachtel gesteckt hatte. Dennoch: Das Tier konnte nicht fliegen. Es konnte nicht laufen. Es konnte nur fressen. Ich hatte den Karton in mein Arbeitszimmer gestellt. Nach zwei Tagen hatte ich mich an die Rufe gewöhnt, an das geschäftige Knaspern, wenn der Fink mit dem Schnabel Körner schrotete.

Die Verletzungen wurden nicht besser. Ich suchte lange, bis ich den einzigen ausgewiesenen Kleinvogel-Tierarzt in Berlin gefunden hatte. Zusammen mit einigen älteren Herren und ihren an Diarrhoe leidenden Wellensittichen wartete ich, bis wir an der Reihe waren. Das Röntgenbild zeigte, dass der Buchfink ein halbes Dutzend Knochenbrüche hatte. Prognose: unheilbar. Wir beschlossen, ihn mit einer Injektion zu töten. Als er sich nicht mehr regte, herrschte Schweigen im Praxiszimmer, in dem die Tierärztin eben noch mit ihren zwei Helferinnen geschwatzt hatte. Emma war verzweifelt, als ich mit der kleinen Schachtel zurückkam. »Warum durfte Kornelius nicht in der Natur sterben?«, fragte sie mich. »Warum konntest du ihn nicht unter einen Busch setzen?« Ich hatte keine Antwort. Das Tier hatte die Menschenwelt berührt und war an der Logik der Maschine verendet. In der Nacht wachte ich schweißgebadet auf. Ich hatte geträumt, dass ich unserem Pudel die Kehle durchgeschnitten hatte.

Als mein Sohn Max ungefähr vier Jahre alt war, sagte er: »Wenn ich tot bin, möchte ich in vier Teile zerschnitten werden. Einer soll vergraben werden, für die Tiere in der Erde, einer soll in die Bäume gehängt werden, für die Vögel, einer soll in den Wald gelegt werden, für die Füchse, und einer soll ins Meer geworfen werden.« Ich habe ihn kürzlich noch einmal gefragt. Er bleibt bei seinen Direktiven.

Wildes Denken und wildes Lernen

»Ist es möglich, dass in der Integrität, Stabilität und Schönheit der Natur die Quelle der menschlichen Intelligenz liegt? Könnte es sein, dass die Unterwerfung der Natur, wie schlau auch immer durchgeführt, in Wahrheit ein Krieg gegen die Quellen des Geistes selbst ist?«

David W. Orr, Earth in Mind

Toni presst ihre Nase in den Schnee. Ihre dichten rotbraunen Haare vermischen sich mit den weißen Kristallen, die hier von Klauenabdrücken zerstampft sind. Eisränder kleben der Fünftklässlerin im Gesicht, als sie sich aufrichtet. »Hier müsst ihr riechen«, sagt sie. »Hier riecht es nach Wildschwein. Das ist ganz klar eine Wildschweinspur.« Andere Kinder lassen sich neben Toni ins Eis fallen und pressen ihre Gesichter hinein. Kleine Mädchen in Heavy-Duty-Goretex-Schneeanzügen, kleine Jungs in Fellstiefeln und Daunenjacken, behandschuht und bemützt, bis auf Toni, die Anführerin, die ihre offene rote Mähne zurückschüttelt, dass die Flocken fliegen. »Guck mal, ich mache das wie ein Hund«, ruft eine andere, und schaufelt mit der Nase Schnee vor sich her. »Hunde vergraben auch immer alles mit der Schnauze!« Als Nächstes entdecken sie ein paar Fährtentupfen unter einem kahlen Weidengebüsch. »Hier ist ein Hase gewesen«, sagt ein Kleiner.

»Kein Kaninchen?«

»Nein, ein Hase. Und da, noch einer, schau, hier. Sie haben sich hier getroffen. Und dann hat einer gepullert.« Der Junge zeigt auf einen winzigen bräunlichen Fleck im Schnee.

Es ist acht Uhr morgens an einem Tag im Januar. Gut zwanzig Schüler zwischen sechs und zehn Jahren, die jüngeren Jahrgänge der Freien Naturschule Blankenfelde, haben ihren wöchentlichen Waldtag. Die eisige Luft lässt den Atem der Kinder in festen Wolken vor ihren Gesichtern stehen. Die Landschaft des dörflichen Stadtteils im Berliner Nordosten ist unter einer dicken weißen Schicht erhärtet. Die Kinder jagen durch den Schnee. Manche sind jetzt schon, ein paar Minuten nach dem Treffen, vollkommen durchnässt. »Hallo, ihr Opfer«, ruft Ludwig und stäubt denen, die sich auf den Ruf hin umdrehen, eine Wolke Eispulver ins Gesicht. Die Fächer kahl aufgespreizter Pappeln säumen den Pfad. Davor, durchlöchert, alt und still, krümmen sich winterstarre Apfelbäume. Schwarz hängen erfrorene Früchte an den Zweigen. An einem Spielplatz, an dem die wohlmeinende Bezirksverwaltung Holzstämme zu überdimensionierten Tipis gebündelt hat, sammeln sich die Kleinen zum Morgenkreis.

Kaum stehen sie für ein paar Minuten, kriecht Kälte schmerzhaft die Beine empor. »Können wir etwas spielen, damit uns warm wird?«, rufen sie.

»Ja, etwas spielen!«

»Gut, spielen wir ›Feuer im Wald‹«, sagt Hagen Stenzel, der promovierte Biologe und improvisierte Lehrer. Es ist ein einfaches Fangspiel, bei dem sich zwei Parteien gegenüberstehen und einander quer über eine freie Fläche jagen müssen.

»Was sind wir denn? Zwei, die jetzt gerade keinen Winterschlaf halten?«

»Ein Dachs!«, ruft jemand.

»Ein Wildschwein!«

»Rehe!«

Als alle einigermaßen warm sind, beginnt die eigentliche Jagd. Bastian Barucker, der Wildnispädagoge, hat eine frische Fährte durch den feinen Neuschnee getreten. Die Kinder folgen der Spur in Horden. Manche sind energetisch und aufgepulvert, andere ein bisschen weinerlich, andere wieder routiniert, aber mit Blick eher für andere interessante Dinge am Weg – etwa ein verwunschenes Schilfdickicht über einem gefrorenen Graben, in dessen Halmgewirr man hervorragend in Deckung gehen kann.

Die Freie Naturschule ist ein Experiment. Die kleinen Unterrichtsräume im Stadtgut Blankenfelde, einst adlige Domäne, dann lange LPG und nun halb verfallene, halb ökologisch sanierte Basis der Schule, wirken wie große WG-Wohnzimmer. Elemente von Montessori-, Waldorf- und anderen Spielarten freier Pädagogik bestimmen den Tag. Die Kinder dürfen sich mit dem beschäftigen, was sie interessiert. Gelernt wird dabei wie nebenher. Das Zentrum des Spielens ist die Natur. »Das funktioniert aber nur, wenn man es jeden Tag macht«, sagt Barucker, der es wirklich ernst meint: Gerade kommt er von drei Monaten USA zurück, in denen er als Anleiter einer kleinen Gruppe ausschließlich draußen lebte. Ein leichter Geruch nach Wolle und Schafsfell geht von ihm aus. »Mal eben eine Woche in eine Wildnisschule, das ist ganz nett, doch um sich zu verändern, brauchen die Kinder Zeit und Regelmäßigkeit.« Dann aber möchten die Kleinen nur noch eins: raus.

»Die meisten Kinder wollen eigentlich jeden Tag in den Wald«, sagt Barucker. »Sie wollen sogar draußen schlafen.« Manche der Neuankömmlinge seien zunächst etwas verhalten und könnten sich auf ihre neue Freiheit nicht sofort einlassen. »Sie müssen sich im Wald erst einmal neu orientieren, weil sie sonst rund um die Uhr bespielt werden«, sagt der Wildnispädagoge. Von Eltern, die beste Entwicklungsmöglichkeiten für ihr Kind wünschen. In gewissem Sinne ist auch die Waldschule ein solcher Luxus teurer Ursprünglichkeit. Viele der Kleinen kommen aus den angesagten Stadtteilen Berlins. Sie müssen nach Blankenfelde hinaus weit reisen – manche mit dem Bus, aber die meisten im gut geschützten Wagen ihrer Eltern.

Nach ein paar Wochen oder Monaten im Wald öffnen sich langsam die Augen der Kinder, beginnen ihre Sinne, Kleinigkeiten wahrzunehmen, an denen sie sonst vorüberblicken. So wie die Neunjährige, die plötzlich in den Himmel weist, wo in lautlosem V eine Formation Gänse zieht, auf der Flucht aus dem nordostdeutschen Eiswinter. »Eben haben die, so plitsch, an der Spitze getauscht«, bemerkt sie präzise, als sich die Führungstiere abwechseln.

Beobachter von Zöglingen in Waldkindergärten haben festgestellt: Was sich dort ändert, ist nicht die Lerngeschwindigkeit der Kinder. Nicht einmal deren Infektanfälligkeit – selbst wer von Montag bis Freitag draußen ist, holt sich noch einen Schnupfen. Es ist die Wahrnehmungsfähigkeit der Kleinen, die sich wandelt. Als würden ihre Augen einen größeren Gesichtskreis erblicken, als würden die Ohren mehr hören, erfassen die Kleinen im Schnitt erheblich mehr Details der Landschaft als ihre Altersgenossen, die tagaus, tagein auf den Kletterinstallationen am Kollwitzplatz turnen. Das »Leuchten-Bewusstsein« der Kinder, von dem Alison Gopnik spricht, verankert sich in der Wildnis. Der Effekt ist nicht größere Klugheit, sondern intensivere Existenz. Wobei die Intelligenz keinen Schaden erleidet: Barucker hat beobachtet, dass besonders das häufige Spurensuchen dazu führt, dass manche der Kinder fast von allein Lesen lernen. Denn auch beim Aufspüren von Fährten müssten die Kleinen eine Reihe graphischer Zeichen einordnen und ihnen einen Sinn entnehmen.

Die Idee hinter der Naturschule hat ihre Wurzeln in der »Pleistozän-Hypothese« des amerikanischen Ökophilosophen und Entwicklungspsychologen Paul Shepard: Kinder sollen so spielen, wie sie schon immer gespielt haben, seit der Tiefe der Zeit, seit den Anfängen der Menschengattung in den Armen der Natur. Historisch, so meint Shepard, entstand das menschliche Bewusstsein als ein Spiegel der natürlichen Diversität. Das ist es in archaischen Gemeinschaften bis heute geblieben. Tierarten und ihr spezifisches Verhalten dienen dort als Symbolsysteme, die auf die menschliche Welt abgebildet werden und dieser erst eine Ordnung geben. »Menschliche Intelligenz ist an die Gegenwart von Tieren gebunden. Tiere sind die Vehikel, durch die Kognition ihre erste Form gewinnt. Sie sind Instrumente, durch die wir uns abstrakte Ideen und Eigenschaften vorstellen können«, meint der Ökophilosoph. Nur weil die anderen Wesen unser vages Existenzgefühl greifbar machten, könnten wir eine stabile Selbst-Identität und ein Selbstbewusstsein ausbilden. Shepard meint: »Bestimmte Seeleneigenschaften sind im Menschen unsichtbar. Sie sind nur zu entdecken, insofern sie aus anderen Kreaturen hervortreten. Was verspielter Übermut heißt, was Hunger, was endlose Geduld, lässt sich jeweils etwa an einem Welpen, einem Kojoten und einem Habicht erkennen, der in einer Baumkrone wartet.«[111]

Für die analogische Denkweise der Kinder ist die Natur ein unermüdlicher Stichwortgeber. Es erfährt in ihr zugleich seine Verschiedenheit und seine Zugehörigkeit. Dabei ergeben sich, wie Shepard beobachtet, immer wieder typische Bedeutungsmuster – freilich mit einer für heutige Augen bisweilen unerwarteten Symbolik. So ist bei vielen archaischen Völkern Fressen und Gefressenwerden nicht mit der Idee des Todes, sondern mit geschlechtlicher Vereinigung verbunden. Der französische Denker Georges Bataille griff diese Nähe auf, indem er meinte, der Geschlechtsakt sei zeitlich das, was ein Tiger räumlich verkörpere. Im archaischen Denken kommt es zu einer Reihe solcher Verschiebungen. So enthält etwa der Lebenszyklus einer Totem-Spezies den Schlüssel zur individuellen Abstammung eines Menschen. Dessen persönlicher Charakter lässt sich demzufolge, so der Glaube, aus deren arttypischen Verhalten erklären.[112]

Wenn sich die eigene Existenz nur aus dem Gegenüber der Natur heraus verstehen lässt, dann haben die Kulturen der Stammesvölker, wie sie mindestens eine Million Jahre lang die Tiefenzeit des Menschen geprägt haben, diese Existenzbeziehung symbolisch gestaltet. Sie haben den Drang der Kinder, sich selbst als Lebewesen mittels anderer Lebewesen zu begreifen, in einem raffinierten System ritueller Praktiken und symbolischer Techniken aufgefangen. Die Entwicklungspsychologin Gail Melson meint, dass auch heute kleine Kinder in ihrem Denken Tiercharaktere ähnlich einsetzen wie Jäger-und-Sammler-Kulturen ihre Tier-Totems – als sichtbare Manifestationen von unsichtbaren Gefühlen und Beziehungen. Die Träume der Kleinen, die von Tieren wimmeln, sind für Melson Rückblenden in eine prähistorische Vergangenheit – in die Zeit also, in der wir in unserer Eigenart als Menschen entstanden. Gerade darin könnten sie zur inneren Entwicklung unentbehrlich sein.

Melsons Kollegin Cynthia Tomashow hat eine Gruppe Teenager im Zoo dabei begleitet, wie diese einen Python beim Abstreifen seiner zu klein gewordenen Haut beobachtet haben. Die Schüler waren zu jener Zeit selbst in einer Lebensperiode, in der sie mühsam versuchten, die Larvenhaut der Kindheit abzustreifen, ohne sie zu zerreißen. Die während des Rundgangs zuvor nicht sonderlich konzentrierten Mädchen und Jungs starrten gebannt auf das Reptil, das sich in peristaltischen Wellen aus den Schuppenstreifen wand. Manche angeekelt, andere begeistert, feuerten sie die Schlange an und begannen dabei unwillkürlich, ihre Bewegungen zu imitieren, indem sie sich hin- und herwiegten. Es entspann sich, so Tomashow, ein spontaner Tanz, ein ungeplantes Gruppenritual, dessen Abschluss darin bestand, dass die Halbwüchsigen darüber diskutierten, was es heißt, aus seiner zu engen alten Haut zu schlüpfen.[113]

Tomashow wurde Zeugin eines jener Kristallisationspunkte, an denen Kinder die Bedeutung ihrer Existenz tiefer verstehen. Ein solches Verstehen liegt weniger in einem passiven Aufnehmen von »Stoff« als im eigenen

Handeln, das neue Erfahrungen hervorbringt. Dieses Handeln ist zugleich ein Spiel. Es ist nicht neutral und »zweckmäßig«, sondern immer von einer Welle der Faszination getragen. In Jäger- und Sammlergesellschaften heißt Handeln, sich durch ein Ökosystem zu bewegen und dort für seinen Lebensunterhalt zu sorgen. Es bedeutet, sich selbst als einen Teil der Lebensgemeinschaft zu erfahren. Handeln ist somit immer zugleich Sein – anders als heute, wo wir zwischen Tun (»Ich arbeite als Kraftfahrer bei Hühnermörder & Co«) und Sein (»In meiner Freizeit bin ich Geflügelzüchter«) trennen.

Der Naturpädagoge David Sobel konnte während eines Aufenthaltes auf der kleinen Karibikinsel Carriacou studieren, wie eine solche untrennbare Vermischung von »Freizeit« und »Pflicht« in archaischen Gesellschaften aussieht. Ein paar Tage lang hatte er als Feldforscher die Möglichkeit, einige Kinder der Insel zu begleiten. Dort ziehen die Kleinen während ihrer Freizeit in Gruppen umher und tun scheinbar »nichts«, wie auch bei uns am Nachmittag jene Sprösslinge, die noch das alte Leben »draußen« leben dürfen. Zugleich aber sind die Kleinen während dieses Nichtstuns höchst aktiv: Sie pflücken hier und da eine Frucht, sammeln Nüsse oder schießen mit der Zwille einen Vogel vom Baum. Sie tun nichts anderes als gewöhnliche Lausbuben (oder -mädchen). Doch dieses ziellose Spiel liefert einen Gutteil ihrer Ernährung und versorgt so die elterlichen Haushalte. Die Kinder der Karibikinsel bestreiten ihren Lebensunterhalt in einem spielerischen Glück. Vermutlich kommt diese Situation der wirklichen prähistorischen Kindheit am nächsten.[114]

Unser Bild vom Alltagsleben der Vorzeit hat sich heute gewandelt. Lange glaubten Forscher – und in ihrer Folge die populären Medien –, dass die Urmenschen ewig hungrig und ständig bedroht durch den Wald gehetzt seien, gleich einer in die Vergangenheit geblendeten Karikatur des *young upwardly mobile (urban) professional*. Ethnologen freilich wissen inzwischen: Mitglieder existierender Stammeskulturen »arbeiten« im Schnitt täglich drei bis vier Stunden für ihren Lebensunterhalt – etwa die Buschleute im heutigen Botswana[115] oder die vom Völkerkundler Marshal Sahlins untersuchten Eingeborenenstämme Australiens.[116] Die Menschen dort sind so gut in ihre Umgebung integriert, dass sie praktisch immer wissen, wo sie Nahrung in Fülle finden, die zu besorgen ein *Kinderspiel* ist. Hunger – den wir mit der früheren Geschichte der Menschheit so eng verbinden – kam erst auf, als wir begannen, Felder zu bebauen und uns von der Ernte abhängig zu machen. Dieser Wandel vollzog sich möglicherweise infolge der Klimaerwärmung nach der letzten Eiszeit, als die großen Wildtierbestände Europas, jene sagenhaften Rentier- und Hirschherden, jene riesigen Scharen von Elchen und Wollelefanten zusammenbrachen. Wie Forscher aus Skelettfunden rekonstruieren können, sank danach die Körpergröße schlagartig von im Schnitt 1,73 Meter auf knapp 1,50 Meter – jene verzwergte Norm, die wir schaudernd noch aus dem Mittelalter kennen.[117] Die romantische Genreszenerie der bäuerlichen Kulturlandschaft ist also längst eine Schwundstufe ursprünglicher Fülle. Der Urmensch war satt, nicht hungrig. Er hatte meistens ein gutes Stück Fleisch auf dem Feuer.

Das prähistorische Kind lernte die Fülle seiner Wirklichkeit, indem es sie spielte, wie die Kleinen auf der Insel Carriacou. Heute freilich nimmt unsere Zivilisation einen kategorischen Unterschied zwischen den Ideen des Spielens und des Lernens an. Was aber ist Lernen anderes, als *die Wirklichkeit zu begreifen*? Für Kinder im engen Kontakt mit der Natur handelt es sich dabei um ein und dieselbe Tätigkeit. In den Kulturen, die der neolithischen Revolution vorangingen, war es die Regel, den Kosmos durch das Spiel in der Natur nachzuvollziehen. Nachzuspielen, unter Einsatz des ganzen Körpers. Letztlich, so könnte man behaupten, ist jedes Ritual, das eine archaische Volksgruppe pflegt, immer noch ein Spiel – eine Inszenierung, ein Drama der Wirklichkeit. Die Nähe zu Tieren ist dann das *Spiel* der Beziehungen von Lebendigkeit.

Viele unserer im Freien stattfindenden klassischen Kinderspiele haben sich ihren Charakter aus der Jäger- und Sammlerzeit bewahrt. Wenn Kinder in der warmen Sommerabenddämmerung alle gemeinsam draußen am Versteckspiel teilnehmen, oder sich bei »Räuber und Gendarm« (der obrigkeitsstaatliche Name für »Feuer im Wald«) vergnügen, dann eröffnet dieser von einem oder zwei Dutzend gebräunten, verschwitzten und glücklichen Körpern getanzte Tanz mehr als alles andere einen direkten Blick auf die Vorzeit.

Es ist bezeichnend, wie intensiv meine eigenen Erinnerungen an jene Abende sind, wenn die Luft stillstand und die Nacht noch nicht kommen wollte, wenn die Eltern auf den Terrassen saßen und sich alle Kinder der Nachbarschaft auf dem Spielplatz versammelten, der zwischen den Gelbklinker-Häuserreihen unserer Vorstadtstraße lag. Mir klopfte das Glück bis zum Hals, während ich davonlief und in meiner Deckung kauerte. Vielleicht waren es in Wahrheit nur wenige Abende, die ich so erlebte, vielleicht nur ein einziger in vollendeter Sommerheiterkeit – aber sie haben sich für immer in mein Herz gegraben.

Im Grunde *sind* unsere Kinder Urmenschen. Aber sie werden, sobald sie aus dem Mutterleib schlüpfen, in den kulturellen Käfig der dritten industriellen Revolution gesperrt. Ein Säugling freilich hätte kein Problem, unter dem Segen eines animalischen Totems aufzuwachsen – wie es heute die Kleinen bei den letzten archaischen Völkern immer noch tun. Betrachten wir ein Kind draußen beim Spielen, so fallen die Jahrhunderttausende vor unseren Augen zusammen. Wir sehen *den Menschen,* wie er sich in seinem Lebensraum entfaltet.

Ein Zeitvertreib wie Verstecken, »Ticker« oder eine Rallye lässt die Kinder in ihre Vorzeit als Jäger zurückreisen. Andere Beschäftigungen machen sie wieder zu Sammlern. Wenn Max und Emma draußen im Garten und der daran angrenzenden Wildnis des Windmühlenberges in ihre kleinen Welten eintauchen, die sie hinter den Thujen, im Dickicht der Weide oder in einem versteckten Gebüsch eingerichtet haben, dann entstehen dort häufig Ressourcen- und Versorgungslager. Die Kinder »kochen« – auf extra dazu herangeschleppten Steinen, in alten Blumentöpfen oder in Erdlöchern. Sie tragen Vorräte herbei, die Emma, während sie leise selbst mit sich spricht, sortiert, wie es kein eifriges Eichhörnchen besser könnte: Kastanien, Sämereien der hohen Gräser, Hagebutten, Ahornblätter, kleine Stöckchen, Tannenzapfen, oder auch bloße *Materie,* Hände voller Erde, um daraus wie einen Golem imaginiertes Leben entstehen zu lassen. Der bunte Plastik-Kochherd mit den vielen Knöpfen und Klappen, der immer noch unten im Garten steht, bleibt hingegen fast immer unbenutzt. Es wird Zeit, dass ich ihn wegwerfe.

Im Grunde muss man mit den Kindern nur irgendwo stehen bleiben, und schon beginnen sie, Dinge zu finden, aus denen Welten entstehen können. Bis heute schleppe ich in meinen Taschen stets Kastanien, Steine, Früchte, aber auch zerknickte Parkkarten, verwitterte Einladungsflyer, entleerte Kugelschreiber mit, die meine Kleinen irgendwo aufgelesen haben. Der Laderaum des Autos liegt dauernd voll mit Knüppeln und Felsbrocken. In der Schublade des Gartentisches häufen sich die toten Insekten. Von einer Reise an die Nordsee haben Max und Emma sogar einen Eimer mit stinkenden Krebskarkassen heimlich mitgehen lassen, sorgsam in einer Plastiktüte verpackt, damit Mama nichts merkt.

All das hat nichts mit Besitzwünschen zu tun. Es ist keine Gier nach *Haben*, sondern eine Sehnsucht nach *Sein*. All diese Dinge sind nicht Statussymbole, sondern Baumaterial, emotive Rohstoffe. Mit ihnen lassen sich ungeahnte Kreationen hervorbringen, denen allen eines gemeinsam ist: Sie sind elementare Schöpfung, pure kosmische Energie. Mit Hilfe ihrer Kraft verzaubern die Kinder jeden Ort zu einer Märchenwelt.

Nicht für das Leben lernen wir

Es war im Dezember 2009 in unserem jungen Jahrhundert steigender Temperaturen und anschwellender Meeresspiegel. Kurz zuvor hatte die Weltpolitik in Kopenhagen das Erdklima bis auf weiteres aufgegeben. Eine deutsche Grundschulklasse schrieb ihre Klassenarbeit im Fach Erdkunde. Als Thema wartete »Landgewinnung und Deichbau an Deutschlands Nordseeküsten« auf die Schüler. Diese waren gut vorbereitet. Sie hatten wie Generationen von Grundschülern vor ihnen die leicht verwaschenen hektographierten Blätter gepaukt, auf denen alles erklärt war: Wie im meeresnahen Vorland erst durch niedrige Flechtzäune Schlick eingefangen wird, so dass sich der Meeresboden erhöht. Wie das Wasser durch »Grüppen« dazwischen abfließt. Wie dann große Planierraupen den Kleiboden zusammenschieben, um die so gewonnenen Flächen mit einem neuen Deich vor dem zurückgedrängten Meer zu schützen.

Manche Schüler, die in der Klassenarbeit die Begriffe hersagten, die ein guter Deichbauer wissen muss, hatten noch nie Nordseewasser gerochen. Keinem von ihnen war erzählt worden, dass das letzte große deutsche Deichprojekt, der Beltringharder Koog bei Nordstrand, schon beim Bau in den 1980er Jahren umstritten war und nur unter Protest von Umweltschützern zu Ende gebracht werden konnte, und dass seitdem kein neues Land mehr eingedeicht worden ist. Niemand von ihnen hatte in der Schule gehört, dass selbst hartgesottene Wasserbauer aus der Schleswig-Holsteiner Betonkopf-Fraktion offen über Rückdeichung nachdenken, um den in den nächsten Jahrzehnten steigenden Fluten eine Ausrollfläche zu geben.

Auf keiner der alten Fotokopien, welche die Lehrerin verteilt hatte, stand etwas vom Anstieg der Meeresspiegel. Nirgendwo war die Rede von der Katastrophe der Vielfalt und Schönheit, die das verwunschene amphibische Zwischenreich der deutschen Küsten in ein militärisch gerade gescheiteltes, asphaltiertes und von Schafen millimeterkurz gehaltenes Vorwerk verwandelt hatte.

Kurz: Die Arbeitsbögen und die Begriffe taten wacker ihren Dienst wie seit meiner eigenen Kindheit vor dreißig Jahren. Ich entsinne mich, dass ich damals im Schleswig-Holstein der 1970er Jahre in Sachkunde einen körnigen Schwarzweißfilm gesehen hatte, in dem die Bulldozerpiloten als die Avantgarde der heroischen Menschheit gefeiert wurden, die den Naturgewalten trotzt. Es war der gleiche Stoff, der nun den Kindern beigebracht wurde, und den sie mühsam in ihren Gehirnen zu behalten suchten, bis sie sich bei der Arbeit davon befreien und alles wieder vergessen konnten. Aber er hatte mit der Wirklichkeit nichts zu tun. Es war die leere Hülse einer Fiktion – und die Ereignisse jener Tage in Kopenhagen machten diese Fiktion besonders fadenscheinig.

Diese Geschichte hätte so an fast jeder der 16305[118] deutschen Grundschulen geschehen können. Und das Beklemmende ist: So oder ähnlich *geschieht* sie dort jeden Tag. Der Grund dafür liegt nicht in einer besonderen Unachtsamkeit der Lehrkräfte. Das gedankenlose Eintrichtern von Fakten, die von der Welt losgelöst sind, gilt nicht als Versagen. Vielmehr hat alles so seine Ordnung. Warum auch nicht? Schließlich besteht die Grundüberzeugung unserer Zivilisation darin, dass sich Begriffe, Tatsachen und Einsichten *theoretisch* behandeln, lehren und verstehen lassen, weil Wissen und Handeln mühelos voneinander trennbar sind. Diese Behandlung hat aber eine weitreichende Konsequenz, wie der amerikanische Lehrer und Naturpädagoge David Sobel beobachtet: Die Schule lehrt unsere Kinder, die Erde zu verachten.[119] Sobels Kollegen Gary Nabhan und Stephen Trimble sehen das ähnlich: »Die Botschaft der Schule besteht darin: ›Biologie ist eine von vielen Übungen des Logos, des

Denkens, aber sie hat sehr wenig mit Bios zu tun, mit Leben.‹«[120]

Doch wie sollte die Schule, die ja eine Institution der Gesellschaft ist und von dieser finanziert und kontrolliert wird, etwas anderes vermitteln, als das, was zum unausgesprochenen Kernbestand der allgemeinen Überzeugung gehört? In unserem Fall lautet dieser Kernbestand etwa so: »Letztlich ist alles, auch das Leben, leblose Mechanik. Was in der Welt geschieht, sind objektivierbare Tatsachen, die sich unter klare Begriffe sortieren lassen. Diese Begriffe haben mit unserem inneren Erleben nichts zu tun, außer, dass sie zufällig auf der gleichen Bühne stattfinden.« Die Welt gilt als behandelbarer Stoff. Sie steht dem Menschen gegenüber. Die Schule führt diese Doktrin nur aus: Sie teilt den Stoff in handliche Portionen und serviert ihn dem Kind. Dieses aber ist von einer solchen geistigen Speise unendlich gelangweilt, so wie jeder von einer Geschichte gelangweilt wäre, die ermüdende Details enthält, aber weder mit der Wirklichkeit noch mit dem eigenen Empfinden nennenswerte Berührungspunkte hat (sagen wir, von einer Nacherzählung des Kursbuches der Deutschen Bahn).

Das Kind weiß insgeheim, dass die Welt ein lebender Organismus ist, mit sich selbst verwoben und verbunden und beständig darauf erpicht, das ihr innewohnende Prinzip der Subjektivität zu entfalten. Das Kind weiß es viel besser als alle Erwachsenen, die seine Lehrer sind. Schließlich hat es genau das selbst gerade erst erlebt. Es hat bei seiner Geburt von *innen* erfahren, wie sich aus dem Nichts ein bedeutungsvoller Kosmos entfaltete. Im Gegensatz zu den meisten Eltern oder Erziehern, die vergessen haben, dass sie selbst als ein solcher schöpferischer Prozess entstanden sind, kann sich der durchschnittliche Grundschüler noch intuitiv darauf besinnen.

Die Schule zu kritisieren heißt immer, die Gesellschaft in Frage zu stellen, so wie umgekehrt die Gesellschaft erst geändert werden kann, wenn wir es schaffen, die Schulen zu verwandeln. Was ich im Folgenden sage, gilt daher nicht nur für unsere Bildungsinstitutionen, sondern für das, was unsere Zivilisation unter Bildung überhaupt versteht – und somit für ihre Vorstellung von dem Wesen, das sich entwickelt und entfaltet, indem es sich bildet und wir es »erziehen«. Es dreht sich darum, was unsere Kultur unter dem *Menschen* versteht.

Ein Weltmodell nach den Regeln des Toten

Was unser Bild der Humanität und der Lebendigkeit angeht, steckt der Mainstream der Bildung immer noch im Cartesianischen Zeitalter fest. Die Epoche machende Überzeugung des 1650 gestorbenen Philosophen René Descartes bestand in der absoluten Trennung von Geist und Natur: Hier wir Menschen, die mittels unserer Kognition Zugang zum göttlichen Weltplan haben, dort drüben alles andere: unsere Körper, nichts anderes als Maschinen, dann die Tiere, von denen Descartes ebenfalls annahm, dass sie empfindungslose Automaten seien, schließlich die ganze belebte und unbelebte Natur – nichts als blindes Räderwerk. Ein unsichtbarer Abgrund trennte nach Descartes den denkenden Menschen von der dinglichen, körperlichen Wirklichkeit. Er schnitt ihn freilich auch von allem Leiblichen, Sinnlichen, Empfundenen in sich selbst ab. Das große Drama unserer Zivilisation hub an: Der Mensch beschloss, sich selbst und die Welt, die ihn hervorgebracht hatte und ihn weiter trug, nicht länger in den Begriffen der Lebendigkeit zu beschreiben, sondern in der Logik der toten Materie zu denken.

Diese Trennung war die Grundvoraussetzung für den Siegeszug der Technik. Erst nachdem sich der Mensch in seinem »Geist« den Dingen als »Materie« gegenübergestellt hatte, konnte er sich vornehmen, diese in ihre Bestandteile zu zerlegen – und etwas Besseres daraus aufzubauen. Und sind wir nicht weit gekommen in unserem phaetonischen Höhenflug des Könnens? Das Einzige, wovon wir Abschied nehmen mussten, ist die hartnäckig in uns überdauernde Vorstellung, dass das Ganze mehr ist als die Summe seiner Teile, dass es ein Prinzip der Fülle gibt, dass sich bei weiterer Steigerung in eines der Subjektivität, des eigenen Standpunktes, der *Sorge um sich* ausweite – kurz: dass Leben nicht in den Einzelteilen zu finden ist, sondern im Ganzen, und dass dieses Ganze mit dem restlichen Kosmos in einer mysteriösen Verbindung steht.

Der Gipfel der Entfremdung war erreicht, als Darwin die Triebkräfte für die Entwicklung der Lebensvielfalt in einem blinden Prozess ewiger Konkurrenz und erbarmungsloser Auslese gefunden hatte. Seither steht fest: In der Natur geht es ums Gewinnen – und weil wir einen Teil der Natur bilden, sind Sieg, Optimierung und das Ausstechen der anderen auch unsere *ultima ratio*. Der Mensch, der einst mit dem göttlichen Funken (oder dem Geist der Ahnen) begabt die Schöpfung erkennen und verstehen zu können glaubte, fragt sich seitdem immer stärker, ob das, was er sieht und fühlt, nicht bloße Einbildungen seien, die ihm blinde biologische Instinkte einflüstern. Das Zeitalter des universellen Verdachtes hat eingesetzt, in dem jede erlebte Evidenz mit einem »aber eigentlich« abgetan werden konnte: »Aber eigentlich heißt Liebe, einen Partner mit guten Genen gefunden zu haben ...« Der rastlose Optimierer, der ewige Nutzwert-Sucher, der Einzelkämpfer, der unter dem Anpassungsdruck einer feindlichen Welt immer neue Tricks entwickelt, um die anderen zu überflügeln und sein eigenes Erbe zu vergrößern, wurde bald zum heimlichen Leitbild des Menschen. Kaum jemals war einer Kultur die unschuldige kindliche Antwort auf die Frage »Was hast du den ganzen Nachmittag gemacht?« ferner gerückt als der unseren. »Nichts« – das ist ein Schlag ins Gesicht der Effizienz.

Trotz aller Einsichten und Warnungen, wie sehr die instrumentelle Rationalität die Tendenz habe, sich gegen sich selbst zu wenden, sitzen wir heute gebannt im Schatten ihres Wuchses. Die neuzeitliche Wissenschaft entwickelte das Ideal der wertneutralen Erkenntnis: Nur wenn alle Emotionen aus unserem Bild der Welt getilgt würden, könnten wir klar deren Bau erkennen. Mit Besessenheit verfolgten die Wissenschaftler ihr hehres Ziel einer wertfreien Beschreibung der Tatsachen und setzten es gegen romantischere Modelle durch. Der amerikanische Bildungsphilosoph David Orr beobachtet: »Die cartesianische Wissenschaft lehnt Leidenschaft und Persönlichkeit ab, kann ironischerweise aber beiden nicht entkommen.«[121] Was dieses Denkmodell hervorbringe, sei »die akademische Version eines Fundamentalisten, der behauptet, dass Wissenschaft der Leidenschaft diametral entgegengesetzt sei, seine eigene Leidenschaft für Reinheit natürlich ausgenommen«.[122]

Die Schule spiegelt diese Passion für kalte Wahrheit wider. Ihre Gebäude gleichen Fabrikanlagen, Kasernen und Abfertigungshallen. Ihre Pausenhöfe sind effizient geteert, entsprechend aktueller Sicherheitsstandards mit Geländern und Betonstützmauern versehen, und gegebenenfalls gegen umliegendes Grünland abgezäunt. Diese Ästhetik folgt der Vorstellung, welche die Idee des objektivierten Geistes von sich verbreitet: Wissen lässt sich aus der Welt extrahieren und von ihr abtrennen. Es ist eine beliebig zu vervielfältigende Ware. In anderen Ländern unserer westlichen Zivilisation sehen Lerninstitute und ihre Freiflächen entsprechend – oder schlimmer – aus. Eine US-Studie fand, dass die meisten Schulhöfe der Nation asphaltiert oder bestenfalls mit uniformen grünen Rasen bewachsen sind.[123] Eine Bildungsanstalt ist nicht mit dem Land verwoben und darauf ausgerichtet wie einst ein Bauernhof oder ein Feriencamp, sondern sie liegt abgetrennt und abgeschottet da wie eine technische Produktionsstätte, welcher die Umgebung vollkommen gleichgültig ist.

Ordnung aber fördert paradoxerweise nicht die geistige Disziplin. Zum Lernen ist mehr Wildnis besser. Kinder von Schulen mit natürlich gestaltetem Gelände sind im Schnitt aktiver, ernährungsbewusster, umgänglicher und kreativer. Wenn Lehrer Tiere und Pflanzen nicht nur als schönen Hintergrund zur Erholung nutzen, sondern sie aktiv in den Unterricht integrieren, steigt der Lernerfolg ihrer Zöglinge messbar an.[124] Studien zeigen, dass regelhaft mehr Natur in der Schule nicht nur mit Aufmerksamkeit und höherer geistiger Spannkraft der Schüler einhergeht, sondern die miteinander erlebte Freude verstärkt und die Gemeinschaftlichkeit fördert.[125]

Gewiss sind gemäß diesen Erkenntnissen gerade in den letzten zwei Dekaden eine Vielzahl neuer pädagogischer Modelle ausprobiert worden. Nicht zuletzt hat die Umwelt- und Naturpädagogik einen gewissen Einfluss gewonnen. Heute gibt es auch bei uns einige »Treibhäuser der Zukunft«, Schulen, in denen nicht mehr allein abstraktes Wissen auf die vermeintlich leeren Seiten kindlicher Seelen gestempelt wird. Doch all diese Projekte und Experimente sind immer noch in einer verschwindenden Minderzahl gegenüber dem Mainstream der Bildungsvermittlung. Und auch die ihnen zugrundeliegende Idee liefert keine einheitliche Begründung dafür, warum es *Lebendigkeit* ist, die Kinder benötigen. Wie die gängige Wissenschaft, welche die Schule prägt, haben auch die verstreuten Alternativen bislang keine Antwort auf die Frage: »Was ist Leben, und welche Rolle spielen wir darin?« Entsprechend sind auch alternative pädagogische Modelle nicht wirklich in der Lage, ein Programm zu formulieren, das beschreibt, was ein Mensch als ein werdendes Lebewesen braucht. Den meisten Beteiligten bleibt nichts übrig, als ihre Alternativen im alten Schema zu formulieren. Und das heißt: Geist hin oder her – letztlich ist auch der Mensch eine Optimierungsmaschine, die in der Kindheit durch möglichst viel Wissen für das »lebenslange Lernen« in der Informationsgesellschaft »fit gemacht« werden muss. Moderner und holistischer ausgedrückt, aber demselben Wahrnehmungsmuster der Verbesserung und Beschleunigung verhaftet, klingt das so: Kinder sind kleine »Lerngenies«, die nur altersgemäß gefördert werden müssen, damit sie ihr Wissenspotential voll auszuschöpfen vermögen.

Bildungsziel: Anpassung an die Faktenwelt

Wer die Lehrpläne des Landes Berlin für den Naturkundeunterricht in der Grundschule betrachtet, muss diesem technischen Blick auf die menschliche Seele standhalten. Weit von oben herab zeichnen die Verfasser ein Bild des Kindes am Schnittpunkt sozialer Techniken und Verfahrensweisen, das kaum zu seinem lebensgierigen Wesen passt: »Kompetentes Handeln erfordert vom Einzelnen ein Zusammenwirken von Leistungs- und Verhaltensdispositionen, also von kognitiven und sozialen Fähigkeiten, Fertigkeiten, Gewohnheiten und Einstellungen. Dieses Zusammenwirken wird als Handlungskompetenz bezeichnet und umfasst Sachkompetenz, Methodenkompetenz, soziale und personale Kompetenz«,[126] heißt es da etwa. Das Leben ist fern. Lehrern, die versuchen sollen, Kindern beim Menschwerden zu helfen, wird als Anleitung ein hochabstraktes Muster von Formeln geboten – leere Schubladen, in die sie das Leben, das ihnen aus einer Klasse entgegenschlägt, kaum einsortieren können, ohne es zu beleidigen.

Von Anfang an setzt unser Bildungsmodell voraus, dass Menschen *Fertigkeiten* und *Kompetenzen* benötigen, also *von außen vorgegebene Formen von Tüchtigkeit*, und nicht *Handeln, Erleben, Entfalten*, also *von innen gewünschtes Wachstum*. Genauso behandelt das gängige Modell von Bildung auch das Lebendige, das äußerer Mechanismus bleibt und nicht als Teil der eigenen Substanz der Schüler verstanden wird. »Das Fach Naturwissenschaften trägt dazu bei, dass die Schülerinnen und Schüler sich in unserer durch Technik und Naturwissenschaften geprägten Gesellschaft zurechtfinden und aktiv daran teilhaben können«,[127] heißt es im Berliner Lehrplan. Welches Bild vom Leben aber haben die Naturwissenschaften? Es erscheint zunächst als vollkommen unproblematisch. Dabei liegt gerade in der unhinterfragten Metaphysik der toten Materie das Fatale unserer Zivilisation. Das Bildungsziel aber besteht kritiklos darin, sich in unserer durch Technik geprägten Welt zurechtzufinden. Der Weg dahin führt über die Reproduktion des Tatsachenwissens, das diese Gesellschaft ohnehin schon im Überfluss aufgehäuft hat, als wäre es objektiv, ewig, unantastbar.

Dieser Rahmen verbannt die persönliche Erfahrung aus dem Gesichtskreis der Kinder. Sie werden nicht als Subjekte begriffen, die sich aus sinnlichem und seelischem Erleben ins Leben hinein entfalten, sondern gelten als kleine Faktenrechercheure. Entsprechend heißt es: »Schon vor dem Schuleintritt sammeln Kinder beim Erkunden ihrer Umwelt Erfahrungen mit sichtbaren Naturphänomenen und versuchen dabei, diese zu erklären und ihre Erkenntnisse für sich und andere zu formulieren. Dabei gewonnene Einsichten führen zu ersten Verallgemeinerungen und bilden den Ansatz für die weitere Entwicklung naturwissenschaftlicher Sichtweisen im Sachunterricht.«[128] Das Kind wird offiziell als Wissensautomat, nicht als fühlendes Wesen behandelt.

Auch der spezifische Inhalt der wissenschaftlichen Erkenntnis, die den von Abenteuern und Lebewesen faszinierten Kleinen in einer solchen Konzeption von Welterfahrung untergeschoben wird, ist offiziell unstrittig: Im Reich des Lebens geht es um *Anpassung*. Biologische Vielfalt und damit das ganze erfahrbare Reich der Wesen dort draußen, der Spiegel der kindlichen Seele, wird in der fünften und sechsten Klasse allein als Folge evolutionärer

Angepasstheit gelehrt. Das Faszinierende, das Atemberaubende, das Schöne, das Zärtliche: alles Folgen des Gehorsams gegenüber dem Druck der äußeren Umstände.

Angepasstheit ist ohnehin das Reizwort, das den Alltag der Schüler bestimmt. Hier trifft sich die Erklärung, die wir der lebenden Welt überstülpen, mit unserer gesellschaftlichen Situation: Nur wer sich dem Druck (der Schulnoten, des umkämpften Arbeitsmarktes, des Geldes und des Erfolges) *anpasst*, wird überleben. Anpassung wird als der Schlüssel zur Lebendigkeit gelehrt, während gleichzeitig Pädagogik-Theoretiker und Lehrer-Ausbilderinnen versuchen, mit lebendigen Methoden das alte Einerlei aufzulockern. Weil aber unser Denk- und Bildungssystem sich aus der Idee einer *lebenswichtigen Anpassung an eine objektiv bestehende Faktenwelt* nährten, bleiben solche Mühen weitgehend wirkungslos. Der Kurs unseres Bildungssystems lässt somit an den bereits zitierten Ausruf von Kapitän Ahab in Herman Melvilles Roman *Moby Dick* denken: »All meine Mittel sind vernünftig, Motiv und Ziele aber irr«, sagt der Schiffsführer einmal während seiner immer fanatischeren Jagd nach dem weißen Wal.

Ein Schüler soll nicht biozentrisch denken!

Die unterschwellige Emphase des Leblosen macht alle schönen Worte wirkungslos. Sie vergiftet nett und heimelig gestaltete Klassenräume und lacht jeder oberflächlichen Schülerliebe Hohn. Die Paarung aus offiziell bekundeter Menschenfreundlichkeit und dem mörderischen Tiefenziel wissenschaftlicher Bildung ist ein klassischer *double bind*, wie er vom Anthropologen Gregory Bateson beschrieben wurde: Die verdeckte *wahre Botschaft* ist das Gegenteil der offen geäußerten, die somit in Wahrheit nichts gilt. Kinder sind sensibel für solche Lügen. Immer mussten Pädagogen einsehen, dass Kinder nicht die offiziell erteilte Lektion lernen, sondern die, welche der Lehrer gegen seinen Willen vermittelt. So lassen sich etwa Sprösslinge von Eltern, die sich selbst heimlich über Chips und Gummibärchen hermachen, nicht durch die härtesten Strafen zur Askese beim Frühstückszucker erziehen. Mit dem gleichen Blick für die Wahrheit ahnt das Kind in Biologie und Sachkunde, dass seine Lehrer es beständig mit dem Tod konfrontieren, während es vorgeblich über *Lebe*wesen lernt. Entsprechend empfindet es *tödliche* Langeweile. Für den US-Kulturkritiker David Orr sind darum die »Kontrollprofessionen« des Abendlandes – die Medien, die Unis, die Schulen, die Kirchen – insgesamt gescheitert. Alle tragen sie bei zur Massenproduktion von »Menschen, buchstäblich unfähig, an etwas anderem als einem ausgeklügelten und vollkommen künstlichen Mummenschanz teilzunehmen«[129]. Für Orr steht fest: Die zivilisatorische Aufgabe von heute, die in den Bildungsinstitutionen beginnt, besteht darin, »das Humane neu zu erfinden«.[130]

Noch bis vor wenigen Jahren wurde künftigen Biologielehrern eingetrichtert, dass sie Schülern deren »anthropozentrische« Vorstellung von anderen Lebewesen abzuerziehen hätten: die kindliche Gewissheit, dass auch ein Käfer fühlt, denkt, leidet und sich sehnt. All das war unwissenschaftlich und musste von der Schule gründlich dekonstruiert werden. Heute sind die Vorgaben nicht mehr ganz so erbarmungslos. Die im Geist Piagets aufgezogenen Lehrer tolerieren die kindliche Verschwisterung mit anderen Kreaturen als Auswuchs des infantilen Animismus – dem Hang der unter Siebenjährigen, alle Objekte als belebt zu begreifen. Aber der Pädagoge weiß im Stillen: Das geht vorüber. Bald werden die kleinen Wissenschaftler auch Lebewesen als Dinge betrachten, wie es sich gehört. Er selbst hat es ja nicht anders gelernt.

Diese Außerkraftsetzung des Naheliegendsten führt heute dazu, dass eine Form von Weltwissen aus dem Naturkundeunterricht an Schulen beinahe verschwunden ist: die sinnlich erfahrbaren Formen der belebten Wirklichkeit vor unserer Tür. Die Natur ist aus dem Umfeld der Schule entwichen, selbst wenn diese mitten im Grünen liegt. Was bei Goethe *Morphologie* hieß, die Feinheiten und Unterschiede der Arten, die man nicht theoretisch lernen, sondern nur erfahren – also sehen, riechen, ertasten, schmecken – kann, sind so weit hinter technische Aspekte der Lebenskunde zurückgewichen, dass echte Lebewesen den Schülern oft wie eine Sinnestäuschung vorkommen müssen. Zwar nehmen die Kinder sie mit Augen und Ohren um sich herum wahr, doch scheinen reale Tiere und Pflanzen mittlerweile von geringerem Wirklichkeitsgrad als der Lernstoff, der zwar theoretisch Organismen zum Inhalt hat, aber auf ihr lebendes Beispiel gern verzichtet.

Dabei bemühen sich viele Lehrer nach Kräften, die Natur in den Unterricht einzubetten und Schüler für deren Zerstörung zu sensibilisieren. Doch gerade das führt zu einer grotesken Abspaltung: Im Schulzimmer behandeln Kinder und Jugendliche den Aufbau anderer Lebewesen, aber so, als wären diese elektrische Maschinen, und sie lernen, die Größe ihres eigenen CO_2-Fußabdrucks mathematisch zu berechnen. Natur löst sich heute in Inseln auf, die nichts mehr miteinander und vor allem nichts mehr mit dem Kind zu tun haben: die niedlichen Comicgestalten von *Ice Age 2*, die bösen Schweinegrippeviren, die geschützten Braunkehlchen im Biotop, dem man gefälligst fernbleiben soll, das bedrohlicher werdende Klima, das man aber nicht anfassen und nicht sehen kann. Was Kinder dabei unterdrücken lernen, ist ein vitaler Teil ihrer Selbst, ihrer eigenen, fühlenden Lebendigkeit, die auch Baum ist, der wächst, die der fliegende Schwung ist, mit dem man sich von einer Nordseedüne ins weiche Nichts stürzt. Heute spulen intelligente Grundschüler routiniert Zahlen zu Regenwaldverlusten und Ölkatastrophen ab. Unter ihrer rationalen Nüchternheit sind sie möglicherweise tief verwundet: Das größte Geschenk wurde ihnen schon entrissen – die Sicherheit nämlich, dass in diesem Kosmos immer das Leben siegt. Es ist wie mit Traumaopfern, die gelernt haben, ihre seelische Katastrophe in gefasste Worte zu kleiden, unter denen die unberührbare Wunde eines namenlosen Verlustes schwärt.

Selbst bemühte Pädagogen erliegen den Zwängen des Lehrplans. So beschäftigte sich kürzlich im Winter die Klasse meines Sohnes mit dem Thema Anpassung an verschiedene Lebensbedingungen (wie sollte es anders sein). Einer der Aspekte war die Winterruhe. Und das Land ringsum ruhte. Das unwegsame Wäldchen hinter dem Pausenhof lag still und braun, Schnee hatte sich über die Felder gebreitet. Wo aber waren die Schüler? Warum suchten sie nicht nach ruhenden Insekten? Gruben nicht die schlafenden Triebe aus, die schon mit neuen grünen Augen unter der Erde gierig nach dem Frühling schielten? Brachten nicht die Hunderte von Marienkäfern zur Sprache, die sich überall in den Gebäuden in kühlen Ritzen verstecken, um dort erstarrt das Frühjahr zu erwarten?

Vielleicht, um nicht zu stören. Wer eine winterschlafende Solitärbiene in einem Schilfhalm findet, gefährdet ihr Leben. Lieber nichts anfassen, die Natur ist ohnehin so zerbrechlich geworden. Lieber ins Haus gehen, draußen machen wir nur etwas kaputt! Wer einerseits lehrt, dass die ökologische Katastrophe droht und andererseits nicht mehr riskiert, die Kinder in die Natur ausschwärmen zu lassen, vertieft einen Teufelskreis. Dass Kinder nicht mehr in der Natur auftauchen, ist die eigentliche ökologische Katastrophe. Denn in Wahrheit repräsentieren Kinder die psychische Seite der grundlegenden ökologischen Zusammenhänge. Wenn sie nur noch vor dem beleuchteten Glasbildschirm sitzen, sind die Zusammenhänge zerrissen. Das lebendige Geflecht, an dem alle Menschen, nicht nur die Jüngsten, teilhaben, beginnt zu zerfallen.

Viele Pädagogen wissen freilich selbst kaum noch etwas mit anderen Wesen anzufangen. Sie haben sie ja bereits auf ebenso abstrakte Weise kennengelernt wie ihre heutigen Schützlinge – nicht als Gegenüber, das zu einem sprechen kann und in dem man sich selbst begreift. Kaum noch ein Biologielehrer *kennt* die Arten um seine Schule herum. Er ist genau wie seine Zöglinge ein Legastheniker der Lebensformen, der »Amsel, Taube, Kaninchen« stammeln kann, dem aber darüber hinaus alle Unterschiede vor dem Blick verschwimmen. Wer jedoch draußen nur Grün sieht und Insekten in kaum mehr als »Käfer«, »Fliegen« und »Bienen« unterscheiden kann, kurz, wer die lebende Vielfalt nicht liebt, wird seine Schüler nicht mitreißen können. In einer britischen Studie zeigte sich, dass Biologiestudenten – also auch künftige Lehrer – selbst die gewöhnlichsten Blütenpflanzen nicht benennen können. Fast 90 Prozent der angehenden Wissenschaftler kannten höchstens drei von zehn gezeigten populären Arten.[131] Die akademische Profession des *Taxonomen*, des besessenen Spezialisten, der die wahre Tiefe der Arten anhand winziger Details auseinanderzuhalten vermag, ist selbst an den Universitäten im Aussterben begriffen.[132] Vergilbte Bestimmungswerke werden schon in der nächsten Generation das Einzige sein, was uns an die Realität einer Vielfalt erinnert, die wir ebenso schnell real vernichten, wie wir sie in unserem Bewusstsein auslöschen.

Unsere Kultur leidet an einer seltsam schleichenden, aber langfristig tödlichen Form von Erblindung. Das, was sie nicht mehr zu sehen vermag und was sie immer schneller zu vergessen droht, ist nichts als das Leben selbst. Es scheint fast, als hätte die Bildung das Ende der Natur vorweggenommen. Gewiss aber wird sie es mit einer solchen Haltung beschleunigen. Was dabei verlorengeht, ist nicht bloß das sperrige Lehrbuchwissen taxonomischer Kategorien und langweiliger anatomischer Details. Was mit der Erfahrung anderen Lebens, seiner Raffinesse, seiner Kreativität, seiner Suggestionskraft, seiner Brüderschaft auf dem Spiel steht, ist das Zentrum unserer eigenen Existenz und deren höchster Werte: das Ästhetische, das Spielerische, das Künstlerische, das Erfinderische, die Freude, die Leidenschaft, das gerechte Maß. Es ist nichts weniger als eine Form von Liebe, die hält und bewahrt, ein Leben lang. Wenn man ihren Gegenstand zerteilt und zerkleinert, bleibt von ihr kein Rest mehr übrig.

Als die Kinder an die Tür klopften, erkannte ich sie zuerst kaum wieder. Sie standen mit blitzenden Augen artig nebeneinander. Eine dicke Kruste Schlamm hatte sich auf ihre Gesichter gelegt. Sie verklebte die Haare und schälte sich dort, wo sie zu trocknen begann, als brüchiger Panzer von den Kleidern. Es sah aus, als hätten Emma und Max ein Geländetraining auf dem Truppenübungsplatz hinter sich. Aber anders als müde Rekruten grinsten sie triumphierend, während ich stirnrunzelnd die schlammigen Umrisse ihrer Hände auf dem Türblatt studierte. Sie waren nicht zum Umziehen und Waschen gekommen. Sie brauchten bloß einen weiteren Eimer.

Es hatte in diesen Maitagen stark geregnet. Auf dem lehmigen Boden des Baugrundstückes nebenan stand das Wasser in großen Lachen. Die beiden hatten begonnen, eine hydraulische Welt einzurichten: Sie hatten, im Schlamm kniend, Kanäle ausgehoben und mit den Händen im gelblichen Matsch Staustufen modelliert, über die das Wasser rann; sie hatten Abflüsse blockiert und lustvoll beobachtet, wie winzige Risse in den Wehren sich weiteten und von trüben Fluten fortgerissen wurden. Sie dachten nicht nach, sondern waren glücklich. Ich hatte nichts zu tun, als die Schlammflecken von der Haustür abzukratzen.

Viele moderne Pädagogen erkennen in solchen sinnlichen Eroberungstouren den didaktischen Clou, den Generationen von Pauklehrern übersehen haben. Die zeitgenössische Erziehungswissenschaft ist überzeugt, dass die Kleinen nicht ziellos herummatschen, sondern gezielt ausprobieren, und dass die lustvolle Sauerei in Wahrheit ein systematisches Experiment darstellt. Doch wer genau hinschaut, erkennt: Was auch immer Kinder bei ihrem Spiel an schulisch und beruflich verwertbaren Erkenntnissen über die Wirklichkeit gewinnen, sie tun es um der Lust willen, diese Wirklichkeit in all ihre Fasern aufzusaugen. Etwas anderes als eine Vorstufe des rationalen Erkenntnisinteresses leitet sie. Dieses Etwas wird vielleicht von *Wissen* begleitet, aber um seiner selbst willen gesucht. Wenn wir glauben, diese Begeisterung richtig zu verstehen, indem wir das naturwissenschaftliche Talent unserer Kinder früh fördern, dann provozieren wir einen jener *epic fails* der Pädagogik: Wir finden ein Mittel dort, wo die Lebendigkeit sich als Zweck erlebt.

Wer erinnert sich nicht an Szenen, in denen man selbst durchnässt und jubelnd die Elemente spürte? Das Glück, das in solchen Minuten verteilt wird, ist nicht das eines »Heureka!« der Erkenntnis, sondern jenes der Selbsterweiterung, die ungeahnte Tiefen aufschließt, welche man nicht kennt, aber gleichwohl besitzt. Dem Kind geht es um Dramatik, nicht um Fakten. In der Wiederholung kleiner und großer Wasserkatastrophen auf dem durchgeregneten Spielplatz wird es lustvoll der nur teilweise beherrschbaren Gnade und Monstrosität der Elemente gewahr. Das Kind taucht in einen Zustand intensiver Emotion, in dem es die Schwerkraft für sich spielen lässt. Es erlebt in diesem Ergriffensein die tiefe Gefühlshaftigkeit all dessen, was ihm auf der Welt blühen kann. Dem Kind geht es genau um dieses Spüren von Bezügen. Es berauscht sich an der Erfahrung, wie es durch seine Sinne in der Welt verankert ist. Es nimmt an der Brutalität und Zärtlichkeit des Seins teil, nicht an einem Schnupperkurs in Hydraulik.

Alles physikalische Alltagswissen kommt *nach* diesen Gefühlen und wird erst *durch* sie möglich. Es ist dabei nur eine mögliche Dimension von vielen, die Existenz auf der Welt zu verstehen. Die Leidenschaften, mit denen das Kind sich in die Welt einschmiegt und sich von ihr wieder abstößt, sind so viel ernsthafter, als es bloß eine Aktivierung der »sinnlichen Wahrnehmung« wäre, die modernes Lernen modisch begleitet. Das Kind gibt sich dem archaischen Gefühl hin, ein spürender Leib zu sein. Sein Glück folgt aus dem Fühlen, nicht aus dem Wissen. Gelungenes, verwendbares Wissen, Kenntnis von Relevanz, ist immer *durchfühlte Kenntnis.* In seiner unschuldigen Weisheit, frisch wie gerade gefallener Schnee, ist dem Kind klar, dass Fakten nur eine Unterklasse der Empfindung sind. Damit, mit dieser Radikalität des Verstehens, gehört es zur wissenschaftlichen Avantgarde, nicht indem es Newton'sche Erkenntnisse in naiver Form vorwegnimmt.

Das Kind erfasst, dass sein Spüren auf eine fundamentale Weise die Welt zum Sprechen bringt. Deren Tatsachen allein machen nur einen kleinen Teil der weitläufigen Sprache der Dinge aus. Diese ekstatische und kindliche Weisheit entspricht auf einem unbewussten und unausgesprochenen Niveau jener der Physiker, die begriffen haben, dass die groben, tastbaren Körper im Raum nur einen Sonderfall bedeutungsvoller Bezüge zwischen Ereignissen ausmachen, aus denen sich das Grundmuster des Kosmos bildet.

Hier liegt die Verwechslung, der viele neue pädagogische Konzepte aufsitzen – gerade jene, in denen Naturerfahrungen eine wichtige Rolle spielen. Sie werfen etwas Entscheidendes durcheinander: das Glück der Erfahrung, das ein Lebenswachstum im eigenen Recht ist, und der Nutzen, den dieses Wachstum mit sich bringt. Wichtig ist das Reifen nicht wegen der darin enthaltenen Erkenntnisse, sondern *weil es Wachstum ist.* Wer Kinder als kleine Wissenschaftler auffasst, folgt dem zentralen Fehler der gegenwärtigen Forschung: dass nämlich alles eine Dienlichkeit habe, alle Erfahrungen in Wahrheit eine Funktion trügen. So macht man die inneren Impulse zu Mitteln für einen pädagogischen Zweck. Der Kontakt mit den Dingen wird zur Ressource, um ein späteres erfolgreiches »Forscherleben« vorzubereiten. Bei einer solchen Auffassung existiert keine Naturerfahrung, keine Erfahrung der Lebendigkeit, im eigenen Recht. Jedes gefühlte *Interesse* des Kindes an anderen Wesen ist bloßer Schein des Zweckes. So zu denken erinnert an die Annahme Piagets, der nützliche (aber irrige) Animismus der Kinder werde schon verfliegen und einer reifen Rationalität Platz machen. Wer aber Kinder so erzieht, setzt darauf, sie zu überrumpeln und handelt nach der unausgesprochenen Überzeugung: »Nur mit Naturerfahrung wird mein Kind richtig fit für PISA.«

Was ein Kind aber sucht, ist die Unmittelbarkeit eines Welterlebnisses, in dem es nicht um Lernerfolge geht. Das Kind öffnet sich hin zur Welt und erschließt sich so die Wirklichkeit. Nur Lernen, das im Dienste dieser Öffnung steht, ist gutes Lernen. Nur so aufgenommene Inhalte werden behalten, weil sie überhaupt *Inhalte* sind und nicht leere Hülsen. Sie gehen als organische Elemente in das neue Gebäude ein, welches das Kind, unbewusst wachsend, aus sich entwirft.

Aber heute ist diese Suche nach Poesie gestört. Heute scheint es endlich gelungen, den Sinn des klassischen Sprichworts umzukehren. Unsere Kinder lernen immer häufiger nicht, um zu leben, als Teil des Lebens, das sie sich erschließen, sondern sie leben, um zu lernen. Wir haben sie ausgesperrt von der Unmittelbarkeit des *Nichts*, in dem sich die Lebendigkeit verbirgt, das Lachen, das ewige Mysterium unseres Hierseins. Schon der populäre Begriff »lebenslanges Lernen« klingt wie »lebenslänglich« – eine endlose Strafe, auf die es keine Bewährung gibt.

Der Wissenschaftshistoriker Alexandre Koyré bezeichnete die Art der Kenntnisse, die ein Kind aufsaugt, indem es magisch von einem Ziel angezogen wird, als »personal knowledge«, *persönliches Wissen*.[133] Im persönlichen Wissen ist der Gegensatz zwischen *Tatsache* und *Bedeutung* für ein Kind aufgehoben, weil jede Tatsache allein durch das Interesse des Kindes faktisch wird. Ein Kind lernt im Spiel, weil ihm etwas wichtig ist – so wie die Kinder der kleinen Karibikinsel lernten, Früchte zu ernten und Tiere zu fangen, *indem* sie spielten. Wenn ein Heranwachsender keine Möglichkeit findet, dieses persönliche Wissen aufzubauen, läuft er Gefahr, gar nichts zu wissen und so trotz hoher Begabung ein Schulversager zu werden.

Umgekehrt vermag auch ein lange Zeit schlechter Schüler, wenn sein eigenes Interesse geweckt wird, ungeahnte Fähigkeiten zu entwickeln. Im Licht ihrer subjektiven Bedeutung fügen sich die Einzelteile zum Zusammenhang der Welt. Diese besteht freilich niemals aus

»neutraler Information«, sondern ist ein Weltbild, voller Werte, die einem persönlichen Standpunkt entsprechen. Alison Gopnik kommt zu dem Schluss: Phantasie und Faktenwissen sind keine Gegensätze. Im Gegenteil: »Für kleine Kinder sind Wahrheit, Phantasie und Liebe unlösbar miteinander verbunden«, sagt die Hirnforscherin und Säuglingspsychologin.[134] Sie sind es für alle von uns.

Im Reich der Lebewesen kann es gar keine »neutralen Informationen« geben. Nichts, was ein Lebewesen erfährt, ist *Abbild* der Außenwelt. Alles ist *Interpretation* eines Reizes vor dem Hintergrund der Bedürfnisse seines lebenden Körpers, seiner Nöte, Wünsche, Interessen. Alle Wahrnehmung ist zugleich Wert. Von »reinen Fakten« zu sprechen ist schon biologisch Unsinn. Alles, was wir aufnehmen, ist *zuerst Gefühl* und erst dann, nach dem Prozess einer Objektivierung, die auch kulturell und familiär bedingt ist, ein Gegenstand, der uns gegenübersteht. Darum sind in der Tiefe Weltverständnis und kreative Erfindung miteinander verbunden. Jede Wahrnehmung *ist* bereits Schöpfung. Umgekehrt erscheint Schöpfung – Geschichten, Ideen, Spiele, Rollen, Sprechweisen, Humor – als die einzig adäquate Weise, Welt wahrzunehmen. Um in der Wirklichkeit anzukommen, gilt es, sie fühlend hervorzubringen. Ursache-Wirkungs-Erklärungen und freie Erfindung sind keine Gegensätze, sondern zwei Seiten einer Medaille, die Welterfahrung heißt.[135]

Die Welt aber, die wir in der Schule unseren Kindern vermitteln, beruht auf einem Modell von Menschlichkeit, welches das Potential des Kindes grausam unterbietet. Denn die Wirklichkeit unseres fühlenden Körpers ist weit mehr als das, was ein Kind mit seinem Intellekt wahrnimmt und was ihm im besten Fall in Form eines anheimelnden oder ästhetischen Lernumfeldes nahegebracht wird.

Will man den pädagogisch aufgeklärten Sachkunde- oder Naturwissenschaftsunterricht zur ökologischen Imagination erweitern, genügt es nicht, den Faktenerklärungen ein paar Erlebnisse hinzuzufügen. Es geht darum, den engen Wahrnehmungshorizont des Industriezeitalters zu verlassen und mit dem ganzen Körper zu erleben und zu fühlen. Es geht um das, was der amerikanische Ökopionier Aldo Leopold mit »zu denken wie ein Berg« meinte. Oder auch zu denken wie eine Wasserpfütze: den Kindern ihre Verbundenheit mit der lebenden Welt zu vergegenwärtigen und sie aus dieser heraus die Wirklichkeit erleben zu lassen. Ein solches »Denken« begnügt sich nicht damit, aus dem Verhalten von Materie die ihr zugrundeliegenden Gesetze abzuleiten. Die kindliche Imagination des Wassers *als Wasser* besteht darin, es zum Fließen zu bringen, mit ihm zu spritzen und sich darin zu wiegen, von ihm benetzt, durchnässt, verschlungen zu werden. Würde man die Ereignisse auf einem regenüberfluteten Spielplatz nach dem Gewitter filmen und abspielen, so wäre dem Zuschauer sofort klar: Kinder, die mit Wasser spielen, sind keine neugierigen Proto-Gelehrten, die Hypothesen ausprobieren. Sie sind Priester einer Existenz in Fleisch und Blut. Sie führen eine unbewusste »Zeremonie der Feuchtigkeit«, einen aquatischen Tanz auf.

Kognitionsforscher bezeichnen die Sphären unserer Wahrnehmung, die bei solchen Aktivitäten ins Spiel kommen, die alle Sinne fesseln und Lust verursachen, als *archaisches Bewusstsein*.[136] Dieses umfasst nicht nur den wachen Geist, sondern auch die Aktivitäten unseres autonomen Nervensystems, dessen Wirken uns weitgehend entzogen ist, und das doch unser Befinden und unsere Handlungen tiefgreifend steuert. Es ist – wie die Natur selbst – Quell von Ängsten oder Freuden, für die in der Welt rationaler Handlungen kein Grund zu existieren scheint. Durch unseren ganzen Körper stehen wir mit der Umwelt in dauerndem Austausch. Der Körper ist es, der die Nahrung absorbiert, im Atmen den Sauerstoff einsaugt, sich an der Sonne erwärmt, eine dunkle Baumreihe als ungeklärte Bedrohung auffasst und eine lichte Wiese als Heimat. Für all das haben wir keine Worte, aber es ist doch real. Der Körper ist das Erfahrungsorgan, durch das die Welt eintritt. Archaische Erfahrung ist ein Erleben mit der ganzen Person. Sie heißt die Welt wie ein Tier aufzufassen, aber sie sich als Mensch bewusst zu machen. Nur dadurch können wir unsere verschiedenen Erkenntnisebenen integrieren und so vollständig unsere Möglichkeiten verwirklichen.

»Unser abstraktes Denken füllt nur eine winzige Bandbreite der uns zur Verfügung stehenden Wahrnehmungskanäle«, meint der Naturlehrer Jon Young.[137] Der Amerikaner war in seiner Kindheit Schützling des legendären Tom Brown, einem Pionier der Naturpädagogik, der bei einem indianischen Weisen gelernt hatte, seine Sinne der Wildnis zu öffnen. Young hat seine eigenen Erfahrungen zu einer Naturlehre weiterentwickelt, die er nach dem mythischen Wesen der Prärie-Indianer, dem Koyoten, »Coyote-Mentoring« nennt. Erst eine solche *in allen Sinnen spürenden Erfahrung von Lebendigkeit* kann unserem Bild von Schule als Lernort von Wissen einen entscheidenden Aspekt hinzuzufügen.

Young fragt: »Sollte nicht ›Vorstellungskraft der Sinne‹ ebenso eine fundamentale Kulturtechnik sein, die in der Schule gelehrt wird, wie Lesen, Schreiben und Arithmetik?«[138] Denn die Kinderjahre sind entscheidend für alles, was wir später von der Welt erfahren können. Während ein Kind heranwächst, formt sich sein Gehirn entsprechend seiner Verwendung. Von allen möglichen Wahrnehmungskanälen verstärken sich dabei nur jene, die benutzt werden; die ungenutzten sterben ab. Das »Leuchten-Bewusstsein« der Kleinen, das zunächst noch ein normaler Existenzzustand ist, wird immer mehr zu einem Spotlight, gerichtet auf bestimmte, zunehmend rationale Inhalte. Gerade sie entsprechen für Naturpädagogen wie Young nicht unseren ureigenen Fähigkeiten und Bedürfnissen. Denn unser Wahrnehmungsapparat hat sich während Jahrmillionen in der Natur herangebildet – so, dass er feinste Unterschiede und Schwankungen *empfinden*, also als sinnlich-emotionale Erfahrungen erleben kann. Dem Klangewölbe eines von frühlingstrunkenen Brutvögeln bewohnten Waldes zu lauschen, zugleich die einzelnen Sänger zu identifizieren, dabei automatisch eine Störung in einer bestimmten Richtung zu registrieren, die auf die Gegenwart eines Raubtiers deutet, und dessen Anwesenheit an winzigen Spuren – niedergetretener Erde, einzelnen Haaren – zu erkennen, dabei die Windrichtung, den Sonnenstand, die Orientierung nach den Himmelsrichtungen zu berücksichtigen, all das gehört zu den natürlichen, ja spielerisch leichten Fähigkeiten unserer Sinne. All das versetzt uns in einen bestimmten, klar umrissenen emotionalen Zustand freudiger Anspannung. Indem wir unsere Wahrnehmung dazu nutzen, uns zwischen Geburt und Vergehen, Leben und Tod, Partnerschaft und Vereinzelung aller anderen Wesen zu orientieren, schreiben wir uns auf unmittelbare Weise der Existenz ein – und freuen uns an ihr. Wir erleben unser Dasein im Sinn.

Die Fähigkeiten einer solchen Wahrnehmung lernt ein Kind, das in der Tiefe der Natur aufwächst, von selbst. Es erfasst sie mit der gleichen Mühelosigkeit, wie es seine (gesprochene) Muttersprache ohne spezielle Beschulung lernt und wie es sich das Laufen und Greifen aneignet. »So wie ein Säugling zu atmen lernt, einfach nur, indem er in einer Welt voller Sauerstoff aufwächst und seinen Körper darauf reagieren lässt, so warten in unserem Körper und in unserem Hirn Millionen von eingebauten neurologischen Verbindungen darauf, aktiviert zu werden«, sagt Young.[139] Aber die Verbindungen verschwinden, wenn wir sie nicht nutzen. Ein Kind, das nie die Tiefe der Natur erforschen durfte, kann somit gar nicht mehr zu dem werden, was es ist. Viele Menschen in urbanisierten Gegenden vermögen schon heute die Vielfalt der Natur nicht mehr wahrzunehmen, weil sich die Feinheiten der Unterschiede nie in ihre Neuronen eingeschrieben haben. Für sie gibt es – wie für die beklagenswerten zeitgenössischen Biologielehrer – nur Vögel, aber nicht Bergfinken, Kernbeißer, Zeisige und Heckenbraunellen. Wenn allerdings niemand die Tiefe der belebten Welt mehr sieht, wird auch niemand sie mehr schützen.

Nach den Lernprinzipien der Coyote-Schule geht es für die Kinder zunächst nur darum, in der Landschaft zu spielen, dort anwesend zu sein, den Bahnen ihrer Neigungen zu folgen. Ihr Mentor erkundigt sich beiläufig, doch zugleich eindringlich nach allen Details, die sie wahrnehmen. Schlug der See, an dem sie Rast machten, in kleinen Wellen ans Ufer oder in großen? Waren Vögel zu hören? Wie sahen sie aus? Schien die Sonne? Wo stand sie am Himmel? All das sind winzige, fast lächerlich erscheinende Einzelheiten, aber eben diese bilden die Buchstaben einer Sprache, in der auch die Empfindung unseres Körpers geschrieben ist. Es ist die Sprache, welche alle Lebewesen, die einen zerbrechlichen, nähebedürftigen Leib haben, verstehen. Es ist die Sprache, in der Osten die Frische des sich öffnenden Bewusstseins bedeutet, Süden die Intensität der Erkenntnis, Westen das vollendete Werk und die Melancholie des Abschieds, Norden die Ruhe, den Tod und den Keim des Neuen. Es ist die Sprache, der auch unser Körper, ob er will oder nicht, gehorchen muss: die große Geschichte von Aufblühen und Vergehen, von Trauer und Neubeginn, die sich in der Landschaft, also dem gemeinsamen Schicksal aller Lebewesen, ausdrückt und die auch unsere Stimme hören möchte.

Im Grunde hat eine solche Öffnung der Sinne, welche in der Lage ist, noch die leiseste Regung des Lebens aufzufangen, den Charakter einer Meditation. Freilich besteht diese Meditation nicht im Versuch, die Sinne vom »Schein der Wirklichkeit« zu entleeren. Es geht umgekehrt darum, sie mit restloser Aufmerksamkeit anzufullen. Nicht sich leer von Welt zu machen und so mit dem ganzen Kosmos zu verschwimmen ist das Ziel, sondern sich so weit mit Wirklichkeit anzufüllen, dass sich die Grenze zwischen innen und außen aufzulösen beginnt – etwa die zwischen der *inneren* Vorstellung von Regen und dem kalten Kitzeln der Tropfen *auf* der Haut. Es geht darum, den Körper wieder der Welt einzuschreiben, der er entstammt. Es geht um ein Denken mit allen Sinnen, eine Imagination als Fühlen, nicht als Analyse.

Darum empfiehlt Young als grundlegende Annäherung an die Natur jedem Kind, einen »sitting spot«, einen Sitzpunkt auszuwählen, einen Ort in seinem kleinen Umkreis, zu dem es sich hingezogen fühlt und an dem es einfach *anwesend* ist. Das mag exotisch klingen. Aber viele Kinder, die sich irgendwo im Garten ihren Winkel bauen, die auf Bäume klettern und sich dort oben verbergen, tun instinktiv nichts anderes. Sie geben sich dort, an einem ganz eigenen Ort, ihrem einzigartigen Talent unmittelbarer Welterfahrung hin.

Der Erfahrungsraum der Natur bietet unseren ursprünglichen Gefühlen von Vereinzelung und Zugehörigkeit, von Liebe und Furcht einen Horizont, aus dem sie entstehen und wieder mit dem Ganzen eins werden können. Die Möglichkeiten der menschlichen Freiheit und Entfaltungsfähigkeit liegen nicht allein in künstlichen Welten, sondern vor allem hier. Wir haben nur diese eine Weise wahrzunehmen. Aber wir können sie immer weiter vertiefen. Darin liegt die Innovation. Young sagt: »Wir können nicht anders denken. Wir können nur mehr Verbindungen herstellen.« Im Zentrum dieser Verbindungen steht weder die egoistische Perfektion des Individuums noch die misanthropische Würdigung von »Natur«

als einer dem gierigen und schlechten Individuum entgegengesetzten Landschaft intrinsischer Vollkommenheit und Fülle. Was im Zentrum steht, ist vielmehr die gemeinsame *Existenz*. Lebendigsein.

Die belebte Welt als Terrain der Politik

Statt in PISA-Hektik und andere Panik auszubrechen, sollten wir den Zweck der Schule viel stärker darin suchen, mehr Lebendigkeit herzustellen. Sie muss *Leben vertiefen* – so wie auch eine gute elterliche Erziehung Leben vertiefen und intensivieren muss. Dazu gehört freilich wie zu jeder vernünftigen Meditationsschule auch das Setzen von Grenzen, gehört die Disziplin, denn Unvollkommenheit, Schmerz und Verlust sind ebenfalls Aspekte vertieften Lebens. Bestünde das erklärte Schulziel darin, Leben auf diese reflektierte Weise zu steigern, würde ein großer Teil der gewünschten Neuerungen vermutlich von selbst folgen.

Letztlich ist die Idee vertieften Lebens insgesamt ein gesellschaftliches Ziel. Allein aus ihm vermag von selbst eine neue gesellschaftliche Praxis folgen, die Zweckrationalität, Optimierungswahn und Kausalfixierung überwindet. Dieses Ziel würde demselben Ethos verpflichtet sein, an dem der Schriftsteller und ehemalige Präsident der Tschechischen Republik Vaclav Havel seine Idee einer »anti-politischen Politik« ausrichtet, nämlich eine »Politik nicht als die Technologie der Macht und Manipulation, der kybernetischen Herrschaft über die Menschen oder als die Kunst des Nützlichen, sondern Politik als einer der Wege, Lebenswege voller Sinn zu suchen und zu führen und diese zu schützen und ihnen zu dienen« – was hieße, die »belebte Welt als das wahre Terrain der Politik wiederzugewinnen«[140].

So gewendet, erhielte auch Schule ein verändertes Gesicht. Sie wäre erster Ausdruck einer Gesellschaft, die in der Tiefe eine Transformation sucht. Darin könnte sie ihren Sinn wiederfinden, getreu dem Verständnis des Aristoteles, der in jedem Bildungs- und Entwicklungsschritt immer nur die Entfaltung des Wesens sah, das wir bereits tiefinnerlich sind. Dieses Wesen ist eines, das lebt. Zurzeit aber lernt es weitgehend Verkehrtes über sein Leben. Im Grunde, so meint Jon Young, bestünde das Ziel guter Schulpädagogik allein darin, Familien zu heilen. Lernen fängt mit Leben an. Somit wäre die Aufgabe von Bildung und Erziehung, in den Worten des Öko-Philosophen Theodore Roszak, »unsere Seelen zu öffnen um diesen ruhmvollen, überschwänglichen, beseelten Planeten zu lieben«[141].

Spielen und lieben

> »Wildnis ist dort, wo man rückhaltlos spielen kann. In einem Wort: Das Spielerische ist die Essenz der Wildniserfahrung.«
>
> Gary Nabhan und Stephen Trimble, The Geography of Childhood

Über der Bucht, deren Wasser sich weit zurückgezogen hatte, stand ein platingrauer Himmel. Das Licht war metallisch, die Luft mild und feucht, vollgesogen mit dem süßen Jod der See. Ein ganzer Nachmittag am Meer lag vor uns. Die Zeit war zu unseren Füßen hingebreitet, so wie sich auch der Ozean vor unseren Augen verlor. Hier und da hatte die von grauen Steinen punktierte Wattfläche je nach Textur und Wassergehalt verschiedene Töne von Grau, Braun und Grün angenommen. Tags zuvor hatte ich mit meinem gerade vierjährigen Sohn im Fischgroßmarkt von Royan stundenlang die Auslagen mit schwarzen, blauen und roten feucht glänzenden Meerestieren bewundert. Wir hatten tischgroße Heilbutte betastet und versucht, einige der mit ihren Scheren fuchtelnde *Ètrilles*, grünschwarze essbare Krabben, aus dem Gewimmel der anderen Schalentiere in den meeresduftenden Hartschaumkästen zu greifen.

Ich saß auf einem getrockneten Felsblock, blinzelte ins Licht und beobachtete Max, der einen Gezeitentümpel mit Steinen und Algen zu einem Staubecken erweitert hatte. Nun sammelte er zerfallene Krebsgehäuse, um sie in diesem Schauaquarium schwimmen zu lassen. Max' Gesicht zeigte den Ausdruck höchster Konzentration, während er Tangflecken durchkämmte und kleine Felsblöcke wendete. Er hoffte, eine lebende Krabbe zu fangen, welche die Sammlung krönen würde. In seinen Bewegungen, mit denen er die Wattflächen absuchte, wirkte Max vollkommen gegenwärtig. Zugleich schien mein Sohn weit weg von der realen Welt zu sein. Er existierte in einem Kosmos allein von seinen Gnaden, aufgehoben bei sich selbst. Ich war nur noch als Hintergrund seiner Aktivität vorhanden, was ich immer dann bemerkte, wenn sein Blick mich kurz streifte und dann wieder zum Meeresboden davonglitt.

Max *spielte*. Er begann zu spielen, sobald wir den Strand betreten hatten. Während ich in die Ferne sah und so eine tatenlose, ästhetische Blickhaltung einnahm, hatte mein Sohn begonnen, etwas zu *tun*. Er begegnete hautnah dem, was ich aus der Ferne betrachtete. Seine Wahrnehmung schien aus diesem Spielen hervorzugehen. Was er nicht als Gegenstand oder als Motiv in seinem Spiel mit dem Wasser und den Krebsen verwendete, existierte nicht. Vergebens hätte ich mit ihm von Stein zu Stein wandern können, um ihm die Einzelheiten der dort verborgenen Wesen zu zeigen. Er lernte sie nur kennen, indem er sie *benutzte*.

Einmal hatte Max eine tote Eidechse gefunden. Er behielt sie ein paar Tage und behandelte sie wie ein zahmes Haustier. Eine echte Eidechse! In der Intensität, mit der sie ihn beschäftigte, war sie nicht tot, sondern lebendig. Max trug das schlaff-ledrige Reptil überall mit sich herum.

Er baute ihm ein Häuschen aus Stöcken. Er legte es zum Sonnenbad auf einen warmen Stein. Irgendwann sagte er beiläufig zu mir: »Papa, ich habe der Eidechse eine Made aus dem Mund geholt. Jetzt geht es ihr wieder besser.«

Erst das Spiel ließ die Welt für meinen Sohn wirklich werden. Zu spielen war schlicht seine Weise zu leben. Das Spiel war der Wahrnehmungskanal, durch den die Welt in ihn Eingang fand. Verhaltensforscher wissen: Bis zum Alter von etwa sieben Jahren kommunizieren Kinder auch untereinander vor allem im Spiel und *als* Spiel – weniger durch sprachliche Aussagen. Kinder sitzen sich nicht gegenüber und plaudern miteinander, sondern beginnen etwas zu tun und sich gemeinsam darin zu versenken. Individuen, die miteinander spielen, verstehen einander zwangsläufig. Gemeinsam im Spiel aufzugehen ist geradezu der Inbegriff des gelungenen gegenseitigen Erfassens. Nicht umsonst heißt der Höhepunkt solches handelnden körperlichen Verstehens *Liebesspiel*. Der amerikanische Psychologe und Spielforscher Brian Sutton-Smith meint daher: »Das Recht des Kindes auf Spielen hat denselben Rang wie die verfassungsmäßig garantierte Befugnis zu freier Rede.«[142] Für das Kind enthüllt sich die Welt im Spielen. Weil sie sich darin als Faszination zeigt, als Verzauberung und Versunkenheit des mit Haut und Haar Spielenden, ist diese Welt immer schön. Im Leuchten-Blick der Kleinen ist die Wirklichkeit ein Wunder. Es ist diese Lektion, die ich von meinen eigenen Kindern neu gelernt habe, und die ich um nichts auf der Welt wieder vergessen will.

Ich weiß nicht, wie lange wir dort am Atlantikufer geblieben sind, behütet von der gnädigen Geduld der See. Wir haben einfach weitergemacht, bis das Wasser wieder stieg. Wir haben zwischendurch eine Kleinigkeit aus der mitgebrachten Picknicktüte gegessen. Dann schauten wir halb melancholisch und halb in freudiger Erwartung zu, wie die flach anrollenden Wellen die Wände von Max' Krebsbecken überspülten und dessen Insassen, die lebenden und die toten, in die weiten Räume der See befreiten.

Ich musste die Zähne zusammenbeißen, als Max darauf bestand, eine Handvoll der schönsten Leichname als Andenken mitzunehmen. Ich nahm mir vor, sie ohne viel Aufhebens ins Gebüsch zu werfen, wenn Max sie vergessen hatte, ähnlich, wie ich mit anderen leicht verderblichen Fundstücken verfahren war. Die Fläche der See löste sich in weißlicher Unbestimmtheit auf. Ein Hauch von Rot kroch darüber und verlieh dem beginnenden Abend einen Rest Wärme. »Wie kommt es, Papa, dass die Welt so schön ist?«, fragte Max, als wir dem Strand den Rücken zugedreht hatten und wieder zum Auto gingen.

Alle Wesen, die leben, spielen auch

Warum spielen Kinder? Warum spielen auch Erwachsene, so wie alle Menschen? Kinder behandeln die Natur nicht wie kleine Wissenschaftler und auch nicht wie ästhetische Flaneure. Sie *spielen* mit ihr. Darum kann die Frage nach der zentralen Rolle des Spielens in unserer Wirklichkeit von diesem Buch nicht unbeantwortet bleiben. Sie führt uns vielmehr zur Ausgangsfrage zurück, nämlich warum Kinder die Gegenwart anderen Lebens brauchen. Spielen und Lebendigsein stehen im engsten Zusammenhang. Es ist denkbar, dass das Erlebnis der Lebendigkeit anderer Wesen etwas ganz Ähnliches ist wie die Erfahrung der eigenen Lebendigkeit im Spiel. Erst wenn wir verstehen, was dessen Intensität für ein Kind (und folglich für Menschen überhaupt) bedeutet, können wir die Konsequenzen voll ermessen, die drohen, wenn einem Kind die Intensität und Wirklichkeit des eigenen Lebens nicht mehr zur Verfügung stehen.

Viele Philosophen begreifen die Besonderheiten der menschlichen Kultur, die uns von den Tieren unterscheiden, ihrem Charakter nach als Spiel. Kunst, Singen, Bühnendrama, rituelle Zeremonien, die Wettkämpfe in Wissenschaft und Sport –, ohne den Begriff des Spiels wäre die Idee der menschlichen Kultur gar nicht denkbar. Gleichwohl: Von allen Definitionen, mit denen Menschen sich jemals vom Tierreich abheben wollten, trifft die des *animal ludens*, des »spielenden Tiers«, am wenigsten auf die Besonderheit der Art *Homo sapiens* zu. Eher müsste man das ganze Leben als *processus ludens*, als Spielvorgang, bezeichnen. Denn auch Tiere spielen. Und auch bei ihnen ist das freie Vergnügen längst nicht nur Sache ausgelassener Welpen. Ebenso balgen sich erwachsene Kreaturen im Scherz miteinander, tollen mit Gegenständen herum oder gehen, wie kämpfende Hirsche und Stichlinge, den strengen Ritualen ihrer Liebesspiele nach. Unser längst ausgewachsener Pudel stürzt sich jedes Mal, wenn ich mich mit Emma auf dem Teppich oder Bett balge, mit dem typischen Spielausdruck im Gesicht mit ins Getümmel. Aber nicht nur die uns eng verwandten Kreaturen kennen Unzweckmäßigkeit, Freude und Übermut. Auch von Mäusen und Ratten weiß man, dass sie sich Neckereien hingeben. Fische jagen einander in Scheinkämpfen durchs Wasser. Sogar Ameisen, haben Verhaltensforscher beobachtet, rangeln miteinander und geben sich Aktivitäten hin, die sich nur als spielerischer Übermut verstehen lassen.[143]

Das Spiel durchtränkt das Reich aller Kreaturen, der Tiere und der Menschen. Und überall gibt sein Auftreten den Forschern Rätsel auf. Warum ist der Spieldrang so groß, dass Kinder selbst im Konzentrationslager, an der Schwelle zu Tod und Düsternis, im Staub saßen und mit gefundenen Gegenständen in den Händen ihre Phantasiereise begannen? Warum beobachteten Forscher im Regenwald Schimpansen, die geradezu verträumt an einer Wasserpfütze hockten und die Flüssigkeit immer wieder über ihre Finger rinnen ließen wie Kleinkinder auf dem Spielplatz? Warum spielen Tiere, selbst wenn der Übermut sie verwundbar macht? Warum lassen sich etwa junge Leoparden so sehr vom Rascheln eines trockenen Astes hypnotisieren, dass sie den sicheren Umkreis der Mutter verlassen und sich ernsthaft in Gefahr bringen? Es ist diese ökonomische Fragwürdigkeit des Spiels, die Forscher immer wieder ins Grübeln bringt. Offenbar spielen Tiere, obwohl sie damit unnötig Energie verschwenden und ihre Wettkampfchancen gegenüber anderen Individuen und Arten verringern. Weshalb leisten wir uns alle einen solchen Luxus, wenn es doch in der Natur darum gehen muss, möglichst unbeschadet zu überleben, so viele Ressourcen wie möglich anzusparen und sich erfolgreich fortzupflanzen?

Die meisten Biologen und Psychologen sind heute überzeugt, dass auch die kreative Unbeschwertheit von Welpen und wilden Jungen und Mädchen einen heimlichen Zweck für das Überleben haben muss, der ihre Kosten aufwiegt. Sie meinen: Spielen ist Training von künftig notwendigen Eigenschaften. Das Vergnügen des Spielenden ist in dieser Sichtweise das Lockmittel, mit dem ein Wesen belohnt wird, wenn es das Richtige für sich tut. Das junge Raubtier übt am knisternden Zweig den Beuteschlag – und der junge *Homo sapiens* studiert an der Matschpfütze auf dem Spielplatz die grundlegenden Regeln der Hydrodynamik. Und dennoch klärt diese Antwort nicht alle Fragen. Denn warum spielen dann auch alte Tiere und alte Menschen? Warum scheinen sogar solche Spezies ein Spielverhalten zu kennen, die – wie Ameisen – ihre Fertigkeiten nicht erlernen müssen, sondern denen ihr Verhaltensrepertoire als Instinkt angeboren ist? Warum kann der Drang zu spielen auch bei Tieren den Trieb nach Nahrung zu suchen in den Hintergrund drängen?

Wer Tiere und Kinder beim Spielen beobachtet, der könnte auf den ersten Blick meinen, dass die jungen Mitglieder einer Art tatsächlich bloß das erwachsene Verhalten üben. Kleine Jungs – prähistorische Jäger und Krieger – hauen mit dem Schwert durch die Luft, kleine Mädchen füttern ihre Puppen-»Babys«. Kätzchen »jagen« Wollknäuel, Welpen schütteln wild einen Socken »am Genick«, als wäre er ihre Beute. Dieses Bild des Spiels als unbeholfene, aber lustgetränkte Zwergform der Erwachsenenpflicht führte schon im 19. Jahrhundert dazu, dass sich Philosophen, Pädagogen und Erziehungsratgeber einig waren: Spiel ist Training für den Lebensernst. Aus solcher Einsicht folgte der Schluss: Nur Spiel, das die ernste Pflicht zu fördern vermag, ist gutes Spiel.

Schon der Kulturkritiker Walter Benjamin sah in dieser Forderung, kein Spiel sei leer von Nutzen (aufgestellt von den damaligen Bildungspionieren Campe, Salzmann und Basedow), »eine der muffigsten Spekulationen der Aufklärung«.[144] Aber auch heute sind sich Kognitionsforscher, Biologen, Psychologen und Pädagogen weitgehend darüber einig, dass Spielen letztlich Trainieren heißt. Nur streiten sie sich darüber, welche Eigenschaften genau im Mittelpunkt dieser Vorbereitung stehen. Was man als den Zweck des jugendlichen Übens ansah, wechselte im Lauf der jeweiligen akademischen Moden. Nacheinander nahm man an, dem Spiel liege ein »Nachahmungstrieb« zugrunde, es sei »Entspannungsreflex«, es diene der »Befriedigung in der Wirklichkeit unerfüllbarer Wünsche« und wirke damit »persönlichkeitsstabilisierend«. Heute glauben viele Kognitionsforscher, dass im Spiel die evolutionär herausgebildeten Eigenschaften trainiert würden. Kaum einer bezweifelt allerdings, dass es sich beim Spielen selbst um ein *Mittel* handele, nicht um einen Zweck.[145] So meint auch die Säuglings-Kognitionsbiologin Alison Gopnik: »Spielen ... ist das sichtbarste Anzeichen für die paradoxerweise nützliche Nutzlosigkeit der Unreife.«[146] Der Kinderforscher Brian Sutton-Smith bringt es auf den Punkt: »Spielen«, so ist er überzeugt, stellt ein »Faksimile – ein Abbild – des Überlebenskampfes« dar.[147]

Fest steht: Spielen ist für die kindliche Entwicklung unabdingbar.[148] Ein Kind, das man am Spielen hindert, wird krank – nicht anders, als wenn man es ohne Bindungen aufzöge. Spielen ist neben den physiologischen Bedürfnissen Atmen, Trinken, Essen und Schlafen und neben der Notwendigkeit von emotionalen Partnerbezügen das dritte existentielle Lebensbedürfnis. Aber auch diese Feststellung erklärt noch nicht den eigentlichen Tiefencharakter des Spielens: die mit ihm verbundene Begeisterung.

Schon vor achtzig Jahren erkannte der niederländische Kulturwissenschaftler und Spielforscher Johan Huizinga diese Diskrepanz. Aus welchem Grund, so fragte er sich, ist für all die Mechanik der Lebensbeherrschung so viel *Freude* nötig? »Warum«, so formulierte er das zentrale, wenn auch offensichtlich vernachlässigte Rätsel aller Spiel-Verhaltensforschung, der »Ludologie«, »kräht das Baby vor Vergnügen?«[149] Etwas im Spiel scheint über alle Nützlichkeit hinaus zu gehen. Und offenbar ist es gerade das, was spielende Menschen, spielende Tiere, alle ausgelassen herumtollenden und tief in ihrem Tun absorbierten Wesen suchen: ein Gefühl vollen Lebens jenseits der Effizienz. Oder anders ausgedrückt: das Erlebnis, in Freiheit sie selbst zu sein.

Auch Biologen haben unterdessen eine Reihe Anhaltspunkte dafür gesammelt, dass Spielen *keine* Vorstufe zur erwachsenen Tätigkeit ist – im Gegenteil. »Das Verhalten des erwachsenen Tiers ist nicht durch das Spielen geübt, sondern es ist von der Spieltätigkeit übrig geblieben«, meint etwa der niederländische Zoologe und Philosoph Frederik Johannes Buytendijk.[150] Wenn Kätzchen ein Garnknäuel jagen, dann nicht, weil sie für späteren Ernst üben, sondern weil sich in ihnen ein Überschuss an Kraft Bahn bricht, der allein im Spiel seine kindliche Form findet. Was sich darin zeigt, ist eine ungerichtete, aber für jede Spezies typische Dynamik der Lebendigkeit. Die Energie, die dem Haschen des Kätzchens zugrunde liegt, zeigt sich beim erwachsenen Kater als Jagdverhalten. Aber nicht, weil dieses im Spiel geübt wurde, sondern weil ein solcher Lebensausdruck im Wesen der Katze liegt.

Ähnlich spielt es sich beim Menschen ab. Wenn Mädchen in der Pubertät aufhören, mit Puppen zu spielen, dann nicht, weil sie durch jahrelange Beschäftigung mit Barbys und Baby-Borns *gelernt* hätten, wie sich eine potentielle Mutter verhalten muss, sondern weil sich ihre Empfindung als weibliches Selbst der Spezies Mensch nun in einem neuen Verhalten Bahn bricht, nämlich dem einer jungen Frau und wirklichen künftigen Mutter. Die kleinen Jungs, die sich jeden Nachmittag mit Schwertern bekämpfen, sind aus dieser Sicht keinesfalls kommende Militaristen. Vielmehr erfahren sie auf diese Weise ihre Möglichkeiten, mit den Strukturen der Welt umzugehen und leben sie (mehr oder weniger) schöpferisch aus.

So viel steht fest: Spielen geschieht immer aus freien Stücken. Sobald Zwang darin auftaucht, wird es zumindest für einen der Mitspieler ernst. Spielen lässt sich darum nicht verordnen. Noch die leiseste Spur von pädagogischem Sinn tötet die Freiwilligkeit darin. Freiwilligkeit aber heißt Freiheit. Spielen ist frei von Zwang, weil es außerhalb der Sorgen des individuellen Lebens stattfindet. Es geschieht in einem Raum, der von der Wirklichkeit und ihren Nöten getrennt ist. Seine Gesetze entstammen der Phantasie, nicht der Physik und erschaffen aus ihrer eigenen Logik heraus eine Enklave glücklicher Autonomie – auf einem Spielfeld, im Rahmen von »Bandenregeln«, in den Schlössern der Imagination, die aus Stöckchen Helden und aus Steinen Festungen zu schaffen vermag. Im Spielen geschieht immer schöpferisches Wachstum. Dabei ist dieses Wachstum aber auf eine Sphäre des Nichtrealen beschränkt. Potentielle Welt wird durchgespielt, Hypothesen werden in Dynamik versetzt. Und gerade die Absolutheit, mit der sich hier Schöpfer sein lässt, macht froh. »Das Spiel ist der Jubel des Möglichen«, sagte der Philosoph Martin Buber.

Ein stillschweigendes Vorurteil unserer Gesellschaft besteht darin, dass diese Lust am Möglichen, zu lange genossen, den Realitätssinn des Kindes verkümmern ließe. Irgendwann beginnt doch die Arbeit! Der Ernst des Lebens, die Schule! Das ist eine selbst in der Reformpädagogik noch verbreitete Haltung. Auch sie erkennt im Spielen der kleinen Forscher ein nützliches Vorstadium, das später in das eigentliche Arbeiten überleitet. Wer sich aber unter Erwachsenen umhört, findet schnell heraus, dass nur solche Menschen in ihrem Arbeiten aufgehen, für die ihr Tun immer auch ein Spiel bleibt. Vielleicht ist die Wirklichkeit ja doch das Gegenteil von dem, für das wir sie über Jahrhunderte gehalten haben. Nicht die ernste Welt der Mühe und Beherrschung ist die eigentliche Realität, sondern sie wird dazu erst gemeinsam mit der spielerischen Phantasie der Ideen und Möglichkeiten. Nicht Vernunft und Effizienz machen den Kern der Dinge aus, sondern ebenso Unvernunft und Überschuss. »Die Tiere spielen, also sind sie bereits mehr als mechanische Dinge. Wir spielen und wissen, dass wir spielen, also sind wir mehr als bloß vernünftige Wesen, denn das Spiel ist unvernünftig«,[151] meint entsprechend der Kulturphilosoph Huizinga.

Folgen wir also dem Leuchten-Blick der Kleinsten, der ja nichts anderes ist als ein Ausdruck jener Begeisterung, zu der wir Erwachsenen nur noch in den Momenten größter Präsenz fähig sind. Schauen wir zu, wie sie im Spiel Wirklichkeit erschaffen. Spielende Kinder sind Alchemisten des Seins. Indem das Feld des Spielens den Schrecken und Zwängen der Wirklichkeit enthoben ist, gelingt es dem spielenden Kind, sich *selbst* an die Stelle der schöpferischen Kräfte der Welt zu setzen. Es ist kreativ, so wie diese schöpferisch ist. Im Spielraum, den es sich erdacht hat, leidet es für eine begrenzte Dauer nicht unter den Nöten, welche alle lebenden Subjekte heimsuchen. Diesen Raum, das Mögliche, wirklich werden zu lassen, nimmt es sich sogar im Elend und unter Todesdrohung heraus. Das Kind rettet sich – für eine gewisse Zeit –, indem es selbst spielend zur Welt wird, die sich erfährt. (Ähnliches geschieht vielleicht auf physiologischer Ebene im Schlaf.) Das Kind verliert im Spiel sein begrenztes und wirkliches Selbst. Es tauscht dieses gegen die Grundprinzipien des schöpferischen Werdens.

Unter diesem Blickpunkt *kann* Spielen gar nicht im Dienste eines Zwecks stehen. Es wird vielmehr selbst zur höchsten Wirklichkeit. Spielen ist also weder ein »Faksimile des Überlebenskampfes« noch dessen unbeholfene Vorbereitung. Wenn schon Faksimile, dann ein solches der Lebendigkeit, schöpferisches Sinnbild der kreativen Impulse, die unsere Welt entstehen lassen. Alle konkreten Gestalten und Inhalte des Spielens folgen diesen Impulsen. Spielen *spiegelt* Wirklichkeit, aber nicht indem es sie nachahmend abbildet oder lernend einübt, sondern indem es selbst die Qualitäten hervorbringt, welche Wirklichkeit kennzeichnen, nämlich Kreativität, Sinnhaftigkeit und unbändige Freude. Der Sinn von Spiel besteht darin, der Welt inne zu werden, auf die ein Lebewesen geboren wurde. Dieses Innewerden geschieht auf schöpferische Weise, indem ein Kind, während es wahrnimmt und sich selbst begreift, beständig Welt erschafft. Die Kräfte der Welt werden verstanden, indem der Verstehende sie nachschafft und sich so zu ihrem Teil macht.

Im geschützten Raum des Spiels gelingt es, das Ernste und Bedrohliche jeder individuellen Existenz außer Kraft zu setzen. Die Abgrenzung des Spielraumes bedeutet, die Sterblichkeit des Spielers zeitweilig aufzuheben. »Das ist nur ein Spiel« heißt: Ich kann daran nicht sterben, genauso wenig, wie ich an einem Traum zugrunde gehen kann. Nicht sterben zu können aber ist traditionell ein Attribut Gottes, des Schöpfers und damit *Spielers der Welt* – also der kreativen Kraft der Schöpfung selbst. Beim Spielen lacht das Kind vor Glück. Auch das Lachen, der Humor, der Scherz haben ja diese grundlegende Eigenschaft, dass sie den, der scherzt, auch noch im Angesicht des eigenen Todes zum Herren über die spielerische Kreativität des Kosmos machen. Das Lachen ist das Spiel des Geistes. Zu lachen heißt: der Wirklichkeit dessen, *was mich jetzt direkt betrifft*, die Wirklichkeit des *ganzen Lebens* entgegenzusetzen. Ich spiele mit dem Ernst der Wirklichkeit, indem ich, scherzend, mit den Wörtern und ihren Bedeutungen mein Spiel treibe.

Jedes Wortspiel ist eine Übersetzung dieser profunden Produktivkraft in das Reich der menschlichen Wahrnehmung. Das auf den gelungenen Scherz folgende Lachen ist die grundlegende Erscheinungsform der Poesie. Lachen stellt sich so als die andere Seite der Tragik dar. Es ist nicht ihr Gegenteil, und doch ist es das, was uns durch sie hindurch trägt. Lachen verbürgt das rettende Ganze, aus dessen Blickwinkel auch die Dramatik des Todes etwas ist, das man gleichsam als Welt vor sich sehen kann. Wie das Spiel, an das es sich unablösbar koppelt, erschafft Lachen einen Raum der Freiheit. Darum fürchten despotische Eltern und Gewaltherrscher den Humor so sehr: Jeder Scherz ist ein subversiver Akt, eine Affirmation der Autonomie. Der italienische Komiker Roberto Benigni sagt: »Lachen rettet uns. Die Rückseite der Dinge zu sehen, ihre surreale und unterhaltsame Kehrseite uns zumindest vorzustellen hilft uns, nicht in Stücke gerissen zu werden, nicht weggefegt zu werden wie totes Laub. Es hilft uns durchzuhalten und die Nacht zu überstehen, auch wenn sie endlos lang erscheint.« Was uns erlöst, ist zu spielen. Es versöhnt, der eigenen Haut zu entsteigen, um unsere Imagination mit der Wirklichkeit spielen zu lassen und so *selbst Wirklichkeit zu werden.*

Alle tiefere Erfahrung erfolgt durch Imagination. Sie nutzt Elemente des Gegebenen, aber sie übersetzt sie in die eigenen Möglichkeiten, in die eigene Energie. Das führt dazu, dass der Spielende Teil der Welt wird und das, womit er spielt, zugleich Teil von ihm. Der amerikanische Lyriker David Ignatow sagt: »Die Trennung zwischen Ego und Realität ist falsch, weil das Ego bereits die Prinzipien enthält, welche Realität hervorbringen, nämlich Wandel, Erneuerung, Wiederaufleben, Selbstbekräftigung in beständig hervortretenden neuen Formen ... Die Phantasie ist darum nicht irgendeine Spinnerei, sondern der Weg, um mit dem Universum in Beziehung zu treten.«[152]

Kindern ist in ihrem Spielen eine klarere Erkenntnis der Welt gegeben als Erwachsenen, die von der Höhe des Lebensernstes auf sie herabblicken. Das heißt nicht, dass Erwachsene so werden müssten wie Kinder. Aber wir sollten doch verstehen, dass unser Ernst nicht die natürliche Weiterentwicklung des Spielens ist, und dass er nicht mit pädagogischen Tricks dort verankert werden darf. Das Weltschaffende und Welterfahrende des Kinderspiels findet seine Fortsetzung vielmehr in der Poesie. Das Poetische bleibt immer Spiel. Was für ein Kind bedeutet, auf besonders intensive Weise ins Spielen zu kommen, heißt für einen Erwachsenen, die Welt aus dem Blickwinkel der produktiven Ausdruckskraft zu sehen. Beide Arten von Erfahrung erscheinen vollkommen unterschiedlich, entstammen aber derselben schöpferischen Haltung zur Wirklichkeit. Letztlich erfindet der Künstler, der sich dem Mysterium der Wirklichkeit nähert, indem er dieser Wirklichkeit eine ausgedachte, also eine gespielte Welt gegenüberstellt, diese neue Welt nicht anders als das Kind, das spielerisch Szenen imaginiert. Denn das Schöne wird nicht von der Sphäre der Rationalität bestimmt, sondern von der des Lebens.

Wir spielen nie allein

Spielen ist ein Akt der Kommunion, der Gemeinsamkeit. Wir spielen miteinander. Spielen lässt die Welt in Freude und Gemeinsamkeit hervorgehen. In dieser Freude zeigt sich ein grundlegender Charakter der Wirklichkeit, wie wir sie gemeinsam erschaffen. Der Säugling beginnt sich als Selbst zu erfassen, indem er sich in den liebevollen Augen seines Gegenübers spiegelt. Das Kleinkind erfährt die unbekannten Tiefen seiner Lebendigkeit, indem es sie als sich selbst in der Gestalt des Hundes, des Schmetterlings, des Rotkehlchens erkennt. Ein Ökosystem beginnt sich zu entfalten und neue Lebensformen auszubilden, indem Pflanzen ihre Blüten den bestäubenden Insekten anpassen und ihre Blattoberfläche dem malmenden Zahn der Wiederkäuer. Weil wir diese belebte Welt nur gemeinsam hervorbringen und zusammen in Freude erfahren, sind für das werdende, spielende, Freude suchende Kind all ihre Akteure von essentieller Bedeutung – die ihm nahen Menschen, aber auch die ihm in der Tiefe verwandten Tiere.

Spielen lässt sich somit weder als Funktion noch als Symptom auffassen. Es verkörpert Existenz genauso unmittelbar wie alle anderen Lebensvollzüge. Spielen ist Lebendigsein als Inbegriff, schöpferisches Lebendigsein, und damit *der zum Ausdruck gebrachte Gehalt von Lebendigsein.* Diese Auffassung ist genau das Gegenteil der mehrheitlichen Überzeugung von Kognitionsforschern und Pädagogen. Nicht weil das Spiel die kindliche Methode ist, Fakten zu sammeln, lernen wir am besten im Spiel, sondern darum, weil Spielen heißt, Leben zu verstehen und weil ein Teil dieser Lebendigkeit Faktenkenntnis mit sich bringt. Lernen ist ein Mittel zum Zweck des Lebens und nicht umgekehrt.

Das kosmische Werden selbst lässt sich vielleicht am besten als raffiniertes Spiel auffassen. Spiel benötigt – wie auch das Leben auf unserem Planeten – gleichermaßen Grenzen (Ordnung) als auch den Impuls, diese zu überschreiten (Chaos). »Wenn Chaos und Ordnung sich die Balance halten, finden wir hochempfindliche, flexible kosmische erogene Zonen, die mit exquisitem Spiel erfüllt sind – dynamische Spiralgalaxien, die Planeten gebären und Planeten, auf denen flüssiges Wasser die universelle Verneigung vor dem Spiel ermöglicht, das sich in Milliarden Formen verwirklicht«, meint die amerikanische Tänzerin, Psychologin und Spieltheoretikerin Gwen Gordon.[153]

Wie das Spiel ist auch ein Lebewesen ein örtlich und zeitlich begrenzter Ausnahmezustand von den Gesetzen der Materie. Ein Tier richtet sich nicht allein nach den Gesetzen biochemischer Reaktionen, sondern bestimmt in gewissen Grenzen über die Chemie, die es ausmacht. Und doch ist diese Freiheit allein seinem Körper geschuldet, dessen Bedürfnisse erfüllt werden müssen, um die lebende Autonomie zu ermöglichen. Ein Lebewesen kann aber diese Zwänge nur erfüllen, indem es sie in Freiheit realisiert. Es entscheidet selbst, als ein Individuum, und ist doch bloß ein Stück Erde. Spielen heißt aber genau das: Es bedeutet, das, was eigentlich Notwendigkeit ist, als Freiheit zu erfahren und umgekehrt aus der frei gewählten Erfindung eine Notwendigkeit zu machen. Das Prinzip des Spielens ist das Prinzip des Lebens. Das Spiel ist die Weise des Lebendigen, in Freiheit seine Notwendigkeit zu erfüllen. Und das heißt: In Fülle verwirklichtes biologisches Leben bedeutet Leben als Spiel.

Was sich im Spiel ausdrückt, ist Symbol der lebenden Dynamik, an der jeder Spielende teilhat, weil er ein Lebewesen ist. Kinder *müssen* spielen, weil sie *lebendig* sind. Sie brauchen Lebendigkeit, weil sie spielen wollen. Sie spielen, weil ihre innere Erfahrung lebender Dynamik Spielen *ist*. Im Grunde macht es daher genauso wenig Sinn, vom Nutzen des Spiels zu sprechen, wie von der Nützlichkeit der Atmung oder des Wachstums. Leben ist Atmen und Wachsen, so wie es Spielen ist. Zugleich ist Leben *Eingebundensein in die Zusammenhänge anderen Lebens* in Form von Nahrung, Bindungspartnern oder körpereigenen symbiotischen Bakterien. All diese Dimensionen zeigen uns die Kinder. Sie wollen ihre natürliche Eingebundenheit, und sie wollen diese Bindung als Spiel. Dieser Wunsch ist kein anderer als der, *leben* zu wollen. Wenn wir den Kindern diese Ansprüche verweigern, sprechen wir ihnen das Lebensrecht ab – und das ist nur wenig anders, als wenn wir sie verhungern ließen.

Der Dichter und Philosoph Friedrich Schiller hat wie wenige Denker die Weltbedeutung des Spielens verstanden. Im Grunde ist keine der vielen funktionalistischen, Zwecke und Nutzen betonenden Spieltheorien, die bis heute nach ihm kamen, auf der Höhe seiner Einsichten. Für Schiller blieb Spiel, das in der Freiheit seiner Schöpfung die Zwänge des individuellen Existierens aufhebt, der künstlerische und ethische Maßstab des Menschen. Das, womit unser aller Leben anfängt, das Lächeln des Wiegenkindes, das mit dem Blick seiner Mutter spielt, ist zugleich das Ziel von Menschlichkeit. Das Kind führt es auf seine naive und hinreißende Weise vor. Wir haben ihm zu lauschen, wir haben ihm zu folgen.

Schiller ist immer noch Avantgarde, wenn er behauptet: »Der Mensch spielt nur, wo er in voller Bedeutung des Worts Mensch ist, und *er ist nur da ganz Mensch, wo er spielt.*«[154] Für Schiller war der Gegenstand des »Spieltriebes« immer die lebende Gestalt. Auch ohne die moderne biologische Auffassung, wie sich ein Lebewesen selbst herstellt, erfasste der Dichter, dass hier das Geheimnis von Lebendigkeit geborgen liegt: Wie ein Lebewesen bringt das Spiel die Zwänge des Existierens mit der Freiheit der Schöpfung in Einklang. Das Spiel folgt einer inneren Notwendigkeit – es hat Regeln und es hat seinen eigenen, besonderen Ort. In diesem besonderen, durch Regeln geschützten Ort ist es frei. Das Ergebnis dieser Aufhebung des Notwendigen in die Freiheit ist das Schöne.

Die Schönheit, Freude, Leichtigkeit, in der das Kind intuitiv lebt, enthält somit die Balance der beiden großen widerstreitenden Kräfte des Lebens. Das Kind findet diese Lösung schlafwandlerisch leicht – freilich auch darum, weil die Erwachsenen, die seine Auffassungsgabe längst verloren haben, über es wachen. Das Kind spielt mit der Welt, indem es jede Erfahrung und Erkenntnis als Spielen erfährt. Der Maßstab dieses Spielens ist allein ästhetisch. Was die innere Ordnung der aus LEGO gebauten Stadt stört, wird aussortiert – so wie die unpassenden Proportionen einer Skulptur vom Künstler weggeschnitten werden, weil sie eine innere Ordnung verzerren. Das Kind urteilt mit der Freiheit des Schöpfers. Sein Werk muss nur sich selbst genügen. Allein »Schönheit verbindet die Gegensätze, indem sie sie aufhebt«, sagt Schiller und setzt hinzu: »Der Mensch soll mit der Schönheit *nur spielen,* und er soll *nur mit der Schönheit* spielen.«[155]

In der Schule der Liebe

Von solchen Einsichten ist unsere Gegenwart freilich weit entfernt. Entsprechend nennen wir sie, so sachlich wie möglich, das »Informationszeitalter«. Zu den Phänomenen, die dieser Zeit am tiefsten ein Rätsel bleiben, gehören ironischerweise die Kernbestände unserer Humanität: das Leben, das Spiel – und die Liebe. Im Mainstream der Wissenschaft gelten all diese Phänomene als Scheinerlebnisse, bei denen es *in Wahrheit* um Evolution und Optimierung geht. Leben versteht man als ein Computerprogramm, Spielen als die Einübung von Überlebensfähigkeiten, und die Liebe steht im Dienst der Wahl des fittesten Partners.

Wir müssen das Spiel wieder verstehen lernen, wir müssen uns der Poesie erinnern, und wir müssen auch neu erfassen, was Liebe bedeutet – nicht, wozu sie nutzt.

Erst dann werden wir erklären können, warum Kinder die Natur brauchen: *unsere* Kinder, diese schöpferischen, spielerischen Wesen, denen *unsere* Liebe gehört. All das zu begreifen – und dabei nicht die Fakten in technische Formeln zu kleiden, sondern sie zu verstehen, wie man die wärmende Sonne auf seiner Haut versteht, die Todesangst des mit rasendem Puls im Stacheldrahtzaun gefangenen Lammes –, erst das heißt, ins Leben zurückzukehren.

Die Liebe ist das stärkste Gefühl, das Menschen haben. Was sie angeht, verhält es sich wie mit den beiden anderen Begriffen, Leben und Spiel, die ich auf den vergangenen Seiten als miteinander verwandte, nicht allein auf Funktionieren reduzierbare Erscheinungsweisen der Wirklichkeit beschrieben habe. So ist das Spiel keine Ressource für irgendetwas, sondern *Spielen ist Leben in höchster Potenz*. Auch die Liebe ist ein Gefühl, das uns erfasst, wenn (biologische) Notwendigkeit und freie Entscheidung zusammenfallen. Sie ist das geglückte Leben – kein Signal dafür, sondern dieses Leben selbst.

Schiller meinte: »Sobald [jemand] aber zugleich unsere Neigung interessiert und unsere Achtung sich erworben [hat], so verschwindet sowohl der Zwang der Empfindung als der Zwang der Vernunft, und wir fangen an, ihn zu lieben, d.h., zugleich mit unserer Neigung und mit unserer Achtung zu spielen.«[156] Lieben heißt also in einem besonders starken Sinne, mit Lust das zu tun, was man ohnehin tun muss: eine partnerschaftliche Bindung eingehen, eine Familie gründen, die eigenen Kinder großziehen, eine schöpferische Arbeit vollbringen. Wenn die damit verbundenen Notwendigkeiten – nachts todmüde eine Milchflasche geben, Italienischvokabeln, die schier nicht im Hirn haften wollen, immer wieder vorsagen, trotz Abspannung und Eile den Blumenstrauß besorgen – ein *Spiel* sind, wenn sie bei aller Mühe auch Freude bleiben, dann leitet Liebe sie.

Gelungene Lebendigkeit, Spielen und Lieben sind nicht voneinander abzulösen. Zeitgenössische Kognitionspsychologen konnten in Hunderten von Experimenten mit Säuglingen und Kleinkindern von Menschen und anderen Primaten die Verkettung dieser drei Phänomene belegen. Genau genommen ist nicht einmal zu trennen, was an einer neuen Erfahrung, die als gelerntes Wissen im Körper sedimentiert, Kalkül und was Gefühl ist. Die Emotionalität spielt eine dermaßen tragende Rolle in all unseren Erfahrungen, dass der jahrhundertelange Versuch der Pädagogik, *neutrale Fakten* zu lehren, sich heute als ein hartnäckiges Arbeiten gegen unsere eigene Natur herausstellt, gegen die Leichtigkeit, mit der Kinder Erfahrungen machen.

Learning by loving

Weil ein Lebewesen keine unabhängigen, neutralen Informationen aus der Welt abliest, gibt es keine Wahrheit *vor* der Empfindung. Ein Organismus kann nichts wahrnehmen, ohne nicht zugleich ein *Gefühl* der Qualität dieser Informationen für sein Befinden zu erfahren. Kinder sind darum in der Lage zu lernen, weil Leben eine intensive Hinwendung zu allen Belangen ihrer Existenz bedeutet. Ihre Faszination durch eine reiche, in besonderem Maße dem Leben gerechte Weise, der Welt zu begegnen, lässt sich nicht von der kindlich-wachen Wahrnehmung und der dauerhaften Erinnerung an die wahrgenommenen Momente trennen. Liebe *ist* inneres Wachstum. Sie ist der schöpferische Ausgleich zwischen dem, was einem Kind nottut und seiner ganz individuellen Art, dieses Nötige zu tun. Wer erinnerte sich nicht an die ein oder zwei bewunderten Lehrer in seiner Schulzeit, bei denen alles, was sonst schwer war, auf einmal so leicht wurde, als wäre man damit geboren? Die Pädagogin und Anthropologin Mary Catherine Bateson meint: »Oft würde das, was gelehrt wird, nicht gelernt, wenn es nicht in eine Beziehung eingebettet wäre.«[157] Wir können darum auch sagen: Kinder brauchen Natur und Lebendigkeit, weil sie sie *lieben*. Dass sie diese Liebe zu allem Lebendigen und Schöpferischen empfinden, heißt, dass deren Dimensionen ihrer Wesensstruktur zutiefst gemäß sind und ihnen dadurch Wachstum über sich selbst hinaus ermöglichen.

Die Lebensschulung in archaischen Gemeinschaften funktioniert in der Tat eher durch das Teilen von Begeisterung als durch den Drill in pädagogischen Institutionen. Die Kinder lernen von der Gegenwart der Erwachsenen, indem sie im Spiel das schon sind, was ihre Eltern wurden, und was sie selbst eines Tages sein werden, wenn sie groß sind. Vielleicht ist der Formel des »Learning by doing« somit die des »Learning by loving« hinzuzufügen. Entscheidend beim Kontakt der Kleinen mit der Wildheit der Welt ist nicht, wie viel sie von ihr verstehen oder gar richtig klassifizieren. Wichtig sind nicht die Tatsachen. Entscheidend ist, dass sie ihr Selbst als fühlendes Zentrum unter Subjekten entfalten. Die unendliche Faszination und die Momente tiefer Liebe zur Wirklichkeit, die ein Kind erlebt, sind Stationen dieser Entfaltung. Nur sie können auch den Grundstein einer späteren intellektuellen Aufmerksamkeit für die Natur legen. Edward O. Wilson, der Grandseigneur der Biodiversität, meint, eine »tatkräftige Erfahrung im kritischen Alter, nicht systematische Kenntnis, ist das, was zählt, wenn ein Naturforscher sich entwickelt ... Besser ist es, lange Zeiträume nur mit Suchen und Träumen zu verbringen.«[158]

Die Tiere, die den Kindern gegenüberstehen, verkörpern diese Lektion der Liebe. Schon eine winzige Berührung des fremden Fells versetzt die körpereigenen Kanäle in Aktivität, die ihre beruhigenden Nähebotenstoffe ausschütten. Kinder, die solche Nähe suchen, wollen nichts sein als sie selbst. Es ist die Liebe, die ihnen ihre Identität gibt. Es ist die Liebe zu den Tieren, die ihnen Ankunft im Reich des Lebens gewährt. Es ist die Liebe, welche sie im Blick mit ihren Eltern tauschen, die ihnen Menschlichkeit verschafft. Die Liebe ist das unerklärliche Willkommen durch das gesuchte Gegenüber. Von einem solchen angenommen zu sein schenkt erst einen Menschen sich selbst. Der Blick des Geliebten macht den Liebenden zu dem, der er zu sein träumt. Er erlaubt ihm, bei sich selbst zu bleiben und zugleich ins Unbekannte zu wachsen.

Diese Liebe ist kein Mittel zu einem tieferen Zweck. Sie ist nicht der Weg zu mehr Erfolg im Leben, nicht das Navigationssystem zu größerer Überlebenseffizienz. Sie ist die eigentliche tiefere Wirklichkeit. Mehr Wissen, komplexeres Verständnis und eine sichere Verankerung im Leben folgen, wenn diese Wirklichkeit gefunden ist, von ganz allein. Rachel Carson, die amerikanische Umweltautorin der ersten Stunde meinte: »Wenn Tatsachen die Samenkörner sind, die später Kenntnis und Weisheit produzieren, dann sind Gefühle und Eindrücke der fruchtbare Humus, in dem diese Samen wachsen müssen. Die Jahre der frühen Kindheit sind die Zeit, diesen Boden vorzubereiten. Wenn die Gefühle erst einmal geweckt wurden – ein Sinn für die Schönheit, die Erregung des Neuen und Unbekannten, eine Empfindung von Sympathie, Mitleid, Bewunderung, oder Liebe – dann suchen wir nach Kenntnissen über das, was unsere Emotionen bewegt hat«[159] – für immer.

Lieben gewährt die Orientierung für das richtige Maß

Wenn ich von Liebe spreche, so meine ich damit nicht das alles andere auslöschende überwältigende Gefühl oder den gigantischen *Kick*. Die Liebe, welche ein Kind in der Gegenseitigkeit mit einem anderen Wesen entdeckt und die es mehr es selbst werden lässt, ist keine konsumierbare Ressource. Sie wächst in dem Maß, in dem das Kind schöpferisch tätig ist – wie unbewusst auch immer ein Kind dieses Tätigsein empfinden mag. Sie wächst durch Interaktion. Die Kommunion mit anderen Lebewesen als Freude und Heimat enthält immer eine Anleitung zum Handeln. Diese Aufforderung nimmt das Kind spielerisch, also schöpferisch wahr. Es baut sich Verstecke im Dickicht, es sammelt Pflanzenteile zum »Kochen«, es lässt Steine konzentrische Wellen durch die stille Oberfläche des Wassers schicken. Es ist auf das Andere und die anderen bezogen. Die als Liebe erfahrene Verbundenheit mit anderen Lebewesen enthält ihre eigene ökologische Moral. In ihr hat das, was der Einzelne tut, Folgen für die Gemeinschaft aller lebenden Wesen. Das Glück höchster Individualität entspringt der Identifikation mit dem Gegenüber.

In einer solchen Wechselseitigkeit steht das Leben der anderen Wesen automatisch unter Schutz – genau wie das der eigenen Eltern, deren Gegenwart für ein Kind von der Gesundheit der eigenen Existenz nicht zu trennen ist. Alles, zu dem ein Kind eine Bindung entwickelt, wird zu einem Teil der eigenen erweiterten Person und soll gedeihen. So, wie es auch niemals klar ist, ob ein Schüler nun für *sich selbst* arbeitet, oder dem bewunderten Lehrer zuliebe, findet Handeln aus einer solchen ökologischen Eingebettetheit immer zugleich für das gemeinsame Ökosystem und das eigene Selbst statt. Es ist eine solche Beziehung zur Wirklichkeit, welche die Kinder wünschen. Sie zeigen es wie Vektoren in einem Kraftfeld durch ihre Hingezogenheit zu allem, was lebt.

Liebe ist immer ein Kunstwerk aus Originalität und Teilhabe. In materieller Gestalt hat sich diese produktive Leistung seit vielen Jahrmillionen schon in der Gestalt einer Landschaft mit ihren lebenden Systemen verwirklicht, in Schichten von Individuen, deren Existenz erst in der Gemeinschaft mit anderen, durch Konkurrenz, Paarung, Kommunion möglich wird. Unsere oxytocinvermittelte Art des Liebens ist nichts anderes als das Glück, in einem Biotop zu gedeihen, in dem das, was ich für mich selbst tue, zugleich im höchsten Maß das Ganze bereichert. Liebe heißt, mich selbst hervorzubringen, indem ich den anderen hervorbringe.

Diese Art, Liebe als einen körperlichen, sinnstiftenden Bezug zu einer lebenden Umgebung zu verstehen, fordert immer eine Leistung des Liebenden. Sie ist es, die das Kind als das Glück des eigenen Wachstums empfindet. Es erschließt einen dauernden Quell von Produktivität und Kreativität. Aber es ist kein maßloses Geschenk. Die Idee der ökologischen Gemeinsamkeit, die aus dem kindlichen Bedürfnis nach Liebe hervorgeht, widerspricht daher dem, was unsere Zivilisation gemeinhin unter dem Glück versteht: bedingungsloses Aufgehen in einem anderen. Die meisten Menschen fliehen vor der Faktenroutine, vor dem freudlosen Abhaspeln der beruflichen Pflichten, vor dem unverbindlichen Wissen der Schule in die Maßlosigkeit eines Vergnügens, das sich in seinem Gegenstand verliert. Aber erst, dass die Liebe Bedingungen ersinnt und Bedingungen mit Lust zu erfüllen weiß, lässt sie zu einer produktiven Kraft werden, die sich von Gier und einsamem Größenwahn unterscheidet.

Für den humanistischen Psychologen und Philosophen Erich Fromm hatte »gelungene« Liebe immer diesen Charakter einer Selbstbildung. Sie erforderte Disziplin, Konzentration und Geduld durch alle Phasen des Lebens hindurch. Sie war zutiefst schöpferisch und damit das Gegenteil emotionalen Konsums. Wie jedes Modell gelungenen Lebens stammt die Idee zu derartig tugendhaftem Verhalten aus der Antike: *Paideia* nannten die Griechen das Ideal einer maßvollen Selbstherrschaft, die einen Mittelweg zwischen Genuss und dem despotischem Selbstregime eines Über-Ichs findet. Der französische Dichter und Philosoph Albert Camus hat diese Idee in seiner »Pensée du Midi«, des »mediterranen Denkens« zwischen Sinnlichkeit und Vernunft, wieder aufgenommen. Heimlicher Fluchtpunkt eines solchen Ausgleichs ist stets die Natur: »Im (mediterranen) Licht bleibt die Welt unsere erste und letzte Liebe«, schreibt Camus.[160]

Selbstherrschaft heißt, die Entwicklung eigener Identität nicht auf Kosten der Lebendigkeit zu betreiben. Sie findet einen Ausgleich zwischen Heiterkeit und Strenge, indem sie weder unbedingte Disziplin für die rationale Pflicht am Objekt verlangt, noch maßlosen Genuss für das persönliche Vergnügen gestattet. Selbstherrschaft heißt zu verstehen, dass Grenzen die Produktivität steigern können und nicht in manischer Fortschrittshektik gesprengt werden müssen. Selbstherrschaft heißt, das menschliche Maß zu finden, das Maß eines lebenden, denkenden, beschränkten und freien Wesens mit Bedürfnissen, die es nicht vermeiden kann. Im Gegenteil: Die Befriedigung dieser Bedürfnisse erfüllt ein solches Wesen mit Glück, welches das Glück der Welt ist, die in einem Individuum zu sich selbst kommt. Das menschliche Maß ist die Mitte zwischen Freiheit und Notwendigkeit, zwischen Souveränität und Determiniertheit. Es ist der Zustand, bei dem die Produktivität so groß geworden ist, dass ihr die dabei zunehmende Verletzlichkeit nichts mehr anhaben kann.

Selbstherrschaft, die aus liebender Gemeinsamkeit folgt, hat etwas mit Freiheit zu tun. Nur wer die Zusammenhänge der Lebendigkeit berücksichtigt, kann sich in ihnen ungehindert bewegen. Ein Lebewesen ist immer dann im freien Besitz seiner Kräfte, wenn es die Notwendigkeit der organischen Bedürfnisse all der Schichten von Zellen, Organen und Bedeutung stiftenden Systemen, die zu ihm selbst gehören, integriert. Nur wer ganz der andere zu sein vermag, vermag ganz er selbst zu sein. Diese Botschaft ist dem gängigen Verfahren, Natur – in der Wirklichkeit und im Unterricht – als äußeres Objekt zu behandeln, und auch sich selbst in ein maschinenartig beherrschbares Körperobjekt und einen vollkommen freien Geist zu spalten, entgegengesetzt.

Die Idee einer Balance, in welcher der Einzelne das Ganze durch sich sprechen und so erst eigentlich zu sich kommen lässt, hat in der europäischen Bildungsgeschichte eine lange Tradition. So bestand für Wilhelm von Humboldt das Ideal von Erziehung und Entwicklung darin, dass wir Herren über uns selbst würden. Der Weg dahin aber führte für Humboldt nicht zur einsamen Diktatur über unsere Begierden, sondern zu einer zunehmenden Verknüpfung des Ichs mit der Welt. Das heißt: Das Ich entfaltet sich, indem es sich Welt aneignet, die ihrerseits durch diesen Erkenntnis- und Erfahrungsprozess in klarerem Licht daliegt und sich in der Erfahrung intensiviert. Entsprechend zeigte sich für Humboldt das Ziel der Wissenschaft darin, Natur nicht als totes Objekt zu erforschen, sondern sie stets in der Form zu berücksichtigen, wie sie sich im Inneren des Menschen »abspiegelt«.[161] Gelungene Bildung ist Wachstum und damit immer Integration von innen und außen. Auch Liebe gewährt diese Integration. Und sich in einem Ökosystem zurechtzufinden bedeutet ebenfalls Integration. All das sind die Wege, auf denen Identität durch eine gegenseitige Schöpfung entsteht. Die Kinder, denen die fremde Kreatur am Herzen liegt, weisen uns den Weg zu dieser dauernden Einfaltung von innen und außen, von Ich und Welt. Sie ist nichts anderes als das Einmaleins jeder echten Leidenschaft.

Spricht man mit Kindern, so wird deutlich, dass sie die Leidenschaft, die ich hier beschreibe, klar erleben. Freilich befragen wir sie kaum über ihre Gefühle zur Natur und ihre Erfahrung, auf der Welt zu sein. Wer doch dieses Gespräch wagt, stellt fest: Dem Leuchten-Bewusstsein der Kindheit entsprechen tiefe Erfahrungen, wie sehr sich ihr Ich in der Zusammengehörigkeit mit dem umgebenden Lebensnetz verwirklicht. Kinder sind Profis im Erfahren von Transzendenz. Immer wieder erleben sie blitzlichtartig, was in Humboldts Bildungsideal für einen langen Lebensgang erträumt wird: die rauschhafte Verbindung des Ichs mit der Welt. Für den amerikanischen Pädagogik-Vordenker David Sobel sollte moderne Bildung darum gerade an diesen Momenten ansetzen, nicht am Faktenwissen, das sie erschwert. In Sobels Augen ist »eine transzendente Erfahrung in der Natur mehr wert als tausend wissenschaftliche Tatsachen«[162].

Auch ich habe in meiner Kindheit mit niemandem über solche Momente gesprochen. Es gab keinen Rahmen, sich darüber auszutauschen, keine Worte dafür in der Familie – und erst recht nicht in der Schule. Ich fühlte auch keine Notwendigkeit dafür: Im Erleben dieser Augenblicke war ich erwachsen, war ich geradezu so alt wie die Welt. Die Momente habe ich bis heute nicht vergessen. Ich erinnere mich, wie ich an einem gewöhnlichen Samstag zur Schule ging. Ich marschierte außen an den hohen Fenstern des Werkraums vorbei, als mich eine intensive Glücksempfindung mit hellem Klingen erfüllte. Ich ging damals vielleicht in die zweite Klasse, war also etwa acht Jahre alt. Ich hatte eine solche Empfindung wie in diesem

Augenblick bewusst noch nie erlebt, und doch war sie etwas Altbekanntes. Ich war einfach glücklich, da zu sein. Ich blickte durch die Fenster auf die Holzbänke und die ordentlich aufgeräumten Werkzeuge. Ich war mir bewusst, dass ich *da* war, ein lebender, in jeder Faser vibrierender Teil der Wirklichkeit, die ich vorher einfach so hatte geschehen lassen. Ich war mit einem Schlag hingerissen, weise und erfahren zugleich. Ich *fühlte* mehr, und ich *wusste* mehr.

Wer kann sich noch daran erinnern, ob er als kleines Kind in seinem Leuchten-Bewusstsein nicht beständig in einem solchen Glück lebte und es nur vergessen hat? Gemeinhin sind die klugen Erwachsenen sicher, dass es all das nicht gibt, worüber man nicht redet. Entsprechend nahmen sie lange an, weder kleine Kinder noch Tiere seien glücksfähig. Vielleicht ist es aber gerade umgekehrt? Vielleicht ist in einer Erfahrung ohne Sprache und ohne die sprachlichen Konventionen für bestimmte Gefühle das Dasein viel näher und uns Erwachsenen ist es nur entfallen? Vielleicht ist auch das Reich der Tiere, mit denen wir niemals ein Wort wechseln, in Wahrheit ein beständiges Abenteuer staunender Erfahrung? Vielleicht leben die Tiere, wie es der Begründer der »zoologischen Theologie«, Rainer Hagencord, für möglich hält, in einer geradezu meditativen Fülle? Der Schriftsteller und Naturdenker Joseph Wood Krutch glaubte, dass für Vögel und andere Kreaturen Freude wichtiger und leichter zugänglich sei als für uns.[163] Und Georges Bataille fragte: »Was sind Kinder, wenn nicht Tiere, die menschlich werden?«[164]

Viele Erwachsene, die sich erinnern, berichten von transzendenten Erlebnissen in ihrer Kindheit. So etwa eine junge Engländerin, für die sich die Welt verwandelte, während sie im Alter von fünf Jahren über die Wiesen nach Hause ging: »Plötzlich sah ich den Nebel als ein schimmerndes Gewebe. Die verstreuten Hasenglöckchen leuchteten in hellem Feuer. Irgendwie verstand ich, dass dieses das lebende Gewebe des Lebens selbst war, in dem das, was wir Bewusstsein nennen, eingebettet ist und da und dort als leuchtender Brennpunkt von Energie auftaucht. In diesem Moment wusste ich, dass ich meinen eigenen besonderen Platz darin hatte, so wie er allen anderen Dingen gegeben war, den belebten und den sogenannten unbelebten. Sie erschienen mir als Teil dieses universellen Gewebes, das zugleich zerbrechlich und ungeheuer fest ist. Mir erschien es zutiefst gut und wohlwollend, ein Reservoir von Kraft, das sich aus einer unsichtbaren Quelle speist, aus der auch in düsteren Zeiten plötzlich reinste Freude aufperlt. Ich wusste, dass es irgendwo in meinem Leben ein tiefes Zentrum gibt, das nicht angetastet werden kann, was auch immer mich quält.«[165]

David Sobel meint, dass solche Phasen der mystischen Erkenntnis besonders die mittlere Kindheit, das Alter zwischen fünf und zwölf Jahren, prägen. Sobel schildert den Fall einer jungen Deutschen, die sich daran erinnert, dass während jenes Alters die Bäume zu ihr sprachen. Aber die Eltern, denen diese Gabe unheimlich war, setzten ihre Tochter so lange unter Druck, bis sie ihre Fähigkeit für immer verlor. Der Romantiker William Wordsworth war der Meinung, dass sich diese besondere kindliche Erfahrungsfähigkeit in der Produktivität des Dichters fortsetze. Ein Poet, glaubte der Romantiker, unterscheide sich von anderen Menschen darin, dass er seine leidenschaftliche Reaktion auf das sichtbare Universum niemals verlernt habe.[166]

Die Literaturwissenschaftlerin und Kognitionsforscherin Edith Cobb meint: »In den schöpferischen Wahrnehmungen von Dichter und Kind sind wir der Biologie des Denkens nahe. Hier sehen wir die Spuren einer Ökologie der Vorstellungskraft.«[167] Die kindliche Weltvorstellung folgt danach von selbst einer »schöpferischen Ökologie«. Jede funkelnde Erfahrung ist zugleich ein Akt der Kreativität. Und jedes Sprechen darüber ist ein Stück neu gewonnene Wirklichkeit. Wie jeder Dichter muss auch das Kind seinen Wortschatz überstrapazieren. Der Dichter erschafft Worte und Wendungen für seine inneren Erfahrungen, die noch nie in Sprache ausgedrückt wurden. Der Säugling hat bis auf ein paar Worte überhaupt keine Sprache. Er muss darum seine eigene Poesie des Faktischen erfinden und in ihrem Lichte die Welt erblicken (denken wir an das »ei« meins Sohns für Zärtlichkeit, Besen, den Hund des Nachbarn und seine eigenen weichen Haare). Beide vermögen mit Worten zu sehen. Sowohl für die kindliche wie für die dichterische Erfahrung ist die Welt stets neu und unerhört. Die kindliche Erfahrung ist schöpferisch, weil das Kind die lebende Welt, die es als Lebewesen erkennt, aber nicht auszusprechen weiß, zum ersten Mal betritt. Seine Reaktion auf diese unbändige Neuheit ist die spielerische Freude. Schließen wir uns den Kindern an, so führen sie uns zur Poesie des Seins.

In der Kindheit der Welt

Die große Berliner Paul-Klee-Ausstellung im Frühjahr 2009 habe ich mit meinen Kindern gleich zweimal besucht. Sie kamen gerne mit. Sie waren froh, nicht vor realistisch gemalten Ölschinken mit Szenen aus versunkenen Welten ausharren zu müssen. Die Kunst, die sie sahen, konnten sie unmittelbar als Spiel verstehen. Emma, die damals sechs Jahre alt war, stand besonders lange vor dem »Lamm«. Die kleine Ölzeichnung hing ziemlich unspektakulär an einer viereckigen Stützsäule im Untergeschoss der Neuen Nationalgalerie. Das Bild zeigt das Tier im Umriss, halb aufgelöst in die kubischen Elemente eines aus Pastelltönen zusammengesetzten Hintergrunds. Die Schnauze des Lamms ist rund und weich, das Ohr biegsam, der Körper sanft gewölbt. Auf dem Kopf prangt ein rotes Kreuz, aus dem Auge tropft eine blutrote Träne.

Emma hat die Anspielungen auf das Osterlamm nicht verstanden. Sie hat gar nichts verstanden, sondern nur gesehen. Und mit diesem Blick hat sie das Lamm, dieses kleine knautschige schön gefärbte verletzliche Wesen mit Stolz und Wehmut, vom ersten Augenblick an in ihr Herz geschlossen. Zu Hause hat sie es wieder und wieder gezeichnet. Sie hat es aus dem pädagogisch wertvollen Klee-Malbuch ausgeschnitten, das man im Museum erwerben konnte.

Spätestens seit Emma die Bilder Paul Klees (unter denen auch seine eigenen Kinderzeichnungen waren) im Museum gesehen hat, weiß sie, dass auch ihre Malereien eine Form von Kunst sind – gerade dann, wenn es ihr nicht gelingt, »Realität« abzubilden. Emma hat jeglichen

Respekt vor der wirklichkeitsgetreuen Abbildung verloren. Sie zeichnet, wie sie Lust hat. Obwohl ich mit ihr all diese Dinge nicht besprechen konnte, hat Emma intuitiv erfasst, was Klee selbst über seine Arbeit sagt: »Kunst verhält sich zur Schöpfung gleichnisartig. Sie ist jeweils ein Beispiel, ähnlich wie das Irdische ein kosmisches Beispiel ist.«[168] Emma hat es begriffen, weil sie *Kind* ist. Denn die Phantasiewelt des spielenden Kindes hat ebenso teil an dieser Schöpfung wie die verflochtene Welt der biologischen Systeme und die Welt der künstlerischen Ideen.

Abends, als Emma wieder einmal vor ihren Klee-Zeichnungen saß, sprachen wir über das Lamm. Wieso enthielt dieses Tier, das so unzoologisch dargestellt war, so viel von der Anziehung eines kleinen wolligen Schafskindes? Vielleicht, weil das Bild gerade *kein* Lamm darstellte, sondern etwas ganz anderes, etwas viel Komplexeres und etwas viel Einfacheres zugleich? Ich versuchte, ein Gesicht zu machen, in dem möglichst viel »Lammheit« zum Ausdruck kommen sollte, schob die Lippen vor, schaute sanft und ein wenig traurig und opferhaft. Emma musste lachen und verzog ihre Nase, um möglichst lammähnlich zurück zu schauen. Wir einigten uns darauf, dass es am treffendsten wäre, ein Lamm nicht mit Farben zu malen, sondern als warmen Grießbrei. Mit Bataille, den der Tiger im Raum an das erinnert, was der Geschlechtsakt als Dynamik darstellt, könnte man sagen: Ein Lamm ist auf der Wiese das, was warmer Grießbrei im Mund ist.

Auch das kindliche Spielen bildet Entsprechungen nicht zwischen äußeren Gestalten, sondern zwischen den inneren Bezügen der Welt. Mit unserem Körper wissen wir: Das Weiche, Warme, Hilflose lässt sich in ganz verschiedenen Sinneskanälen herstellen. Es ist eine Federflocke im Sturm, ein nassgeschwitzter Kinderkopf in der Nacht, ein schüchternes Lachen. Indem Kinder spielen, sind sie von einer gefühlten Wirklichkeit fasziniert, nicht von deren physischer Beschaffenheit. Sie beharren darauf, dass wir immer noch am Anfang sind: in der »Kindheit der Welt«, wie der französische Soziologe Bruno Latour meinte.

Das Spiel ist die weitreichendste Manifestation des beständigen Schöpfungscharakters unserer Wirklichkeit. Das Kind macht sich – unwissend und lustvoll – zum Werkzeug dieser *creatio continua*: Erst, indem es in ihrem Dienst steht, gehört es wirklich zur Welt, und erst so wird es wirklich Mensch. Das Spiel ist damit die Weise, wie Wildnis sich in uns Bahn bricht.

Wenn ein Kind Lamm spielt, dann so, dass es sich selbst spürt wie ein Lamm. Paul Klee *malt*, wie sich ein Lamm von innen anfühlt. Nicht wie wir uns als Lamm empfinden würden, sondern wie Lammsein – und als Lamm »für die Welt geschlachtet sein« – von der Seite einer fühlenden Subjektivität her erfahrbar wäre. Wir können das Bild verstehen, denn als fühlende Wesen sind wir auch immer Lamm, sind Opfer und zugleich sein Schlachter und dazu das Kind, das die wollige Weichheit des Fells geborgen empfindet.

Klees Zeitgenosse Franz Marc versuchte etwas ganz Ähnliches in seinen Tierbildern. In ihnen erweckte er etwa Rehe und Pferde in dramatisch gereckter Gestik zu einem Leben, das außerhalb jeder gewöhnlichen Existenz liegt. Das Bild vom Reh solle selbst so weit wie möglich Reh sein, sagte Marc, es solle nicht darstellen, sondern »rehen«. Das Gemälde sollte eine Identität hervorbringen, die sich nur in sinnlicher Gegenwart ausdrücken lässt, in der gewöhnlichen Sprache jedoch nicht mehr. Man könnte auch sagen: nur im Spiel. Wie die kreative Kraft tief durchlebten Kinderspiels ist diese Form der Poesie die Vergegenwärtigung eines Kosmos, der nach den Prinzipien der Lebendigkeit aufgebaut ist. Das Poetische ist die Realisierung des Ganzen in einem beliebig kleinen Fragment. In aller Bescheidenheit erschafft das kleine Kind das All, wenn es mit ein paar Knüppeln, Blättern, Blütenständen, Samen und Steinen ein Feenschloss erbaut, eine Familienküche, den Artillerieleitstand eines Sternenzerstörers. Spielend ist das Kind selbst dieses Ganze. Handelnd wird es seiner inne als ein Zentrum des Universums. Welten erschaffend vollzieht das Kind nach, dass jedes Wesen immer zugleich Geschöpf und Schöpfer ist, Partikel und Totale, Potential und Realität. Die Transzendenz, von der Kinder so viel berichten können, wenn man sie danach fragt, liegt darum nicht draußen, sondern hier bei uns, in jedem lebendigen Augenblick. Kinder führen vor, dass es bloß darauf ankommt, sie zu sehen. »Das Heilige ist nicht eine transzendente Ordnung der Wirklichkeit, sondern eine besondere Art, jedes Ding anzuschauen, selbst das allergewöhnlichste«,[169] meint der Pariser Philosoph Fabrice Midal. Unsere Kinder führen den Beweis in jedem ihrer Augenblicke.

Wenn ein Kind spielt, dabei die Welt umdichtet und sie darin als sein spielerisches Gegenüber erfasst, so ist diese Erfahrung schwer in die Sprache einer rationalen Pädagogik übersetzbar. Das Erlebnis lässt sich nur nachvollziehen, kaum aber erklären. Es wird nur dem einleuchten, der selbst erfahren hat, dass in der Welt etwas von ihrem unmittelbaren Charakter zum Ausdruck kommt, und dass wir diesen Ausdruck als Glieder in einem lebenden Gewebe verstehen können, indem wir ihn aufgreifen und zu unserem eigenen Handeln machen. Ein Netz ist ein Faden, der mit sich selbst verknüpft ist. Vielleicht muss man, um zu begreifen, immer Teil dessen sein, was man ergründen will. Wer die Liebe verstehen will, hat zu lieben, sonst bleibt er ahnungslos. Wer das Leben erfassen will, muss lebendig sein. Das spielende Kind aber ist den Dynamiken dieses schöpferischen Werdens so nah, wie es ihrer rationalen Erklärung fernsteht.

Die Erfahrungsweise, in der sich die Eigenschaften der Welt jenseits unserer Sprache zeigen, hat man das »analogische Denken« genannt. Es ließe sich auch als symbolisches, künstlerisches, poetisches Denken bezeichnen. Das Entscheidende daran ist, dass es ohne Begriffe mit festgelegter Bedeutung auskommt, ja, dass es durch diese zerstört wird. Es ist somit das Gegenteil der perfekten und von allen Werturteilen gereinigten Maschinensprache, die Logiker während des vergangenen Jahrhunderts entwickeln wollten, und an der sie kläglich gescheitert sind. Das analogische Denken ist die Erfahrungsweise des Spiels, der Träume und der Märchen, und es ist vielfach die Sprache der Kunst.

In der analogen Sprache ist der ganze Körper, nicht nur Auge und Ohr, das Wahrnehmungsorgan. Und auch der Ausdruck findet mit dem ganzen Körper statt. Seine Gesten, seine Regungen *zeigen*, was derjenige empfindet, von dem sie ausgehen. Die symbolische Sprache ist die Sprache der Lebendigkeit. Weil alle Wesen ihre Erfahrungen durch ihren Leib machen, lassen sich Eindrücke und Erkenntnisse, die in dieser Sprache verfasst sind, allen mitteilen. Eine scharf erhobene Stimme verstehen auch die Tiere. Ein Streicheln am verletzlichsten Körperteil, dem Hals, ist die universelle Währung der Nähe. Sie löst über Artgrenzen hinweg die Ausschüttung desselben emotionalen Botenstoffes aus.

»Die symbolische Sprache«, so meint der humanistische Psychologe Erich Fromm, »ist eine Sprache, in der innere Erfahrungen, Gefühle und Gedanken ausgedrückt werden, als ob es sich um sinnliche Wahrnehmungen, um Ereignisse der Außenwelt handelte.« Entsprechend hat diese Sprache »eine Logik, in der nicht Zeit und Raum die dominierenden Kategorien sind, sondern Intensität und Assoziation«[170]. Gerade hier aber erweist sich diese Sprache als ein Spiel, das darauf zielt, »die Zeit in der Zeit aufzuheben, Werden mit absolutem Sein, Veränderung mit Identität zu vereinbaren«[171]. Wer spielt, wer in aller Versunkenheit des Kindes spielt und zugleich mit weit offenen Augen staunt, befindet sich auf der *Innenseite der Welt*. Die Sprache der Gefühle ist gewiss nicht die einzig mögliche. Sie ist auch nicht die einzig wahrhafte: Logik und Mathematik ermöglichen es, die Welt zu berechnen und zu verändern. Aber das analoge Idiom ist eine Sprache, deren Botschaften sich nicht fälschen lassen, weil sie nicht in der engen Schreibstube eines Bewusstseins durch Regeln, Normen und unterschwellige Zwänge gefiltert wurden.

Während der bewusste Geist eines Kindes sich immer höher entwickelt, hat seine Aufnahmefähigkeit für die inneren Zusammenhänge der Welt immer weniger zu tun. Das Kind lernt Begriffe und gesellschaftliche Regeln, aber es weitet nicht seine Erfahrung als Lebewesen aus. Es ist immer weniger in der Lage, die universelle analogische Sprache der Lebendigkeit zu sprechen. Der Sinn aber, den ein Kind in seinem Leben zu suchen beginnt, ist in den Zeichen des symbolischen Idioms niedergelegt, weil dieses die Sprache des Lebens und des Todes, des Blühens und Verfallens, der Kräfte und Schwächen ist. Das Kind teilt seine Kenntnis dieser Mundart mit allen anderen Wesen, die keiner Worte mächtig sind. Es hat daher ihre Gegenwart *im Spiel* nötig, damit es ihre Botschaften verstehen kann. Das analogische Verstehen ermöglicht *Selbstverständnis* und zugleich mit ihm das Erfassen der Welt. Wem diese Form der Kommunikation als Kind nicht ausreichend gestattet wurde, ist blind für seine eigenen Ziele.

Das Kind, das mit seinen staunenden Leuchten-Augen auf die Welt sieht, hat ein zentrales Anliegen: Es versucht, zu sich selbst zu kommen. Dabei stellt ein Kind, nicht anders als ein Philosoph, die ersten und die letzten Fragen: Wer bin ich? Woher komme ich? Wozu bin ich hier? Warum ist überhaupt etwas und nicht vielmehr nichts? Für den Psychologen und Märchentheoretiker Bruno Bettelheim bestand die wichtigste Aufgabe von Bildung und Erziehung gerade darin: dem Kind zu helfen, einen Sinn im Leben zu finden. Anders als die Mainstream-Psychologie, die vielfach noch dem von Freud ausgesprochenen Generalmisstrauen gegenüber der Idee eines »Lebenssinnes« gehorcht, liegt für Bettelheim die Möglichkeit, einen solchen Sinn zu erfahren, im analogischen Denken begründet. Besonders prägnant zeigt sich das für Bettelheim im urtümlichen Kunstwerk des Märchens, das mit Bildern arbeitet, mit Konstellationen von Figuren, die nicht wörtlich zu nehmen sind, sondern psychische Kräfte darstellen: Rohformen des Lebens, in denen seelische Phänomene Symbolgestalt angenommen haben. Anders als ein aufgeklärtes Gespräch, das mit einem Kind ja gar nicht möglich ist, ermöglicht ihre Erfahrung eine »Erkenntnis des Lebens von innen her«.

Auf der Innenseite der Wirklichkeit

Das analoge Denken des Märchens ähnelt den Bezügen in einem Ökosystem. Wie diese liegen die wichtigsten Verbindungen nicht an der Oberfläche. Wie die Pilzmycelien im Boden, die den Sträuchern und Bäumen überhaupt erst ihre fruchtbare Verwurzelung in der Erde ermöglichen, und aus denen dann an unerwarteter Stelle Fruchtkörper emporblühen, lässt sich die ganze innere Dramatik nicht überblicken, sondern nur aus dem eigenen Leben nachvollziehen. Was ein Märchen dem Kind am tiefsten vermittelt, ist der Glaube an die eigene Stärke, nach einer Vielzahl von Krisen wieder aufzuerstehen, wenn es nur auf sich selbst zu lauschen vermag. Die umgebende Natur verrät etwas ganz Ähnliches. Aus ihren Gestalten spricht die Zuversicht, dass letztlich alles gut ist. Aus der Natur ertönt die tröstende Stimme des analogen Bewusstseins, jene, dass alles sich zum Wohle wende, weil die Psyche eine Pflanze ist. »Haben wir eine zuverlässigere Quelle der Wiederaufrichtung als unseren Körper?«, fragt Bettelheim.[172]

Wer der analogischen Stimme in sich selbst zu lauschen vermag, trifft Entscheidungen *für sein Selbst,* und nicht für die sprachliche oder soziale Fiktion seines Ichs. Zu diesem Selbst gehört sowohl die gesunde physiologische Balance des Körpers als auch, über das rationale Lösen einer Aufgabe befriedigt zu sein. Die »somatischen Marker«, die der Neurologe Antonio Damasio Mitte der 1990er Jahre entdeckte, die Bauchgefühle und Körperzustände, sprechen diese Sprache des ganzen Selbsts. Der Traum übersetzt sie in Bilder. Das Kunstwerk verwebt sie zu spielerischen Szenerien. Die anderen Tiere und Pflanzen leben sie vor, vertiefen sie, lösen sie auf. All diese Instanzen weisen auf eine sprachlose Weise den Weg, der zu einer möglichen Balance von individueller Freiheit und Autonomie führt, zum Erlebnis der ganzen, auch der unbewussten eigenen Kräfte im Rahmen einer belebten Welt.

Weil in der Natur alle Beziehungen von existentieller Notwendigkeit offen zutage liegen, weil Natur so etwas ist wie verkörpertes Fühlen und damit die äußere Expression psychischer Dimensionen, ist ein Kind, das mit ihrer Lebendigkeit spielt, immer schon auf der Innenseite der Wirklichkeit. Es tritt wieder in jenen Raum ein, den es aus sich selbst als tiefste Identität kennt und als der sich – spielerisch – der lebende Zusammenhang des Kosmos erweist. Was einem Kind nottut, ist darum nicht allein Natur. Es ist schlicht Lebendigkeit. Natur – wie das Spiel, wie die Liebe – ist einer ihrer Wege, sich zu verwirklichen. Was jedem Kind fehlt, dem wie unseren übersatten

Sprösslingen in den Kunststoff-Festungen des Westens oder wie den unterernährten Kleinen in den Plastiktüten-Baracken der Schwellenländer die Natur abgeht, ist lebendige *Existenz*. Weil das Kind selbst Lebendes ist, das am schöpferischen Sein teilhat, lässt sich auch sagen: Was unseren Kindern fehlt, ist Wirklichkeit.

Hier schließt sich der Kreis dieses Buches. Die schöpferische Wirklichkeit, die das Kind erfleht, wenn es im Park sehnsuchtsvoll zum Hund gegenüber starrt, wenn es sich wider alle Verbote mit seinen besten Kleidern in den Matsch wirft, ist gerade das, was unsere Zivilisation auf der Suche nach dem universellen Code zur Beherrschbarkeit der Welt als Illusion abtun zu können glaubt. Wir zerreißen einen Schöpfungszusammenhang, wenn wir die Kinder von der lebenden Innenseite der Welt isolieren. Wir sollten uns daher bei jeder erzieherischen und bildungspolitischen Entscheidung viel schärfer als bisher fragen: Macht diese Änderung das Leben zu *mehr Leben*?

Die Präzision der Poesie

Die Natur, welcher die Kinder bedürfen, ist somit nicht eine Ressource unter anderen. Sie gewährt vielmehr die Öffnung zur Freiheit und zur Menschlichkeit. Damit ist die Gegenwart von Natur die Voraussetzung aller Ressourcen. Sie eröffnet tiefe Humanität – nicht anders als das eine intensive kulturelle Bildung vermag. Welcher Lesende vermöchte nicht von sich zu sagen, dass er durch Bücher und Geschichten zu neuen Möglichkeiten des Fühlens erwacht sei? Viele Potentiale bleiben so lange verborgen, bis sie sich anhand eines symbolischen Zusammenhanges in exemplarischer Weise durchleben lassen. Die Natur gewährt die Freiheit, sich selbst als das zu entfalten, was man bereits ist, aber nicht kennt. Sie gewährt es auf der Ebene des Körperlichen, auf der Ebene der Existenz als Lebewesen. Dabei hebt sie das Lust- und das Realitätsprinzip ineinander auf.

Kinder benötigen Natur als die Pforte zur Innenseite der Welt. Sie ist das Tor, das sie mit ihrer eigenen Herkunft verbindet, und das zugleich alle Entfaltungsmöglichkeiten ihrer eigenen unbekannten Lebendigkeit bereithält. Kinder erfahren an anderen Wesen und am lebenden Netz der Natur zentrale Kategorien von Lebendigkeit. Sie erfassen sie von der »Innenseite« der Lebendigkeit. Sie erfahren, was es heißt, und was es für sie heißen könnte, lebendig zu sein. Aber ihnen werden diese Kategorien nicht durch abstrakte Beobachtung zuteil (und schon gar nicht durch steriles Pauken), sondern indem sie ihnen zugehören. Kinder erfahren sie auf die gleiche Weise, wie sie erfahren, was es heißt, geliebt zu werden und zu lieben, nämlich indem sie daran teilnehmen. Liebe lernen sie dadurch, dass sie schlicht Kinder ihrer Eltern sind, dadurch, dass sie diese Liebe vollziehen. Lebendigkeit lernen sie, indem sie sich gemeinsam mit der Welt des Lebendigen hervorbringen.

Diese Grundeinsicht ist unserer auf Berechenbarkeit und Effizienz erpichten Zivilisation verlorengegangen. Allein diese Einsicht aber könnte uns aus dem selbst verordneten Exil abseits der sich jeden Morgen neu in Schönheit herstellenden Welt erlösen. Das Kind in seiner Nähe zur schöpferischen Grundmatrix beharrt auf dieser Botschaft, auch wenn es sie nicht formulieren kann. Es besteht darauf, obwohl wir als seine Eltern, Lehrer und Ausbilder sie ihm wohlmeinend auszureden versuchen, *weil sie nicht in unsere rationale Welt passt.*

Wir sollten die Gewichtungen korrigieren, die wir unseren Erfahrungen geben. Erst dann können wir unsere Bildungsangebote neu ausrichten, die bisher auf einem falschen Bild der Wirklichkeit beruhen. Wollen wir unseren Kindern die Sicherheit zurückgeben, die sie verloren haben, müssen wir zunächst ihrer eigenen, traumhaften Sicherheit folgen. Sie ist nichts als die Gewissheit des Humanen. Wir sollten ihrem Lachen folgen, dem Strahlen ihres in die Welt offenen Bewusstseins, das uns wie ein Leuchtturm den Weg weist, ihrer meditativen Versunkenheit, in die sie jeder Funken von Neuheit versetzen kann, wie klein er auch sei. Im Angesicht der kindlichen Fähigkeit zur Weltfreude, die so entscheidend ist und heute so bedroht, dürfen wir unsere erwachsenen Gewissheiten getrost von einer Grundeinsicht erschüttern lassen: *Alles, was sich nicht als poetische Erfahrung ausdrücken lässt, bleibt spekulativ.*

Schneisen durch den Großstadtdschungel

»Mit Ihrem Kind die Natur zu erkunden bedeutet hauptsächlich, für alles in der Umgebung empfänglich zu sein. Es heißt, seine Augen wieder gebrauchen lernen ... Der Nachthimmel lässt sich mit einem Kind teilen, auch wenn Sie keinen einzigen Stern kennen.«

Rachel Carson, The Sense of Wonder

Ohne die lebendige Erfahrung der Natur müssen alle Ökoappelle Lippenbekenntnisse bleiben. Wie sollen Kinder sich je für eine nachhaltige Lebensweise entscheiden können, wenn sie die Wirklichkeit von Nachhaltigkeit gar nicht mehr kennen – und unwiderruflich nicht mehr spüren? Kinder verkümmern, wenn man ihnen die Natur nimmt. So verarmt auch die Gesellschaft. Um dieser existentiellen Bildungsvergessenheit entgegenzutreten, gilt es, konkrete Wege zu zeigen, wie wir die elementaren Erfahrungen von Lebendigkeit in unserer zweckrationalen Welt wieder ermöglichen können. Wie können wir den Kindern die Natur als Erfahrungsraum zurückgeben – und zwar nicht allein in der exklusiven und esoterischen Umgebung eines Ökodorfes, sondern an allen Orten und in allen Bereichen der Gesellschaft?

In den Kindern – und in einem für sie gesünderen und lebensfreundlicheren Verhältnis zur Wirklichkeit – liegt die größte Hoffnung für eine zukünftige Gesellschaft, die anderes Leben stärker schont als die heutige und deren Platz in der Biosphäre weniger bedroht ist. Kinder, denen die elementaren Erfahrungen mit anderem Leben nicht fehlen, weil sie Teil ihres kognitiven Wachstums wurden, werden diese Erde besser wertschätzen als die Generation ihrer Eltern, die im Glauben an die allein menschengemachte Erfüllung ihrer Bedürfnisse groß geworden sind. Natur heißt für die werdende Seele des Kindes die Erfahrung von Wirklichkeit. In ihr hält sich spielerisch eine Balance von Risiko und Autonomie. Heutige Freizeit dagegen ist für Kinder weitgehend risikofrei – sie garantiert Erlebnisse im Vollkasko-Modus. Gerade so aber verdeckt sie einen Teil der Wirklichkeit des Lebens. Wir schreiben nicht nur das Zeitalter der Ausrottung von Arten, sondern – mit ihnen – von Erfahrung.

Die gute Nachricht ist: Was den Kindern in den letzten 25 Jahren verlorenging, ist nicht unwiederbringlich. So unabschätzbar der Verlust wirklicher tiefer Natur auch sei, die Kleinen brauchen zur seelischen Entfaltung keine intakten Großschutzgebiete, sondern ein bisschen Freiheit hinter der nächsten Ecke. Es hat daher viel mit unserer Mentalität zu tun, was wir ihnen ermöglichen können. Natur, Lebendigkeit: Das ist zunächst eine Haltung, und nicht primär eine in Form von Besitz oder Konsumangeboten verfügbare materielle Perfektion. Darum hilft das kleine Pflaster womöglich, die große Wunde zu lindern: Wenn Kinder durch mehr Freiheit im Kleinen, durch einen großzügigen Umgang mit der ihnen angeborenen Neugier und Lebensgier dazu gebracht werden, sich selbst im Rahmen eines lebenden, pulsierenden Ganzen zu erfassen, werden sie beginnen, für dieses Ganze Engagement zu zeigen.

Trotz schwindender natürlicher Ressourcen ist es kein utopischer Traum, unsere Kinder wieder tiefer an der Natur teilhaben zu lassen. Oftmals genügt ein veränderter Blick auf die Dinge – genügt es, der Dramatik der Situation überhaupt erst einmal gewahr zu werden. Für Eltern gibt es eine Unzahl von Möglichkeiten, den Kontakt zur Natur zu vertiefen. Dabei können sie fast immer auch den Kontakt innerhalb der Familie verbessern und ihren Kindern wieder näherkommen. Auch dass Schulen so sehr auf Faktenwissen bauen und so wenig auf Erfahrung und Gefühl, lässt sich ändern.

Es ist also nicht schwer, seinen Kindern Lebendigkeit zurück zu schenken. Die größten Hürden sind eigene eingefahrene Verhaltens- und Reaktionsweisen, sowie die Zwänge der Institutionen, in denen sich unsere Kinder bewegen, und die oftmals ein Sediment der letzten hundert Jahre Natur-Entziehung darstellen. Hier hilft nur persönliche Courage – seitens der Eltern, der Pädagogen und auch der behördlich engagierte Planer von neuen Wegen in die Natur. Jeder Augenblick gelebten Lebens mit einem Kind ermöglicht den Kontakt mit der Existenz. Die Kinder selbst leiten uns. Wir müssen uns nur die Zeit, das heißt die Freiheit zu dieser Lebendigkeit, nehmen. Kinder halten stets auf ihrem Weg inne, wenn sie etwas Interessantes entdecken. Sie laden uns ein, sie zu begleiten. Was ihr Interesse fesselt, kann alles Mögliche sein und überall – und muss nicht notwendigerweise aus dem Reich der Lebewesen stammen. Wir sollten dieses Funkeln von Neugier immer als Aufforderung verstehen, unser Verhältnis zu dem, was wichtig ist und was unwichtig, neu zu justieren. Dann können wir eigentlich gar nichts falsch machen.

Auf den folgenden Seiten gebe ich einige konkrete Vorschläge, wie wir den Lichtkreis um den Leuchtturmblick unserer Kinder erweitern können. Auch hier geht es einerseits um *Dinge*, die sich tun lassen, aber doch vor allem um eine eigene, produktive Haltung, diese Dinge und die vielen unvorhergesehenen und unvorhersehbaren Nebenwege, die sich aus ihnen ergeben, zuzulassen. Das größte Hindernis auf diesem Pfad sind sicher wir selbst. Wir stecken in eigenen, in einer voll auf die rationalistische Technokratiegesellschaft ausgerichteten Kindheit erworbenen Handlungsmustern. Wir sind zudem Perfektionisten und wollen unseren Kleinen jedenfalls eine höchst professionelle Naturerfahrung bieten. Wir verfallen bei dem Gedanken »Natur« schnell in unseren Reflex des Planes, Organisierens und Angebotrecherchierens, wo es doch so viel mehr um ein Innehalten und Lauschen geht. Um ein Zulassen, nicht um ein Dirigieren. Um Offenheit – dieselbe, welche die Sinne unserer Kinder annehmen, wenn man sie nur den Geräuschen, Gerüchen, Farben und Temperaturen der freien Welt lange genug überlässt. Ich empfehle, um einmal probehalber unsere eigenen Sinne neu auszurichten, einen einzigen zentralen Wandel der Grundhaltung: Versuchen Sie nicht mehr das zu tun, was Ihnen *nützlich* vorkommt. Steigen Sie kurzfristig aus der Effizienzspirale aus. Effizienz ist eine Chimäre. Nicht um sie geht es, sondern um Gegenwart, um Präsenz. In dieser zählt nie das Ergebnis, sondern immer der Versuch, der Weg, auf dem man unmittelbar ergriffen wird. Beginnen wir ihn. Es gibt immer etwas zu erleben. Und vor allem: Es gibt immer etwas zu lachen.

Dreißig Vorschläge für Eltern

1. Die Wildnis nach Hause einladen

Lassen Sie Wildnis in Ihrer Lebensumgebung zu. Erlauben Sie die Unordnung, die damit einhergeht. Denn Wildnis zulassen heißt: Freiheit zulassen. Wenn Sie einen Garten haben: Nicht alle Flecken müssen gemäht und gestutzt werden. Gestatten Sie einer Wiese zu wuchern, auch wenn es zuerst schwerfällt. Stellen Sie sich vor, es sei eine bittere Medizin, die heilt. Ermuntern Sie Ihr Kind, sich in einer Ecke einzurichten und dort seine Märchenlandschaft aufzubauen, in einer Hecke, unter einer Tanne, mit allen Accessoires, Fundstücken, Matschhaufen – auch wenn das manchmal etwas unordentlich aussieht. Werfen Sie ein paar nützliche Dinge gleichsam beiläufig in den Garten hinaus – Seile, Bretter, geschnittene Äste. Legen Sie einfaches Werkzeug bereit. Gestatten Sie Ihrem Kind, den Garten als Erlebnisraum zu nutzen – das ist sowieso dessen wichtigste Funktion. Ein Kubikmeter Muttererde kostet wenige Euro. Lassen Sie eine Wagenladung anfahren und in den Garten kippen, als wilde Sandkiste, deren Ränder im Sommer von Mohn und Wicken überwuchert werden. Akzeptieren Sie, dass sich Ihr Kind dabei schmutzig macht. Für den Besuch bei den Schwiegereltern am Wochenende kann man leicht eine Garnitur Sonntagskleidung reservieren (wie man das früher, als klar war, dass Kinder schmutzig *sind*, auch tat). Ermuntern Sie Ihr Kind sogar, sich einmal richtig dreckig zu machen. Sie werden sein staunendes Gesicht Ihr Leben lang nie vergessen.

2. Die Wildnis nebenan suchen

Wenn Sie keinen Garten haben: Machen Sie Brachen ausfindig und ermuntern Sie Ihr Kind und seine Freunde, dort zu tun und zu lassen, was sie wollen. Erlauben Sie ihm einen weiteren Radius, zu Fuß oder mit dem Fahrrad. Ja, fassen Sie sich ein Herz. Statistisch gesehen, ist es höchst unwahrscheinlich, dass ihm etwas zustößt. Sie steigen doch auch ins Flugzeug, oder? Versuchen Sie, regelmäßig Abenteuerurlaub zu machen. Besuchen Sie Bauernhöfe in der Umgebung und versuchen Sie solche zu finden, die ihre Tiere auf der Weide halten, nicht allein in klimatisierten Ställen, damit Ihr Kind »Landleben« mit all seinen Aufgaben als Bestandteil seiner (Stadt-) Wirklichkeit erlebt.

3. Sich der Wildnis ganz hingeben

Gehen Sie mit Ihrem Kind auf Abenteuerfahrt. Leihen Sie sich ein Kanu und paddeln Sie für zwei oder drei Tage kleine Seen oder Flüsse hinunter, übernachten Sie auf den dazugehörigen provisorischen Biwakplätzen und schauen Sie von Ihrem Schlafsack gemeinsam in die Sterne. Übernachten Sie einfach mal im Wald oder am Strand. Unternehmen Sie eine 3-Tages-Bergtour mit Hüttenübernachtung. Sie werden sehen, wie ausdauernd Ihr Kind plötzlich ist, wenn es darum geht, die Tagesetappe, die Sie gemeinsam geplant haben, zu schaffen. Aber machen Sie kein Überlebenstraining daraus, keine abschreckende Härteprüfung. Es geht nicht um Gefahr und Schmerz, sondern darum, einmal ganz der Gegenwart von Natur ausgesetzt zu sein.

4. Gehen lernen

Gehen Sie hinaus. Machen Sie Spaziergänge, und fangen Sie damit schon bei Ihrem Säugling an. Aber fordern Sie keinen Gewaltmarsch: Wenn Ihr Kind beschließt, nach den ersten fünf Metern Weg für die nächsten anderthalb Stunden von einem Regenwurm fasziniert zu sein, halten Sie es aus, bleiben Sie geduldig, unterstützen Sie sein Interesse. Spaziergänge sind nicht dazu da, Strecke oder Höhenmeter zu machen, sondern *sehen* zu lernen: Der Weg ist das Ziel. Es kommt auch hier weniger darauf an, dass Sie in einer perfekten Naturumgebung wandern. Ihrem Kind ist das vollkommen gleichgültig. Sie können mit ihm auch zwei hinreißende Stunden in einer Seitenstraße des Hamburger Schanzenviertels verbringen, in denen es die Mikrowildnis der Großstadt erkundet. Teilen Sie die Begeisterung jener primären Erkenntnisse, die Ihr Kind dabei macht. Erleben Sie die Welt durch seine Augen in Schönheit und Neuheit, dann sind Sie immun gegen eine vielleicht nicht ganz reiseführerwürdige Umgebung.

5. Den Weg zum Kunstwerk machen

Lassen Sie Ihr Kind Karten zeichnen, wenn Sie einen gemeinsamen Spaziergang gemacht haben. Das muss kein maßstabsgerechtes Messtischblatt sein. Eine piktographische Gedächtnisstütze reicht. Solche subjektiven Resümees der gereisten Strecke hießen im Mittelalter *Itinerar*. Zeichnen Sie symbolisch den Weg vor (als gestrichelte Linie, als Schlange, als metrisches Raster, als langen Pfeil) und lassen Sie Ihr Kind, auch wenn es noch sehr klein ist, seine Erlebnisse eintragen oder in Form von Fundstücken aufkleben. Das Ergebnis wird ein Stück kindlicher Kunst sein, das sich jederzeit an der Wand aufzuhängen lohnt. Wenn Sie das Gleiche immer wieder für denselben Weg wiederholen (etwa auf der Grundlage großmaßstäblicher Zeichnungen oder veränderter Fotokopien des Areals), dann haben Sie nach einer Weile ein visuelles Tagebuch von großer Schönheit. (Mehr dazu bei Herbert Österreicher und Edeltraut Prokop, *Kinder wollen draußen sein*, siehe Literaturempfehlungen).

6. Im Freien speisen

Picknicken Sie öfter! Kein Kind kann dem Gedanken widerstehen, irgendwo an einem Bach, einem Feldrain, oder auch nur draußen auf der Parkwiese auf einer Decke zu speisen. Machen Sie keine großen Umstände: Es muss nicht der Schrankkorb mit Silberbesteck und Sherry-Flasche sein. Butterbrote, ein Stück (Bio-)Salami, ein paar hartgekochte Eier, eine Flasche Wasser, ein Apfel – draußen schmeckt alles anders, und besser. Nehmen Sie eine schöne Decke mit, ein Taschenmesser, das Sie Ihren Kindern zum Nachtisch für ein paar Schnitt- oder Schnitz-Arbeiten ausleihen – und schon ist das Traumziel einer kleinen Wanderung fertig. Vielleicht möchte Ihre Tochter noch ein bisschen Puppengeschirr hinzulegen?

7. Gärtner werden

Richten Sie ein Beet ein. Kaufen Sie im Frühjahr, wenn Ihr Kind im Laden von selbst vor den bunten Ständern mit Sämereien stehen bleibt, ein bisschen Saat und helfen Sie ihm beim Einsäen. Gut und meistens problemlos gedeihen Kopfsalat, Möhren, Radieschen (mögen nicht alle), Borretsch, Dill, Bohnen (Stangenbohnen, die sind eindrucksvoller, außerdem kann Ihr Kind das Rankgeflecht aus Zweigen selbst bauen), Zucchini, Gurken, Tomaten (als Setzlinge kaufen, in ein sehr gut gedüngtes Südbeet pflanzen). Setzen Sie einen Obstbaum. Pflanzen Sie eine Reihe Erdbeeren. Erlauben Sie Ihrem Kind, immer davon zu naschen, machen Sie den Garten zu einem Stück fruchtbare Natur, nicht zu einer von Erwachsenen verwalteten Tabuzone. Auch wenn Sie keine eigene Grünfläche haben, können Sie Pflanzen keimen lassen: Noch der kleinste Balkon lässt sich in ein Gewächshaus verwandeln. Eine mit Folie ausgekleidete und mit Erde gefüllte flache Kiste wird zum Beet im Wohn- oder Kinderzimmer. Warum immer nur Topfblumen aus dem Gartenfachhandel ziehen? Sammeln Sie im Sommer die Samen heimischer Wiesenblumen, und Sie und Ihre Kinder werden sehen, wie der Wachstumsrausch des Frühlings von März an Ihre Stube verwandelt.

8. Wasser lockt Wesen an

Graben Sie einen Gartenteich (aber bedenken Sie vorher, dass kleine Kinder auch in sehr flachen Gewässern ertrinken können). Ein Gewässer zieht Amphibien und Insekten an (gegen Mückenlarven kann man Frösche oder Fische, etwa ein Paar Moderlieschen, einsetzen) und wird zum Zentrum eines kleinen Universums. Hier gibt es immer etwas zu tun und zu bestaunen, hier lassen sich unbekannte Tiere entdecken, hier kann Schlamm für den Hausbau gewonnen werden, oder Soßenrohstoffe für die Hexenküche.

9. Wasser lockt Kinder an

Arrangieren Sie in Ihrem Garten, in der Nachbarschaft, auf dem nahen Spielplatz eine Planschumgebung – und nehmen Sie dafür mit genügend ironischer Vorfreude das Gerangel mit den Behörden in Kauf. Wenn Sie sich durchsetzen, wird das ein ganzes Stadtviertel verändern. Notfalls kann man eine große (geschlossene) Plastiktonne aus dem Baumarkt aufstellen und mit einer Handpumpe versehen. Sie werden beobachten, dass die Kinder sich hier (besonders im Sommer) konzentrieren wie die Wespen auf den Honigtopf. Halten Sie einfache Gefäße bereit (abgeschnittene Mineralwasserflaschen reichen zur Not schon), schaufeln Sie einen Erdhaufen zur Schlammproduktion auf. Verkneifen Sie sich Ihren Kommentar, wenn eine durchgehende Schlammkruste die Kleider bedeckt.

10. Welpengeschwister zulassen

Bringen Sie andere Lebewesen in Ihre Nähe. Erlauben Sie ein Haustier oder auch mehrere. Je besser das Tier mit dem Menschen kommuniziert, umso wichtiger. Am besten ist ein Hund (der wird auch von Kindern am meisten gewünscht). Er befriedigt wilde Kameradschaft und zärtliches Anschmiegen zugleich. Keine andere Tierart (auch nicht andere Primaten) vermag mit dem Menschen so gut und einfühlsam zu kommunizieren. Halten Sie Hühner – und wenn es nur zwei sind. Sie sind bei Kindern sehr beliebt, lassen sich anfassen, sind robust und viel interessanter als Stubenvögel – und legen außerdem auch noch Eier. Aber auch schon ein Aquarium mit stummen Fischen oder geheimnisvollen Garnelen bringt die Gegenwart von anderem Leben in die Wohnung – und macht nachweislich gesünder.

11. Wilde Tiere in die Nähe locken

Hängen Sie Nistkästen auf – in Ihrem Garten oder auch woanders – und beobachten Sie mit Ihrem Kind, was sich da tut. Bauen Sie gemeinsam einen Brutkasten für anspruchsvollere Vögel (z. B. Waldkauz). Füttern Sie im Winter die Wildvögel sorgfältig und abwechslungsreich, so dass Ihre Kinder sie von einem Fenster aus sehen können. Richten Sie einen Laubhaufen für Igel ein. Bauen Sie eine Insektenbehausung: Lassen Sie wilde Bienen in angebohrten Holzdielen, Schilfstapeln, Tonziegeln ihren Nachwuchs aufziehen. Bauen Sie einen Fledermauskasten. Stellen Sie eine Vogeltränke auf. Lassen Sie Holz in einer Ecke vermodern. Hier bildet sich schnell ein Mini-Biotop für Feuchte und Kühle liebende Krabbeltiere. Schauen Sie ab und zu nach, was sich da tut: Wenn Sie die Bretter anheben, werden Sie einen Haufen verschiedener Asseln, Spinnen, Hundertfüßer, Schnecken, Ohrkneifer finden.

12. Wilde Tiere als Bildernahrung

Schenken Sie Ihrem Kind ein gutes Bestimmungsbuch. Kein »kindgerechtes« Blätter-Spielzeug, sondern ein echtes Profiwerk wie für Vögel den *Collins*, *Pareys Vogelbuch* oder den *Kosmos Vogelführer* oder *Pareys Buch der Insekten* sowie den *Kosmos-Strandführer*. Zunächst werden Ihre Kinder darin wie in einem Bilderbuch blättern, später ist das wichtige taxonomische Literatur. Sie können vor dem Einschlafen, statt aus einem Baby-Buch vorzulesen, mit Ihrem Kind die Bilder betrachten – nicht jeden Abend, aber immer wieder einmal. Eine lohnenswerte Investition ist auch eine Tier- oder Naturenzyklopädie wie die vielbändige Urania-Ausgabe oder das noch umfangreichere *Grzimeks Tierlexikon* (nur noch antiquarisch erhältlich). In Zeiten von Wikipedia (das zumeist professionelle und ausführliche Informationen liefert) eine gute Ergänzung.

13. Forscherwerkzeug weckt Lust

Schaffen Sie gemeinsam mit dem Kind eine naturkundliche Ausrüstung an und besorgen Sie eine schöne Tasche dafür. Diese muss nicht neu sein, eine alte Lederaktentasche, ein Rucksack, ein kleiner Werkzeugkoffer reichen: Hauptsache, sie sind diesem einen speziellen Zweck gewidmet. Die richtigen Utensilien steigern die Vorfreude und bewirken ein Gemeinsamkeitsgefühl. Im Natur-Koffer ist immer schon Draußenstimmung. Hier hinein gehören etwa: Bestimmungsliteratur, ein Fernglas, Lupen, Notizblock, gutes Taschenmesser (kein Junk, kein stumpfes Spielzeug), Insektennetz und/oder Kescher, einige Becher mit Deckeln und Luftlöchern, Pinzetten, Papiertüten, Handschuhe.

14. In die Tiefe schauen

Lernen Sie mit Ihren Kindern Sehen. Kaufen Sie eine Profi-Lupe mit Beleuchtung (»Binokular«), gute Qualität ist hier schon für das Geld eines Kinder-Spielzeug-Mikroskops zu haben. Aber selbst ein Mikroskop von allerminderster Qualität verlangt anspruchsvolle Präparationen, damit die Kinder überhaupt etwas sehen. Eine Stereolupe dagegen ist immer einsatzbereit. Fundstücke kann man einfach unter das Objektiv eines solchen »Binos« legen und sofort studieren – von der toten Spinne aus der Ecke über den ausgespuckten Schimmelkäse bis zum schillernden Falterflügel. Aber auch eine gute Handlupe hilft schon weiter – und genügend Zeit gegenüber jedem interessanten Objekt. Vertrauen Sie auf den Takt der Neugier Ihres Kindes und verlieren Sie nicht die Geduld.

15. Andere Wesen respektieren

Geben Sie sich einen Ruck. Sie wollen die Lebendigkeit Ihres Kindes fördern. Vermeiden Sie daher zu Hause und im Garten Gift gegen andere Lebewesen – etwa gegen »Ungeziefer« oder »Unkräuter«. Wenn Ihr Kind Sie beim Spritzen im eigenen Garten erlebt, heißt das unterschwellig: Die Natur ist böse und eine Gefahr, man muss sie sich vom Leibe halten und notfalls töten. Zugleich aber erfährt es sich selbst als zutiefst neugierig gegenüber dieser »bösen« Natur – eine desaströse Botschaft. Lehren Sie daher als Vorbild Lebensfreundlichkeit und Nachsicht, getreu dem mediterranen Motto: Leben und leben lassen.

16. Kleine Abenteuer aufflackern lassen

Machen Sie öfter mal ein Feuer. Gestatten Sie Ihrem Kind unbedingt, mitzutun und nach Herzenslust zu kokeln – Stöcke zu verbrennen, Stockbrot zu grillen, mit grünen Blättern Rauchzeichen zu geben. Erlauben Sie Ihrem Kind, wenn Sie in der Nähe sind, selbst ein Feuer zu entfachen und zu versorgen. Ein Feuer lebt und wärmt und verbindet – und verlangt, weil es gefährlich ist, von den Kleinen erste eigene Umsicht und Verantwortung.

17. Bäume sind zum Klettern da

Erlauben Sie Ihrem Kind (zuerst mit diskreter Assistenz), die Welt oberhalb der Köpfe seiner Eltern zu erkunden. Gehen Sie in den Wald oder zum Feldrain und suchen Sie einen schönen Kletterbaum. Lassen Sie Ihr Kind in Ihrem Garten, wenn Sie einen haben, die Steigfestigkeit der Bepflanzung ausprobieren. Gestatten Sie ihm, ein Baumhaus zu konstruieren. Lassen Sie es im Park, während Sie mit Ihren Freunden plaudern, losklettern, auch wenn Sie nicht direkt danebenstehen. Geben Sie sich einen Ruck und lassen Sie Ihr Kind allein oder mit seinen Kumpels zum Bäumeklettern ziehen – obwohl es sich für uns Eltern alle gruselig anfühlt, ist das Risiko geringer, als Sie denken. Ihr Kind weiß meist für sich selbst zu sorgen.

18. Ein Raum für sich allein

Ermöglichen Sie Ihrem Kind eine Kuschelecke im Garten oder auf einem Stück ungenutzten Land – ein wind- und wassergeschütztes Spielzimmer draußen, wo es sich zurückziehen, nachdenken, allein sein, lesen kann – vielleicht noch mit einem Fenster in den Himmel, zum Betrachten von Wolken und Sternen? Bauen Sie mit ihm zusammen – oder legen Sie Baumaterial bereit. Möglich ist das klassische Bretterfort (auch als Baumhaus), aber auch ein Weideniglu (s. u.), ein Haus aus selbstgeflochtenen Weidengittern, eine Höhle als Teil eines alten Schuppens, ein Rahmen-Rohbau, den das Kind mit seinen Freunden komplettiert, eine Burg aus hölzernem Treibgut am Meer. Besser als ein fertiges Häuschen vom Baumarkt ist in jedem Fall, Ihr Kind selbst loslegen zu lassen. Sie können ihm ja helfen, wenn es nicht weiterkommt – und abends diskret die Statik des Bauwerks überprüfen und gegebenenfalls noch einen Pfosten einziehen.

19. Jedes Element auskosten

Seien Sie achtsam mit Naturphänomenen und geben Sie sich den Elementen hin. Genießen Sie mit Ihrem Kind Gewitter, lassen Sie sich von den Blitzen begeistern, vom prasselnden Regen, vom Wind, der die Äste schüttelt. (Meine Kinder habe ich – obgleich als Kind selbst vor Donner ängstlich – mit meiner Gewitterbegeisterung so angesteckt, dass sie sich nie davor fürchten.) Machen Sie eine Nachtwanderung, am besten ohne Taschenlampe, bei Vollmond. Machen Sie einen Regenspaziergang, lassen Sie sich das Wasser in den Mund rinnen, gehen Sie im Sommer in Badehose oder nackt unter den Wolkenbruch. Machen Sie eine Bachwanderung (mit Riffsandalen o. Ä. die nackten Füße schützen), drehen Sie Steine um, um zu sehen, was darunter sitzt, wandern Sie unter überhängenden Bäumen, über flinke Kiesel und durch tiefe kühle Gumpen. Toben Sie durch den Schnee. Zeigen Sie Ihrem Kind mit einer Lupe, dass Schneeflocken wunderbare Kristalle sind und dass es nicht zwei der gleichen Art gibt. Haben Sie Spaß miteinander. Lassen Sie sich Böschungen herunter kugeln, springen Sie im Laufschritt von einer hohen Sanddüne und lassen Sie sich von der schrägen Böschung mit dem weißen Sand wieder zärtlich auffangen. Spielen Sie mit den Wellen am Strand Kriegen. Leiten Sie einen Bach aus seinem Bett in einen Nebenarm.

20. Kein Wesen ist zu gering

Schauen Sie mit Ihren Kindern auch das kleinste Lebewesen genau an, das Sie finden. Versuchen Sie, Ihren Ekel zu überwinden, falls Sie welchen empfinden. Kinder grausen sich von Natur aus kaum vor Krabbeltieren. Um die Komplexität und Schönheit der Lebewesen zu erfassen, muss man keine Tropensafari buchen, keinen Nationalpark besuchen und auch nicht Biologie studiert haben. Legen Sie einen Halt bei den Feuerwanzen ein, die sich am Fuße eines verwitterten Pfahles tummeln. Suchen Sie Blattläuse und betrachten Sie mit Ihrem Kind, wie winzig sie sind – und dass sie doch auch alles haben, was wir besitzen: Blut, Herz, Leber, Augen, Glieder. Graben Sie im Boden nach einem Regenwurm. Lassen Sie in einem Apfelmusglas Schimmel wachsen und staunen Sie über dessen Pracht, von nahem betrachtet. Besorgen Sie sich ein Flechtenbestimmungsbuch und wundern Sie sich mit Ihren Sprösslingen über das bunte Leben auf der Mauer. Suchen Sie Baumpilze und die Schwämme auf zerfallendem Holz. Halten Sie nach Blättergallen Ausschau. Drehen Sie Steine und vermodertes Holz um. (Vorsicht an trockenen Stellen wegen Schlangen.)

21. Sich infizieren lassen

Hören und sehen Sie zu, wenn Ihr Kind Ihnen etwas zeigen will. Tun Sie seine Faszination mit irgendetwas Nebensächlichem nicht ab; ekeln Sie sich auch nicht vor toten Tieren. Diese sind für Ihr Kind besonders interessant, weil sie nicht weglaufen. Schauen Sie genau und lange hin – Ihr Kind entfaltet gerade seine Wahrnehmung und sein Gefühl dafür, dass nichts gewöhnlich ist und alles besonders. Werden Sie ziellos, nehmen Sie sich vor, *nichts* zu tun und keinen Punkt erreichen zu wollen. Seien Sie ganz im Augenblick präsent. Manchmal fällt das außerordentlich schwer und man muss es üben wie eine Meditation. Lassen Sie auf jeden Fall Ihr Mobiltelefon ausgeschaltet.

22. Kinder können draußen spielen

Schicken Sie Ihr Kind bei Sonnenschein aus dem Haus. Wer einen Garten hat, oder wer in ungefährlicher Umgebung wohnt, kann die Kleinen bei schönem Wetter stets zum Spielen vor die Tür schicken (Regen und besonders Schnee können spannend sein, solange die Eltern die zusätzliche Arbeit nicht scheuen, die Kleinen nach dem Spielen komplett neu einzukleiden und die nassen und schmutzigen Sachen zu waschen). Der Computer und der Fernseher bleiben aus. Fassen Sie sich ein Herz und üben Sie einen sanften Zwang aus, wenn Ihre Kleinen nicht recht wollen. Aber lassen Sie thematische Vorgaben. Es kann sehr lehrreich sein, wenn eine ganze Kinderschar einmal einen Sonntagnachmittag auf einem Baumstamm sitzt und sich mopst. Bestehen Sie nicht darauf, dass Ihr Kind mit sauberer Kleidung zurückkehrt – und erlauben Sie ihm, die nähere und auch weitere Umgebung zu erkunden. Wenn Sie es so einrichten, dass Ihr Kind an jedem Nachmittag eine oder zwei Stunden nach draußen gehen muss, solange es nicht gerade akut gewittert, dann wird es diesen Zwang bald als Normalität akzeptieren – wie Zähneputzen – und auf kreative Weise das Beste daraus machen. Man nennt das auch Spielen.

23. Das Glück liegt auf der Straße

Lassen Sie sammeln. Gerade junge Kinder stecken alles in die Tasche, was sie interessant finden. Als meine klein waren, kamen wir von manchen Spaziergängen mit ein paar Pfund Steinen und einem Gewirr von Stöcken und Ästen, mit Taschen voller gefundener Insektenhüllen zurück. So machen sich die Kleinen die Natur zu eigen. Ermutigen Sie sie dabei – reservieren Sie eine Kiste, eine schöne Porzellanschüssel, die Fläche einer Kommode für die Funde und entfernen Sie diskret alles, was verwest – oder legen Sie es professionell in Alkohol ein (Marmeladenglas). Man kann kleine Sachen auch wie Kunstwerke drapieren – Steine und Splitter in beklebten Kästchen, ebenso tot gefundene Insekten auf Nadeln. Mit ein wenig kalligraphischer Beschriftung ein Anblick wie Juwele und ein wunderbares Geburtstagsgeschenk. Systematisieren Sie die Sammlerei: Beginnen Sie mit dem Kind ein naturwissenschaftliches Kuriositätenkabinett. Solche Kunst- und Wunderkammern unterhielten einst die Fürsten. Besonders gut lassen sich Steine verwenden: Bauen Sie aus einer Diele und ein paar Leisten ein umrandetes Steinbrett, auf dem die schönsten Stücke bunt durcheinander gesammelt werden können. Teilen Sie einen Teil eines Raums als Steinwelt ab. Schaffen Sie eine Steininsel im Garten. Legen Sie ein Herbarium an: Stellen Sie gemeinsam mit dem Kind ein schönes, selbstgebundenes Buch aus großen Blättern schwerer Zeichenpappe her und kleben Sie dort getrocknete Pflanzen ein. Zum Trocknen presst man sie zwischen Lösch- oder Zeitungspapier für ein paar Tage unter einem Stapel schwerer Bücher.

24. Gemeinsamkeit in der Natur suchen

Machen Sie Naturerfahrungen zur Familienroutine. Gehen Sie spazieren. Waten Sie im Wasser am Ufer eines Sees. Lassen Sie sich auf einem einsamen See im Boot treiben, das ist für alle eine intensive Erfahrung. Kampieren Sie mit Ihren Kindern draußen. Setzen Sie sich einfach nur auf eine Wiese. Legen Sie sich mit Ihrem Kind auf den Rücken und beobachten Sie gemeinsam die treibenden Wolken. Springen Sie Hand in Hand eine Nordseedüne hinab und lassen Sie sich vom fließenden Sand einfangen. Solche Unternehmungen erhöhen auch die viel zu seltene »quality time« für die ganze Familie und verstärken Ihr Band zum Kind. Es sind jene Erlebnisse, an die Sie sich wehmütig zurückerinnern werden, wenn Ihr Kind längst erwachsen und von zu Hause ausgezogen ist.

25. Ostern und Weihnachten: Die Natur als Fest

Fast alle unsere jahreszeitlichen Feste sind mit Naturschmuck verbunden. Das kann man nutzen, um mit den Kindern die entsprechenden Erfahrungen zu vertiefen. Fahren Sie zu Weihnachten hinaus und schlagen Sie den

Christbaum selbst. Blasen Sie zu Ostern mit den Kleinen Eier aus (diese lassen sich auch mit Naturstoffen färben und z. B. gut mit getrockneten Blumen bekleben). Schicken Sie die Kleinen los, um einen Frühlingsstrauß zu pflücken oder ein Gesteck aus blühenden Zweigen zu schneiden. Stellen Sie einen kleinen Maibaum auf. Planen Sie ein Johannisfeuer als großes Nachbarschaftsfest. Richten Sie einen Erntedanktisch ein.

26. Die anderen Wesen besuchen

Gehen Sie in den Zoo und in den Tierpark, auch wenn die Gefangenhaltung eine zweischneidige Sache ist. Das Kind braucht die Gegenwart der anderen Arten. Gehen Sie öfter hin (Jahreskarte), aber dafür kürzer. Haken Sie nicht alle Tiere ab, sondern suchen Sie sich immer die schönsten aus und schauen Sie sich die in Ruhe an. Besuchen Sie Tiere, die Ihre Kinder besonders faszinieren, regelmäßig wieder wie alte Bekannte. Nehmen Sie an einer Führung hinter die Kulissen teil. Fahren Sie zum Whale-Watching, wenn Sie am Ozean Ferien machen; die Begegnung mit Delphinen oder sogar Walen vergisst ein Kind sein Leben nie mehr.

27. Patenschaften schenken

Umweltorganisationen wie WWF haben für Kinder spezielle Programme, bei denen die Eltern monatlich einen gewissen Betrag zahlen, das Kind aber die Zertifikate auf seinen Namen erhält, dazu Berichte über den Fortschritt des Projektes (so etwa der Schutz des Sibirischen Tigers). Auf diese Weise sind die Kleinen persönlich involviert, sie resignieren nicht vor der Größe einer diffusen Bedrohung, sondern werden in die Lage versetzt, aus ihrer kindlichen Perspektive heraus zu spüren, dass sie etwas bewirken können.

28. Eine raue Zunge fühlen

Halten Sie auf Ihren Spaziergängen oder Autofahrten bei Kühen, Pferden etc. auf einer Wiese an. Heute sind Tiere, die im Freien stehen, schon fast eine Seltenheit. Lassen Sie sich Zeit. Lassen Sie Ihr Kind die Kühe füttern, erlauben Sie ihm, dass es sich von den Tieren mit der rauen Zunge über die Hand schlecken lässt. Fragen Sie bei einem Bauernhof, ob Sie in den Stall gehen dürfen und die Tiere sehen können.

29. Eigenständigkeit geben

Trauen Sie Ihrem Kind insgesamt mehr zu – die Dinge, die es gerne möchte, aber auch die, zu denen es keine Lust hat. Geben Sie ihm die Möglichkeit, seine Selbstständigkeit zu erforschen, im Angenehmen und weniger Angenehmen (denn Selbständigkeit hat zwei Seiten). Erlauben Sie es, wenn es mit dem Fahrrad durch die Felder radeln will. Ermuntern Sie es, dort auf Abenteuersuche zu gehen, am besten in Begleitung seiner Freunde. Schicken Sie Ihr Kind aber auch allein los, um eine Aufgabe zu erledigen: Einholen, etwas Kleines kaufen, zum

Sport mit dem Bus oder dem Rad fahren. Lassen Sie sich nicht von Ihrer eigenen Sorge korrumpieren: Ihr neunjähriger Sohn kann sehr wohl zwanzig Minuten auf dem Fahrrad zum Fußball fahren, auch bei Dunkelheit, auch, wenn es nieselt. Es gibt Regenkleidung dagegen.

30. Computer eingrenzen

Richten Sie, bis Ihr Kind sechzehn Jahre alt ist, feste Zeiten für Mediennutzung ein. Dann müssen Sie nicht beständig darüber verhandeln, ob Ihre Kleinen an den PC dürfen. Erlauben Sie einem Zehnjährigen etwa eine PC-Stunde pro Woche – und bleiben Sie dabei. Das Kind wird ein solches Limit ebenso akzeptieren wie die Anschnallpflicht im Auto. Innerhalb der Medienzeit allerdings sollten Sie Ihrem Kind gestatten, selbst zu entscheiden, was es spielt oder anschaut (solange es einigermaßen im Rahmen der Alterszuträglichkeit bleibt).

Zwanzig weitere Ideen für Lehrer und Erzieher

1. Erleben statt Pauken

Gestalten Sie Ihre Sachkunde- oder Biologieeinheit als Naturerlebnis-Lektion. Gehen Sie mit den Kindern hinaus und lassen Sie ihre Schüler alles bewusst erleben: einen Baum umarmen (ja!), Borke befühlen, die Hände im Sand vergraben, einen Stein aussuchen. Lassen Sie jedes Kind ein Stück Natur auswählen und mitnehmen und dann dazu seine ganz persönliche Geschichte erzählen. Erteilen Sie keine Arbeitsaufträge, sondern bitten Sie die Schüler, Dinge zu sammeln (etwa: 30 Dinge vom Gleichen, eine Vogelfeder, etwas Weißes, etwas Glattes, etwas Ungewöhnliches). Machen Sie gemeinsam Rast und lassen Sie die Schüler Steinpyramiden bauen. Lassen Sie die Schüler die für sie schönste Stelle aussuchen und zeichnen. Nehmen Sie die wichtigsten Dinge mit und richten Sie in der Klasse einen kleinen Erinnerungsaltar ein.

2. Ästhetik statt Prüfungsstress

Machen Sie statt eines ordentlichen Ordners eine naturwissenschaftliche Sammlung zur Schuljahresaufgabe. Gehen Sie dafür hinaus. Machen Sie zum Komplettieren eigens Ausflüge – in einen Steinbruch, in dem es Fossilien gibt, in den Wald, an einen Strand, wo Treibgut, Muscheln und Krebse zu finden sind. Legen Sie genauso viel Wert auf die kreative, ästhetische, originelle Art der Präsentation wie auf deren »saubere Anfertigung«.

3. Wir alle sind Morphologen

Lassen Sie zeichnen! Im Kunstunterricht können Sie hinausgehen (oder Dinge hereinholen) und sie abzeichnen. Auch in Biologie. Die Kunst, Lebewesen zu sehen, ist am Verschwinden, gerade in der Wissenschaft. Dabei zeichnen Kinder selbst am liebsten Tiere. Benutzen Sie klassische morphologische Darstellungen als Vorbilder, dazu die erwähnte Bestimmungsliteratur, aber auch die Bilder von Franz Marc, Paul Klee, Paul Cezanne, Walton Ford, zudem archaische und indigene Fetische, prähistorische Felsbilder.

4. Nicht Mechanik, sondern Seele

Setzen Sie bei der wissenschaftlichen, zergliedernden Behandlung von Lebewesen im Fachunterricht Gegengewichte. Geht es etwa um Photosynthese und pflanzliche Energiegewinnung, fahren Sie zu einem (ökologischen)

Bauernhof und verfolgen Sie mit den Kindern, wie in der Wirklichkeit die Sonnenenergie in unsere Mägen kommt. Stellen Sie Pflanzen ins Klassenzimmer. Integrieren Sie lebende Tiere in den Unterricht – aber gehen Sie behutsam mit ihnen um und richten Sie sich nach den geltenden Artenschutzbestimmungen. So ist es sinnvoller, einen Tümpel einzurichten oder einen vorhandenen immer wieder zu besuchen, als Froschlaich in einem Aquarium zu halten – die meisten der Kaulquappen sind dem Tod geweiht. Nutzen Sie die Unbequemlichkeit, zu der Sie die Gesetze zwingen und machen Sie aus den Ausflügen kleine Meditationsfahrten zu einer unbekannten Wasserwelt. Und engagieren Sie sich für die Rettung oder die Rückkehr eines Teiches mit Fröschen, Kröten und Molchen ins Umfeld der Schule.

5. Literatur und Natur

Im Sprachunterricht: Machen Sie mit den Kindern eine Wanderung und lassen Sie sie über Natur schreiben, der sie dort begegnen. Besprechen Sie Lyrik, gute, nicht »kindgerechte«, suchen Sie die Erfahrungen dazu zu vermitteln, und ermuntern Sie die Kinder, ihre Gefühle auszudrücken. Lesen Sie Texte über die Natur, dann wieder emotionale Texte, die *mit der Natur* arbeiten. Scheuen Sie sich nicht vor ein bisschen Kitsch. Versuchen Sie an der Beschreibung eines winzigen Landschaftsausschnitts sprachliche Präzision zu üben. Sie werden sehen, dass das hier wesentlich besser klappt als bei einem x-beliebigen Gegenstand.

6. Naturkunde

Erstellen Sie ein Archiv der Wesen Ihrer Umgebung. Biologieunterricht ist oft auf molekulare und gesetzmäßige Zusammenhänge fixiert und blind gegenüber den lebenden Zusammenhängen vor dem Fenster. Gehen Sie hinaus, sammeln Sie Tiere ein, treffen Sie sich abends mit den Schülern und beleuchten Sie ein weißes Laken, um Falter anzulocken, schmieren Sie Bananen-Bier-Masse auf die Bäume, um Insekten anzuziehen, benutzen Sie Bestimmungsliteratur, laden Sie einen Vogelspezialisten ein, der Sie mit den Kindern morgens um halb fünf durch die Landschaft führt, machen Sie anschließend ein großes Picknick und lassen Sie dann die Schule ausfallen. Verteilen Sie Vogelpatenschaften wie Totem-Zugehörigkeiten. Auf diese Weise können die Schüler erleben, wie reich auch ihre Umgebung ist; und wie sehr ein geschärfter Blick die Erfahrung von Tiefe gestattet.

7. Winzige Welten

Bleiben Sie nicht bei der theoretischen Stoffsammlung, sondern stellen Sie selbst mit Ihren Schützlingen Welt her: Bauen Sie Modelle. Kinder lieben Mikrowelten und können mit großer Hingabe tagelang daran basteln. Erstellen Sie ein Inventar des Lebens um ihre Schule heute und vor 200 Jahren, stellen Sie die Gebäude, die Bäume, die Pflanzen, die Tiere als einfache Modelle selbst her. Verschiedene Gruppen kümmern sich um die diversen Aspekte. Es geht nicht um maßstabsgerechte Exaktheit, sondern um Kreativität. Auf diese Weise lassen sich die stofflichen Erfordernisse von Sach- und Heimatkunde, Naturwissenschaft, Geschichte, Deutsch integrieren.

8. Was lebt hier eigentlich?

Nehmen Sie am »Biodiversitätstag« teil, der einmal im Jahr u.a. von der Zeitschrift *GEO* veranstaltet wird. Dann erstellen professionelle Forscher ein exaktes Arteninventar von einem bestimmten Ort – etwa vom Berliner Tiergarten oder dem Sylter Wattenmeer. Parallel dazu können Klassen mit Unterstützung durch Biologen selbst eine Artenanalyse durchführen – etwa des Schulwäldchens, eines kleinen Baches, einer Gartenanlage. Sie – und meist auch die beteiligten Biologen – werden überrascht sein, was Sie alles entdecken, und kommen damit auch noch in die Zeitung.

9. Gärtnern, Bauen, Handeln

Legen Sie einen Schulgarten an. Verteilen Sie ernsthafte Verantwortung an Gruppen, die für jeweils einen Teil des Gartens zuständig sind, und die daraus auch ihren Familientisch mit Nahrung versorgen können. Erweitern Sie die Pflicht der Gartenpflege: Starten Sie eine Gemüsehandels-KG, bei der die Kinder selbsttätig den Verkauf der Produkte auf dem Markt oder an den örtlichen Bio-Kaufmann organisieren. Machen Sie den Garten zugleich zu einer ökologisch reichen Anlage und lassen Sie ihn zu einer Spielstätte für die kleineren Schüler werden, indem Sie die Grundlagen für ein paar verwunschene Hütten setzen.

10. Schule der Wildnis

Organisieren Sie eine AG »Leben im Wald«. Dazu gehört weniger Gelehrigkeit als Abenteuerlust – es wird biwakiert, nachts auf Streifzug gegangen, ein Lager gebaut, nach Tierspuren gesucht. Besprechen Sie das vorher mit dem Förster – sonst kann es Überraschungen geben. Gerade Jungs lassen sich durch so ein Angebot sofort vom Bildschirm weglocken. Benennen Sie einen Kollegen, der sich zum Umweltpädagogen ausbilden lässt. Ermöglichen Sie ihm, eine Coyote-Mentoring-Ausbildung mitzumachen (Adressen siehe Anhang) und hören Sie bei der Unterrichtsplanung auf seinen Rat. Richten Sie auf eigene Faust ein Unterrichtsfach »Sinnliche Wahrnehmung der Natur« ein. Besonders für ADHS-Kinder ist das Leben als Jäger und Trapper oft eine zweite Geburt, die dazu führt, dass verzweifelte und schwache Schüler autark und selbstsicher werden.

11. Bewegung statt Museum

Gestalten Sie die nächste Klassenfahrt als Aktion: nicht als Quasi-Hotelbesuch mit Kulturelementen, sondern als mehrtägige Wanderung oder Kanufahrt – durch den Harz, den Thüringer Wald, den Vogelsberg, die Alpen; auf der Müritz, den Havelseen, der Elbe, den Gewässern der Wartheniederung. *Tun* Sie mit den Kindern so viel wie möglich, versuchen Sie auf die passive »Fass-das-nicht-an-Haltung« möglichst zu verzichten.

12. Unsere innere Lebensuhr

Gestalten Sie den Tagesablauf während einer speziellen Unterrichtseinheit entsprechend dem Sonnenstand. Die Richtung und Temperatur des Lichtes erschafft von selbst eine im Tagesverlauf variierende Atmosphäre, deren unterschiedliche Phasen zu ganz verschiedenen Aktivitäten passen und die so den Arbeitsablauf harmonisch gliedern. Das könnte etwa so aussehen: Morgens/Nordost: Treffen, Begrüßungskreis. Osten: Inspirierender Beginn mit einer Geschichte. Südosten: Aktivierung. Es geht los. Mittags/Süden: Fokussieren. Erste Sammlung. Geleitete Fragen. Südwesten: Pause. Individuelles Fertigstellen der Arbeiten. Ruhe. Nachmittags/Westen: Zusammenkommen und Teilen, gemeinsames Lernen. Abends/Nordwesten: Reflexion. Norden: Integrieren der Ergebnisse. Geschichten am Lagerfeuer. Diese organische Aufteilung der Aktivitäten muss nicht unbedingt über den ganzen Tag verteilt sein, sie lässt sich auch in einer einzigen (Schul-)Stunde durchführen – was gute Lehrer längst ahnen, weshalb sie auch ohne konkreten Bezug auf den Sonnenlauf ihre Unterrichtsphasen entsprechend ausrichten. (Ausführlich ist der Lernzyklus im Coyote-Mentoring beschrieben, siehe weiterführende Literatur).

13. Die erweiterte Schule

Adoptieren Sie ein Stück Landschaft (einen Bach, ein Wäldchen, eine Au), das Sie mit Ihrer Klasse bestmöglich pflegen, schützen und entwickeln – und vor Zerstörung (durch Baumaßnahmen, falsche Pflege etc.) bewahren. Versuchen Sie, die Umwelt der Schule nicht hinter der Hofmauer enden zu lassen, sondern mit den Eleven ein Gespür für das Ökosystem zu entfalten, in dem sich Ihr Institut befindet – und beginnen Sie, dieses Ökosystem zu fördern. Fragen Sie sich immer: Wie kann ich mit meiner Entscheidung das Leben vertiefen und steigern? Mit dieser unorthodoxen Perspektive werden Sie neue kreative Lösungen für Probleme finden, von denen Sie noch gar nichts ahnten.

14. Natur als Schwerpunktprogramm

Organisieren Sie einen Naturbildungstag für Ihr Kollegium. Wirken Sie darauf hin, dass Ihre Schule die Orientierung auf eine Lehre von der lebendigen Natur zu einem wichtigen Aspekt ihres nach außen sichtbaren offiziellen Leitbildes macht – so wie andere Schulen sich etwa den Schwerpunkt Sport, Mathematik und Naturwissenschaften oder Sprachen geben. Wenn so ein Schwerpunkt erst einmal feststeht, lassen sich entsprechende Veränderungen leichter durchsetzen und finden bei Eltern und etwa auch bei Privatunternehmen, die man zum Sponsoring gewinnen möchte, mehr Glaubwürdigkeit. Und keine Angst: Das bedeutet noch lange nicht, dass Ihr Institut zum Waldkindergarten umgewidmet wird.

15. Vom Pausenhof zum Bauernhof

Halten Sie Tiere in der Schule, mit denen die Kinder sich während einer gezielten Unterrichtsphase vertraut machen, die sie selbst versorgen und mit denen sie in den Pausen spielen können. Geeignet sind Hühner, Meerschweinchen, Kaninchen, Ziegen, Schafe, Katzen, ggf. ein Schulhund. Dazu können noch Wildtiere in einem eigens angelegten Biotop kommen (Frösche, Molche, Eidechsen, Libellen etc.). Es ist weniger aufwendig, als viele zuerst annehmen. Einige Institute haben die Tierhaltung schon mit großem Erfolg eingeführt; zwar wird der Schulhof dadurch ein wenig unordentlicher, aber die Lernerfolge steigen, wenn sich das Ambiente vor den Mauern in das eines großen Bauernhofes verwandelt – und der Friede in der Schule.

16. Von der Schularbeit zur Landarbeit

Starten Sie ein Joint Venture mit einem lokalen Bauernhof: Die Kinder helfen bei der Landarbeit und machen diese Arbeit zum Bestandteil ihres Curriculums. Durch ihre Schädlingsbekämpfung mit der Hand kann der Landwirt auf einen Teil des Chemieeinsatzes verzichten. Zugleich können Sie viele Themen, die ohnehin an der Reihe wären, mit diesem Einsatz verknüpfen: Ökologie, Nutztiere, Wirtschaft, Landschaftsgestaltung, Bodenbiologie.

17. Die Schule als Lebens-Raum

Verwandeln Sie Ihren Schulhof gemeinsam mit Eltern, der Kommune und lokalen Firmen in ein heimisches Biotop. Lassen Sie den Ort der Kinder zu einer *Steigerung*, keiner Außerkraftsetzung der heimischen Vielfalt werden. Sie werden sehen, wie sich die Stimmung verbessert. Alle werden aufatmen: Denn abstrakte Fakten während des Unterrichts, in den Pausen nur Asphalt, nachmittags Games, das verkraftet keine Kinderseele ohne Defizite. Wenn Ihre Möglichkeiten zur Veränderung beschränkter sind, lässt sich doch zumeist noch irgendwas machen, das seine stumme Ausdrucksspur in den Schulalltag webt: Bauen Sie ein Weiden-Iglu oder gleich mehrere, die im Boden anwachsen und ein Dorf aus grün-verwunschenen Hütten ergeben. Errichten Sie ein kleines Labyrinth mit »Mauern« aus Zweigen, Ästen und Reisig-Schnitt, die zwischen schmalen Pfählen aufgehäuft werden. (Mehr dazu bei Herbert Österreicher und Edeltraut Prokop, *Kinder wollen draußen sein,* siehe Literaturempfehlungen).

18. Buden und Forts: Den Schulpausen neuen Sinn geben

Lassen Sie Ihre Kinder in den Pausen Forts bauen. Deklarieren Sie ein möglichst wildes Areal des Hofes als Siedlungsgebiet, bieten Sie Baumaterial und Werkzeug an (alte Bretter, Seile, Äste, Zweige, Draht, Hammer, Nägel, Kunststoffplane, Erde, Lehm). Sie brauchen noch nicht einmal eine Anweisung zu geben. Es reicht ein Schild wie:

»Macht damit, was ihr wollt«. Vielleicht als Überraschung nach dem Schuljahreswechsel? Jahrelange Experimente damit in den USA haben gezeigt, dass sich in kürzester Zeit ein dynamischer Selbstorganisationsprozess entwickelt: Gruppen von Kindern beginnen mit den Materialien, Forts zu errichten. Es entsteht eine komplexe, phantasievolle Gruppenkultur, die bald den gesamten Schulalltag durchtränkt. Das wird erfahrungsgemäß nicht ohne Reibereien abgehen – Kinder klauen einander Baumaterial, wechseln die Fort-Zugehörigkeit, versuchen, andere zu instrumentalisieren, fühlen sich ausgestoßen. In der Lexington Highschool, wo die Idee zum ersten Mal ausprobiert wurde, wäre das Experiment dadurch fast gestoppt worden.[173] Aber durch das Aushandeln fester, verbindlicher Regeln konnte sich dieser unvergleichliche Spielraum der Schüler auch noch in eine Schule des Miteinanders umwandeln lassen. Was Kinder dort – neben der immensen Kreativität des Konstruierens – erfahren, sind gleichermaßen Freiheit und Autonomie, soziale Interaktion und regelgerechtes Verhalten.

19. Gesetzliche Spielräume nutzen

Halten Sie nicht alle Unternehmungen, die mit mehr körperlichem Risiko verbunden sind als 45 Minuten im geschlossenen Klassenzimmer, für eine Verletzung der Aufsichtspflicht. Meist sind die wirklichen Spielräume viel größer, als manche Kollegen annehmen, die sich hinter dem Aufsichtsgebot geradezu verstecken. Rechtlich sind pädagogische Überlegungen und Zielsetzungen mit solchen der Aufsichtspflicht gleichzusetzen: Was pädagogisch begründet ist, ist zunächst keine Aufsichtspflichtverletzung.[174] Sichern Sie aber Ihre ausgefalleneren Aktivitäten durch Konsens mit den Eltern ab. Besprechen Sie Ihr Vorhaben in einer Elternvollversammlung; geben Sie also Ihre Einzelkämpferhaltung auf und tragen Sie die Idee auch in die Elternschaft hinein. Begeistern Sie für Ihr Ziel eine Gruppe, die sich stark macht und sie durchzusetzen hilft. Meist warten die Eltern nur auf einen Impuls, ihrem Kind zu mehr Lebendigkeit zu verhelfen, auch wenn sie zugleich Angst davor haben.

20. Abenteuer mit Umsicht

Seien Sie in jedem Fall gut vorbereitet, wenn Sie nach draußen gehen. Es ist unnötig, dass jeder Viertklässler sein Handy mitbringt, aber zumindest ein Mobiltelefon kann sehr hilfreich sein. Machen Sie sich zuvor mit dem Gelände vertraut, nehmen Sie eine Karte mit, wenn nötig auch einen Kompass, eine Erste-Hilfe-Tasche, genügend Wasser, Seife, Desinfektionsmittel, Insektengel, Sonnenschutzmittel. Gegen traumatische Verletzungen – als Ergänzung zur schulmedizinischen Notversorgung – hilft gut das homöopathische Mittel Arnika C30, alle fünfzehn Minuten zwei Kügelchen während der ersten Stunde, danach seltener; gegen Schock Aconitum C30, ebenso dosiert, aber etwas zeitversetzt, gegen Stiche Apis D6.

Wir sehen also: Es gibt tausend Gründe zur Hoffnung für ein erneutes glückliches Verwildern unserer Kinder. Wir brauchen bloß anzufangen. Die gute Nachricht ist: Ein perfektes Biotop ist dafür nicht vonnöten. Ein Stück Brachland um die Ecke reicht. Was Kinder brauchen, sind sinnliche Erfahrungen in Freiheit. Nicht mehr, nicht weniger. Und so schwer wir es akzeptieren können, zu dieser Freiheit gehört auch ein bisschen Risiko, ein bisschen echte Gefahr.

Um den Kindern die Freiheit wiederzuschenken, ist wohl zuerst ein Bewusstseinswandel bei uns Eltern nötig. Wir brauchen mehr eigene Wildheit, mehr eigenes Vertrauen. Eigene Lebendigkeit also – ob in der Stadt oder auf dem Land, das ist dann letztlich egal. Wie wäre es, mit dem eigenen Garten anzufangen und mutig das Rasenmähen ein paar Wochen ausfallen zu lassen – und in der dadurch gewonnenen Zeit für seine Kinder einmal schlicht anwesend zu sein inmitten der so herangesprossenen Blumenwiese? Die eigene Tagesplanung auszulachen und einmal nicht noch schnell die Mails abzuarbeiten, die SMS zu versenden, Nachrichten zu sehen, sondern einfach nur anwesend zu sein, im Vertrauen darauf, dass die Gezeiten des Lebens tragen werden?

Erinnern wir uns an den Satz von Jon Young: »Es geht nicht um Natur. Es geht um Existenz.« Es geht nicht um Haben. Es geht um Sein. Natur ist bloß dessen vollständige Verwirklichung.

Dank

Dieses Buch hätte ohne die Inspiration und Hilfe vieler Menschen nicht entstehen können. Ihnen allen bin ich für die Großzügigkeit dankbar, mit der sie Gedanken teilten und Raum zur Verfügung stellten. Die Saat der Buchidee legte Fabrice Midal bei einem jener die Perspektiven verändernden Mittagessen in seiner Wohnung weit über den Dächern von Paris. Meine Agentin Barbara Wenner, wie immer geduldig und entschlossen, nährte und bewahrte das Feuer. Meine Lektorin Bettina Eltner schenkte mir Vertrauen und Freiheit aus dem Herzen. Geseko von Lüpke und Kirsten Segler halfen mir zu begreifen, worum es eigentlich ging. Gerald Hüther, Jon Young, Rainer Braemer und Carola Otterstedt teilten großzügig ihre Erfahrungen. Bastian Barucker und Hagen Stenzel ließen mich mitspielen, während die Kinder der Naturschule Blankenfelde wieder zu Wölfen, Dachsen und Rehen wurden. Cornelia Drees verzauberte mich durch ihre Selbstverständlichkeit, Freude mit anderen Wesen zu teilen – und ist dafür verantwortlich, wenn wir eines Tages eine Stabheuschrecke mit Namen Gertrud halten. Johanna Wieland, Hanne Tügel, Anke Sparmann und die ganze

GEO-Redaktion vermochten mit Behutsamkeit und Elan, das Thema einem Publikum erstmals nahezubringen und mich in diesem Prozess vieles begreifen lassen. Und ohne das Vertrauen und die Güte von Batya Schwarz und Dieter Mittelsten-Scheid wäre alles anders gekommen: Sie überließen mir für eine entscheidende Weile ihren winterstillen Ort in Mittelitalien, der mich mit guten Geistern umgab. Wie sehr meine Kinder Max und Emma dieses Buch mitgeboren haben, wird auf jeder Seite deutlich. Ich bin glücklich darüber – über die Freude, in der wir alle zusammen Leben hervorbringen konnten. Und Erbse, der halbe Pudel: Sie ist das fremde Wesen, das mich ausgesucht hat, um jeden Tag Existenz zu teilen und gemeinsam entstehen zu lassen, namenlos und stumm, eine wunderbar gute Macht.

Literaturempfehlungen

David Abram, *Im Bann der sinnlichen Natur.* Drachen-Verlag, 19,50 Euro. Der amerikanische Ökophilosoph erklärt auf sehr poetische Weise, wie der Mensch in seinem Empfinden, seiner Sprache und seinem Fühlen von der ihn umgebenden Natur hervorgebracht wird. Ein Epochenbuch.

O. Fred Donaldson, *Von Herzen spielen: Die Grundlagen des ursprünglichen Spiels.* Arbor-Verlag, 297 Seiten, 18,90 Euro. Für Donaldson, einst Hochschullehrer in den USA, heute Praktiker einer gewaltfreien Kommunikation des Körpers, ist Spielen nicht eine nützliche oder evolutionär wichtige Fertigkeit, sondern der Weg, wie sich Verbindung-in-Freiheit realisieren lässt. Ein Buch über Spielen, vor allem aber über Existieren. Der Marshall Rosenberg des Körpers.

Ulrich Gebhard: *Kind und Natur. Die Bedeutung der Natur für die psychische Entwicklung.* VS-Verlag, 313 Seiten, 39,90 Euro. Eine der wenigen Darstellungen aus der Seelenkunde, warum Kinder unbedingt die Gegenwart anderer Wesen für eine stabile Psyche brauchen. Standardwerk, belesen, weitsichtig und unorthodox.

Gabriele Pohl, *Kindheit – aufs Spiel gesetzt. Vom Wert des Spielens für die Entwicklung des Kindes.* Dohrmann Verlag, 15,80 Euro. In Kitas und Grundschulen werden kognitive und sprachliche Entwicklung gefördert, während Kinder vor allem eins brauchen: Spiel. Ein tiefgründiges Plädoyer der Kindertherapeutin für das Spielen als Lebensbewältigung und schöpferische Menschwerdung.

Albert Vinzens, *Spiel-Zeuge. Hommage an das Spiel.* thinkOYA, 160 Seiten, 22,80 Euro. Vinzens, als Jugendlicher Extrembergsteiger, arbeitet heute am Rudolf-Steiner-Institut in Kassel. In diesem klugen Buch versucht er das Spiel als eine zentrale Kraft der Wirklichkeit zu rehabilitieren und verfolgt damit eine Idee von Bildung nicht als Lehre vpn Nützlichkeiten, sondern als Verbindung mit der Wirklichkeit.

Andreas Weber, *Alles fühlt. Mensch, Natur und die Revolution der Lebenswissenschaften.* thinkOYA, 352 Seiten, 24,80 Euro. Die Biologie ist dabei, die seelischen Dimensionen der Natur zu entdecken – und ihre Bedeutung für die menschliche Psyche. Empfindung und Wert sind die Basis aller Lebensprozesse. Für die kleinste Zelle wie für den Menschen gilt: Es gibt kein Leben ohne Fühlen.

Andreas Weber, *Lebendigkeit. Eine erotische Ökologie.* Kösel, 19,99 Euro. In einer Zeit, in der wir uns selbst als effiziente Maschinen zu erklären suchen und auch unsere Kinder so behandeln, damit sie ihr Leben immer weiter optimieren, müssen wir uns darauf besinnen, dass wir lebendig sind: Fühlende Subjekte, die aus sich selbst heraus in eine Verbindung miteinander und der Welt treten wollen. Das Buch skizziert eine andere Sicht der belebten Welt als seelischen und ausdrucksvollen Zusammenhang und als Lust, daran teilzuhaben.

Andreas Weber, *Das Quatsch-Marsch-Buch. Das Aktionsbuch: großstadttauglich und baumhausgeprüft.* Mit Max und Emma Weber. Kösel-Verlag, 15,99 Euro. Um der von Eltern, Lehrern, Designern und Verkäufern durchgeplanten Zweckwelt zu entgehen, haben Kinder nur eine Chance: Sie müssen zu Rebellen werden. Die Rückeroberung der Freiheit erfordert, Regeln zu übertreten, um das eigene Grundrecht auf Existenz wieder zu finden. Eine Anleitung für »Occupy Stadtpark« und »Hack your playground«.

Jon Young, Ellen Haas, Evan McGown, *Mit dem Coyote-Guide zu einer tieferen Verbindung zur Natur.* Grundlagen der Wildnispädagogik. Buch 1: Handbuch für Mentoren. Mit einem Vorwort von Richard Louv und Andreas Weber. Extertal: Biber-Verlag. OWLink Media, 414 Seiten, 31,00 Euro. Unerschöpfliches Methoden-Kompendium des indianisch inspirierten Wildnis-Mentorings. Ein Lehrbuch für die Sinne und ein pädagogischer Leitfaden mit dem Potential, unser Erziehungsverständnis umzukrempeln. Unverzichtbar.

Weiterführende Adressen

Archiv der Zukunft Netzwerk
http://www.adz-netzwerk.de
Zentrale der vom Journalisten, Filmautor und sanften pädagogischen Revolutionär Reinhard Kahl ins Leben gerufenen Bewegung für eine humanistische Erziehung, die sich vom Ideal der Effizienz, des Kontrollierens und Funktionierens verabschiedet. Reichhaltige Dokumentations- und Materialsammlung.

Children & Nature Network
http://www.childrenandnature.org
Englischsprachige Website der Kinder-in-die-Natur-Bewegung von Richard Louv, auf der Initiativen gebündelt werden und alle relevanten Neuigkeiten zum Thema auftauchen. Fantastisches Forschungsarchiv der relevanten Studien zum Thema.

Natursoziologie
http://www.natursoziologie.de
Die Website des inzwischen emeritierten Marburger Soziologen Rainer Brämer ist eines der wichtigsten deutschen Forschungsarchive für das Verhältnis von Menschen zur Natur, und vor allem für die Rolle von anderen Lebewesen für Kinder. Eine Fundgrube hervorragend durchgeführter empirischer Studien, Kommentare zu anderen Untersuchungen, kundige Einführungen, und der regelmäßig durchgeführte Jugendreport Natur. Wer zu dem Thema Informationen sucht, kommt an Brämers Seite kaum vorbei.

Wildnisschulenportal Europa
http://www.wildnisschulenportal-europa.de
Von der Wildnis-Pädagogin Kirsten Segler betriebene zentrale Anlaufstelle für alle wichtigen deutschen, österreichischen, schweizerischen und auch viele sonstige europäische Programme, die Wildniserfahrungen und Naturpädagogik anbieten. Das Programm reicht von Fährtenlesen bis zum mehrmonatigen Leben draußen. Die meisten aufgelisteten Schulen folgen dem erfolgreichen Weg des Coyote-Mentorings von Jon Young. Die übersichtliche Seite ist nach Bundesländern unterteilt und vermittelt somit regional passende Anlaufadressen. Dazu gibt es eine kleine und gut verständliche Einführung zur dahinter stehenden Pädagogik. Auch für Erwachsene.

Natur- und Wildnisschule Wolfgang Peham
Freihorstfeld 2
30559 Hannover
Tel. 0511 5199680
www.wildniswissen.de
Peham ist einer der Pioniere der Wildnispädagogik mit jahrzehntelanger Erfahrung und mit guten Verbindungen in das Heimatland des Nature-Mentoring, die USA. Die Schule hat Ableger in Nord- und Süddeutschland und bietet Kurse und Draußenwochen für Kinder und Erwachsene.

Natur- und Wildnisschule Waldkauz
http://www.wildniskauz.de
Portal des Naturpädagogen Bastian Barucker, der über tiefe Erfahrung im Natur-Mentoring verfügt und selbst einen großen Teil seines Lebens »draußen«, in der freien Wildnis verbringt, häufig in den USA. Auf der Seite gibt es auch aus erster Hand die maßgeblichen Kontakte zu den amerikanischen Erfindern der neuen Wildnisbewegung. Hier geht es immer auch darum, seinen eigenen Gefühlen näherzukommen, durch die Wahrheit der anderen Geschöpfe. Eines der konsequentesten Angebote, über die Natur in Kontakt mit der Wirklichkeit zu treten.

Wildnisschule Wildeshausen
Zur großen Höhe 4
27243 Prinzhöfte-Horstedt
Tel. 04224 950 67
http://www.wildnisschule.de
Myriam Kentrup und Judith Wilhelm führen die kleine Wildnisschule südlich von Bremen mit Humor und Großzügigkeit nach der Tradition der indianischen Naturspiritualität: Was außen ist, ist auch immer etwas Innerliches. Wer sich auf eine Begegnung mit der Natur einlässt, wird sich auch immer selbst antreffen. Kurse für Kinder und Erwachsene, weitere Angebote wie »Inneres Spurenlesen« und »Visionssuche«.

Zitatnachweise

1 Lawrence, D. H. (1994): »Form and Spirit in Art«. In: *Collected Stories*. New York: Knopf.

2 Sobel, David (2008): *Childhood and Nature. Design Principles for Educators*. Portland (Maine): Stenhouse Press, S. 11.

3 Nabhan, Gary; Trimble, Stephen (1995): *The Geography of Childhood: Why Children need Wild Places*. Boston: Beacon Press, S. 10.

4 Greiffenhagen, Sylvia; Buck-Werner, Oliver N. (2009): *Tiere als Therapie. Neue Wege in Erziehung und Heilung*. Nerdlen/Daun: Kynos-Verlag, S. 70.

5 Medienpädagogischer Forschungsverbund Südwest (2006): Infoset »Medienkompetenz und Medienpädagogik in einer sich wandelnden Welt«. Stuttgart.

6 Medienpädagogischer Forschungsverband Südwest (2008): KIM-Studie 2008. Kinder und Medien. Computer und Internet. Basisuntersuchung zum Medienumgang 6–13-Jähriger. Stuttgart, S. 29.

7 Richard Louv (2005): *Last Child in the Woods. Saving our Children from Nature Deficit Disorder*. Algonquin Books of Chapel Hill, S. 119.

8 Bauer, Joachim (2006): *Warum ich fühle, was du fühlst. Intuitive Kommunikation und das Geheimnis der Spiegelneurone*. München: Heyne Verlag, S. 117.

9 BKK-Faktenspiegel Mai 2009, S. 2.

10 Gebhard, Ulrich (2009): *Kind und Natur. Die Bedeutung der Natur für die psychische Entwicklung*. Wiesbaden: VS-Verlag, S. 268.

11 Elschenbroich, Donata (2002): *Weltwissen der Siebenjährigen. Wie Kinder die Welt entdecken können*. München: Goldmann, S. 197.

12 Elschenbroich (2002), S. 12.

13 Berndt, Heide (1978): *Die Natur der Stadt*. Frankfurt a. Main: Verlag Neue Kritik, S. 41.

14 Canetti, Elias (2002): *Über Tiere*. München: Hanser.

15 Derbyshire, David (2007): *How children lost the right to roam in four generations. The Daily Mail*, UK, 15. Juni.

16 Elschenbroich (2002), S. 178.

17 Valentine, G.; McKendrick, J. (1997): »Children's Outdoor Play: Exploring Parental Concerns About Children's Safety and the Changing Nature of Childhood«. *Geoforum*, 28(2), 205–220.

18 Louv (2005), op. cit., S. 34.

19 Center for Disease Control and Prevention, (2006): »Kids Walk-to-school: Then and Now – Barriers and Solutions«.

20 Skenazy, Leonore (2010): »Not living dangerously«. *Guardian Weekly*, 28. 5.

21 Timperio, A.; Crawford, D.; Telford, A.; Salmon, J. (2004): »Perceptions About the Local Neighborhood and Walking and Cycling Among Children«. *Preventive Medicine*, 38(1), 39–47.

22 Agnvall, Elizabeth (2006): »Unsafe for Play?«. *Washington Post*, 6. Juni.

23 Hinkley, T.; Crawford, D.; Salmon, J.; Okely, A. D.; Hesketh, K. (2008): »Preschool children and physical activity – A review of correlates«. *American Journal of Preventive Medicine*, 34(5), 435–441.

24 Hillman, M.; Adams, J. G. U. (1990): »Children's Freedom and Safety«. *Children's Environments*, 9(2), 12–33, 1992; Hillman, M.; Adams, J.; Whitelegg, J. »One False Move: A Study of Children's Independent Mobility«. London: Policy Studies Institute.

25 Tandy, C.(1999): »Children's Diminishing Play Space: A Study of Intergenerational Change in Children's Use of Their Neighborhoods«. *Australian Geographical Studies*, 37(2), 154–164.

26 Coster, Denise; Gleeve, Josie (2008): *Give us a go! Children and young people views on play and risk-taking*. London: National Children's Bureau.

27 Gaster, S. (1991): »Urban Children's Access to Their Neighborhood: Changes Over Three Generations«. *Environment and Behavior*, 23(1), 70–85.

28 Kellert, Stephen R. (2005): *Building for Life. Designing and Understanding the Human-Nature Connection*. Washington: Island Press, S. 83.

29 Hofferth, S. L.; J. F. Sandberg (2001): »Changes in American Children's Time, 1981–1997«. In: Hofferth, S. L.; Owens, T. J. (eds.), *Children at the Millennium: Where Have We Come From, Where Are*

We Going? (pp. 1–7). New York: JAI. Hofferth, S. L.; Curtin, s.c. (2006): *Changes in Children's Time, 1997–2002/3: An Update.* New York: JAI.

30 Kahn, Peter H., Jr.; Kellert, Stephen R. (2002): *Children and Nature. Psychological, Sociocultural and Evolutionary Investigations.* Harvard: MIT Press, S. xvi.

31 Balmford, A.; Clegg, L.; Coulson, T.; Taylor, J. (2002): »Why Conservationists Should Heed Pokémon«. *Science,* 295(5564), 2367–2367.

32 Collins, Fergus (2008): »Are children loosing touch with the world?«. *BBC Wildlife Magazine,* August.

33 Pilgrim, S. E.; Cullen, L. C.; Smith, D. J.; Pretty, J. (2008). »Ecological knowledge is lost in wealthier communities and countries«. *Environmental Science & Technology,* 42(4), 1004–1009.

34 Nancy Wells; Kristi Lekies (2006): *Nature and the Life Course: Pathways from childhood Nature experiences to adult environmetalism.* Cornell UP.

35 Cobb, Edith (1993): *The Ecology of Imagination in Childhood.* Spring Publishing.

36 Farmer, C. (2005): *Home Office Citizenship Survey: Top Level Findings from the Children and Young People's Survey.* Home Office and the Department for Education and Skills.

37 Coster & Gleeve (2008); op. cit.

38 Kellert, Stephen R.; with the assistance of Victoria Derr. (1998): *A National Study of Outdoor Wilderness Experience.* New Haven: Yale University.

39 Coster & Gleeve (2008), op. cit.

40 Coster & Gleeve (2008), op. cit., S. 20.

41 zit. nach Gebhard (2009), op. cit., S. 101.

42 Chabon, Michael (2009): »The wilderness of childhood«. *The New York Times Book Review,* 16. Juli.

43 Kellert (2005), op. cit., S. 69.

44 Wilson, E. O. (1993): »Biophilia and the Conservation Ethic«. In: Kellert, S. R.; Wilson, E. O. (eds.), *The Biophilia Hypothesis.* Cambridge, Mass.: Harvard University Press, S. 31.

45 Wilson (1993), S. 31.

46 Melson, Gail (2001): *Why the Wild Things are. Animals in the Lives of Children.* Cambridge: Harvard University Press, S. 107.

47 zit. nach Greiffenhagen & Buck (2009), op. cit., S. 30.

48 Greiffenhagen & Buck (2009), op. cit., S. 31.

49 Melson (2001), op. cit., S. 83.

50 zit. nach Beetz, Andrea M. (2009): »Psychologie und Physiologie der Bindung zwischen Mensch und Tier«. In: Otterstedt, Carola; Rosenberger, Michael (Hrsg.): *Gefährten – Konkurrenten – Verwandte. Die Mensch-Tier-Beziehung im wissenschaftlichen Diskurs*. Göttingen: Vandenhoeck und Ruprecht, S. 156.

51 Melson (2001), op. cit., S. 79.

52 Louv (2005), op. cit., S. 90.

53 Greiffenhagen & Buck (2009), S. 48.

54 Melson (2001), op. cit., S. 30ff.

55 Greiffenhagen & Buck (2009), S. 33.

56 Melson (2001), op. cit., S. 60.

57 Brenda K. Bryant, zitiert nach Olbrich, Ehrhard (2009): »Bausteine einer Mensch-Tier-Beziehung«. In: Otterstedt & Rosenberger (2009), op. cit., S. 117f.

58 Melson (2001), op. cit., S. 77.

59 Melson (2001), op. cit., S. 84.

60 Melson (2001), op. cit., S. 86.

61 zit. nach Melson (2001), op. cit., S. 26.

62 Kotrschal, Kurt (2009): »Die evolutionäre Theorie der Mensch-Tier-Beziehung«. In: Otterstedt & Rosenberger (2009), op. cit., S. 64.

63 Reichholf, Josef H. (2009): »Die Bedeutung der Tiere in der kulturellen Evolution des Menschen«. In: Otterstedt & Rosenberger (2009), op. cit., S. 13.

64 Serpell, James (1986): *In the Company of Animals. A History of Human-Animal Relationships*. Blackwell Press, S. 53.

65 Serpell (1986), op. cit., S. 41

66 zit. nach Kellert (2005), op. cit., S. 81.

67 zit. nach Kellert (2005), op. cit., S. 65.

68 Chawla, Louise (2002): »Spots of time«. In Kahn & Kellert, op. cit., S. 205.

69 Verbeek, Peter; de Waal, Frans (2002): »The Primate Relationship with Nature: Biophilia as a General Pattern«. In Kahn & Kellert, op. cit., S.5

70 Chawla, Louise (1994): *In the first country of places. Nature, Poetry, and Childhood Memory*. State University of New York Press, S. 22.

71 Erich Fromm (1980): *Märchen, Mythen, Träume*. Eine Einführung in das Verständnis einer vergessenen Sprache. Stuttgart: DVA, S. 52.

72 Fromm (1980), op. cit., S. 51.

73 Gopnik, Alison (2009): *Kleine Philosophen. Was wir von unseren Kindern über Liebe, Wahrheit und den Sinn des Lebens lernen können.* Berlin: Ullstein, S. 13.
74 Gebhard (2009), op. cit., S. 37 ff.
75 Verbeek, Peter; de Waal, Frans (2002): »The Primate Relationship with Nature: Biophilia as a General Pattern«. In: Kahn & Kellert (2002), op. cit., S. 5
76 Melson (2001), op. cit., S. 96.
77 zit. nach Bauer (2006), op. cit., S. 119.
78 zit. nach Varela Francisco J.; Thompson, Evan; Rosch, Eleanor (1995): *Der mittlere Weg der Erkenntnis.* München: Goldmann, S. 154.
79 Louv (2005), op. cit., S. 67.
80 Gopnik (2009), op. cit., S. 13.
81 Melson (2001), op. cit., S. 133.
82 Melson (2001), op. cit., S. 150.
83 Melson (2001), op. cit., S. 145.
84 Melson (2001), op. cit., S. 60.
85 Wells, Nancy M.; Evans, Gary W. (2003): »Nearby Nature. A Buffer of Life Stress Among Rural Children«. *Environment and Behavior* 35 (3), S. 311–330.
86 zit. nach Melson (2001), op. cit., S. 57.
87 zit. nach Melson (2001), op. cit., S. 57.
88 Louv (2005), op. cit., S. 103.
89 Louv (2005), op. cit., S. 105.
90 Faber Taylor, A.; Kuo, F. E. (2009) »Children with attention deficits concentrate better after walk in the park«. *Journal of Attention Disorders* 12 (5), S. 402–409.
91 »Zuwendung statt Ritalin«. *Stern* 45, 29. 10. 2009.
92 Carson, Rachel (1956): *The Sense of Wonder.* New York: Harper & Row, S. 57.
93 Kahn & Kellert (2002), op. cit., S. ix.
94 Verbeek & de Waal (2002), op. cit., S. 9.
95 Lessing, Theodor (2004): *Meine Tiere.* Berlin: Matthes & Seitz, S. 139.
96 http://www.schulhundweb.de/wiki/index.php/Einsatz_von_Schulhunden_in_Deutschland
97 Regan & Singer (1989), zit. nach Verbeek & de Waal (2002), op. cit., S. 9.
98 zitiert nach Weber, Andreas (2007): *Alles fühlt. Mensch, Natur und die Revolution der Lebenswissenschaften.* Berlin: Berlin Verlag, S. 106 f.

99 Chawla (1994), op. cit., S. 84.

100 Melson (2001), op. cit., S. 134.

101 Dornes, M. (1993): *Der kompetente Säugling. Die präverbale Entwicklung des Menschen*, zitiert nach Gebhard (2009), op. cit., S. 22.

102 Gopnik (2009), op. cit., S. 236.

103 Gopnik (2009), op. cit., S. 237.

104 Di Pellegrino, G.; Fadiga, L.; Fogassi, L.; Gallese, V.; Rizzolatti, G. (1992): »Understanding motor events: a neurophysiological study«. *Experimental Brain Research*, 91, 176–180.

105 Olbrich (2009), op. cit., S. 119.

106 Hüther, Gerald (2009): *Bedienungsanleitung für ein menschliches Gehirn*. Göttingen: Vandenhoek und Ruprecht, S. 18.

107 Gopnik (2009), op. cit., S. 20.

108 Gopnik (2009), op. cit., S. 51.

109 Gopnik (2009), op. cit., S. 55.

110 Muir, John (1979): *John of the Mountains: The Unpublished Journals of John Muir*. Herausgegeben von Linnie Marsh Wolfe. Madison, Wisconsin: The University of Wisconsin Press, S. 165.

111 Shepard, P. (1998): *Thinking animals: animals and the development of human intelligence*. Athens, Georgia: University of Georgia Press, S. 27.

112 Shepard (1998), op. cit., S. 37.

113 Tomashow, Cynthia (2002): »Adolescents and Ecological Identity: Attending to Wild Nature«. In: Kahn & Kellert (2002), op. cit., S. 259 ff.

114 Sobel (2008), op. cit., S. 51.

115 Serpell (1986), op. cit., S. 171.

116 Sahlins, Marshall (1972): »The Original Affluent Society«. In: ders., *Stone Age Economics*. Aldine de Gruyter, Hawthorn, NY, S. 1 ff.

117 Serpell (1986), op. cit., S. 171.

118 Statistisches Bundesamt Deutschland, Schulen nach Klassen und Schularten. 2009/10. www.destatis.de

119 Sobel (2008), op. cit., S. 1.

120 Nabhan & Trimble (1994), op. cit., S. 39.

121 Orr, David W. (2004): *Earth in Mind. On Education, Environment, and the Human Prospect*. Washington, D. C.: Island Press, S. 31.

122 Orr (2004), op. cit., S. 44.

123 Schulman, A.; Peters, C.A. (2008): »GIS analysis of urban schoolyard landcover in three U. S. cities«. *Urban ecosystems*, 11(1), 65–80.

124 Lieberman, Gerald A.; Hoody, Linda L. (1998): »Closing the Achievement Gap: Using the Environment as an Integrating Context for Learning«. SEER: Poway, CA. California Student Assessment Project.
125 Rivkin, Mary (1997): »The Schoolyard Habitat Movement: What It Is and Why Children Need It«. *Early Childhood Education Journal*, Volume 25, No. 1.
126 Rahmenlehrplan Berlin 2009 für den Naturwissenschaftsunterricht der 5. und 6. Klasse, S. 8.
127 Rahmenlehrplan Berlin, op. cit., S. 17.
128 Rahmenlehrplan Berlin, op. cit., S. 17.
129 Thomas Merton, zitiert nach Orr (2004), op. cit., S11.
130 Orr (2004), op. cit., S. 149.
131 Bebbington, A. (2005): »The Ability of A-level Students to Name Plants«. *Journal of Biological Education*, 39(2), 62–67.
132 Louv (2005), op. cit., S 143.
133 zit. nach Gopnik (2009), op. cit., S. 46.
134 zit. nach Gopnik (2009), op. cit., S. 244.
135 zit. nach Gopnik (2009), op. cit., S. 46.
136 Chawla (2002), op. cit., S. 208.
137 Tonbandprotokoll eines Interviews mit Geseko von Lüpke, unveröffentlicht.
138 Young, Jon; Haas, Ellen; McGown, Evan (2009): *Coyote's Guide to Connecting with Nature*, OWLink Media, S. 19.
139 Young, Haas & McGown (2009), op. cit., S. 4.
140 Havel, Vaclav (1990): *Living in Truth*. Zit. nach Orr (2004), S. 71.
141 Roszak, Theodore (1993), zit. nach Orr (2004), S. 213.
142 Nabhan & Trimble (1994), op. cit., S. 9.
143 Escherich, zit. nach Buytendijk, Frederik J. (1933): *Wesen und Sinn des Spiels: Das Spielen der Menschen und der Tiere als Erscheinungsform der Lebenstriebe*, Berlin: Wolff, S. 41.
144 zit. nach Elschenbroich (2002), op. cit. S. 81.
145 Gordon, Gwen (2008): »What is Play? In Search of a Universal Definition«. *Play and Culture Studies* 8, S. 2.
146 Gopnik (2009), op. cit., S. 22.
147 Gordon (2008), op. cit., S. 5.
148 Ginsburg, K.R. (2007): »The importance of play in promoting healthy child development and maintaining strong parent-child bonds«. *Pediatrics*, 119(1), 182–191.

149 Huizinga, Johan (2009 [1958]): *Homo ludens. Vom Ursprung der Kultur im Spiel.* Hamburg: Rowohlt, S. 11.
150 Buytendijk (1933), op. cit., S. 54.
151 Huizinga (2009), op. cit., S. 12.
152 Chawla (1994), op. cit., S. 103.
153 Gordon (2008), op. cit., S. 16.
154 Schiller, Friedrich von: *Briefe zur Ästhetischen Erziehung*, § 15, Abs. 9.
155 Schiller, *Briefe z. Ästh. Erz.*, § 15, Abs. 8.
156 Schiller, *Briefe z. Ästh. Erz.*, § 14, Abs. 5.
157 Bateson, Mary Catherine (1994): *Peripheral Visions. Learning along the Way*. New York: Harper Collins, S. 204.
158 zit. nach Sobel (2008), op. cit., S. 31.
159 Carson (1958), op. cit.
160 Camus, Albert (1951): *L'homme révolté*. Paris: Gallimard.
161 zit. nach Gebhard (2009), op. cit., S. 9.
162 Sobel (2008), op. cit., S. 13.
163 Joseph Wood Krutch (1991), zit. nach Orr (2004), op. cit., S. 139.
164 zit. nach Melson (2001), op. cit., S. 35.
165 Chawla (2002), op. cit., S. 210.
166 zit. nach Chawla (1994), op. cit., S. 43.
167 Cobb, zit. nach Louv (2005), op. cit., S. 94.
168 Paul Klee, zit. nach Schuster, Peter-Klaus (2008): »Die Welt als Fragment. Bausteine zum Universum Klee«. In: *Das Universum Klee*. Katalog zur Ausstellung. Hg. von Dieter Scholz und Christina Thomson. Ostfildern: Hatje Cantz, S. 15.
169 Midal, Fabrice (2007): *Petit traité de la modernité dans l'art*. Paris: Univers de Poche, S. 280, vgl. auch S. 78.
170 Fromm (1980), op. cit., S. 14.
171 Schiller, *Briefe z. Ästh. Erz.*, § 14, Abs. 3.
172 Bettelheim, Bruno (1976): *Kinder brauchen Märchen*. Stuttgart: DVA, S. 141.
173 Marantz Henig, Robin (2008): »Taking Play Seriously«. *The New York Times*, 17. Februar.
174 Österreicher, Herbert; Prokop, Edeltraut (2006): *Kinder wollen draußen sein*. Kallmeyer bei Friedrich in Velber, S. 57.